［新版］日本国紀〈下〉

百田尚樹

幻冬舎文庫

［新版］日本国紀

［新版］日本国紀　下巻

第八章 明治維新 11

第九章 明治の夜明け 61

第十章 世界に打って出る日本 91

第十一章 大正から昭和へ　145

第十二章 大東亜戦争　201

第十三章 敗戦と占領 249

第十四章 日本の復興 305

終章
平成から令和へ　369

※本書では人物の年齢を満年齢、あるいはその年の年齢で表記しています。

第八章

明治維新

黒船来航から大政奉還までの十四年間は、日本にとっては、元寇以上といっても過言ではない危機の時代でした。有色人種の国を次々に植民地としていった欧米の列強が、最後に狙ったのが清であり、日本であったからです。

列強が開国を足掛かりに、日本を蚕食していく意図を持っていたのは明らかでした。多くの有色人種の国を植民地としていた彼らが、日本だけを例外とする理由はないからです。日本がここで対応を過てば、日本もまた東南アジア諸国のように、白人たちによって蹂躙されるのは目に見えていました。

そして、この国難に、長らく平和ボケしていた日本人が目覚めたのです。欧米の科学技術と産業革命を目の当たりにした幕府や雄藩は、それらを積極的に導入し、凄まじい勢いで日本を改革していきます。最も象徴的なのが「討幕運動」でした。

しかし、二百六十五年も続いた幕府を倒すのは容易なことではありません。諸藩に恐れられた徳川家は、幕末の時代にあってもなお日本最大の武力を持っていました。ところが一度大きく動き始めた時代の波は、もはや徳川の威光をもってしても止めることはできませんでした。

やがて年老いた巨木が倒れるように、江戸幕府は崩壊します。

欧米列強との初めての戦闘

文久三年（一八六三）三月、将軍家茂は朝廷からの度重なる上洛要求（和宮降嫁の折の約束でもあった）に抗しきれず、徳川将軍として二百三十年ぶりに上洛しました。

この時、朝廷は、家茂と一橋慶喜（将軍後見職）に攘夷決行（これも和宮降嫁の折の条件であった）を要求します。家茂らは、攘夷は不可能だとの説得に努めますが、強硬な攘夷論を掲げる公家たちに押し切られ、ついに孝明天皇の下鴨・上賀茂神社への攘夷祈願の行幸にまで同行させられてしまいました。もはや幕府の威光などどこにもありませんでした。その上、将軍後見職の慶喜は、将軍の名で「五月十日をもって攘夷を決行する」という約束までしてしまいます。

この時の慶喜の態度には唖然とするほかありません。アメリカやイギリスと戦争して勝てるはずがないのは、聡明で聞こえた慶喜なら百も承知だったはずです。にもかかわらず、苦し紛れにそんな約束をするなど、姑息を通り越し常軌を逸した態度といえましょう。しかし慶喜がそう言わねばならないほど朝廷の権威は強く、当時の日本は「攘夷こそ正義」という異常な空気に包まれていたのです。

外国人に対するテロは志士たちによるものだけではありませんでした。家茂の上洛の前年、武蔵国の生麦村（現在の横浜市鶴見区生麦）の近くで、薩摩藩の行列の前を馬で通って列を混乱させたイギリス人の一行を、怒った藩士が殺傷する事件が起きています（生麦事件）。駕籠（かご）に乗った国父（藩主格）の島津久光（しまづひさみつ）が「斬れ」と命じたという説がありますが、真偽は不明です。

文久三年（一八六三）七月には、生麦事件の報復のためにイギリス艦隊が鹿児島を襲撃し、薩英戦争が起こりました。イギリス軍の砲撃によって鹿児島市内の一割が焼かれますが、薩摩藩士は善戦し、イギリス軍は撤退します。この戦闘ではイギリス軍の方が多くの死傷者を出しました。最終的には、薩摩藩が幕府から金を借りてイギリスに賠償金を支払って講和することにはなりましたが、当時、西洋の国々は薩摩藩の強さに驚きました。ニューヨーク・タイムズ紙が、日本の勇敢さと強さを称え、彼らを侮ってはいけないと書いたほどです。この戦いで薩摩とイギリスの双方が相手の優秀さを認め合い、以後、急速に接近していきます。

一方、同年五月十日、長州藩の攘夷派は、幕府が朝廷に攘夷決行を約束したことを受けて、馬関（ばかん）海峡（下関海峡）を通るアメリカ商船を砲撃しました。逃げていくアメリカ商船を見て攘夷派の意気は大いに揚がり、その後、フランス軍艦、オランダ軍艦をも砲撃しました。

しかし翌月、アメリカ軍艦が報復に来て長州の軍艦を撃沈し、下関港を砲撃します。さらに翌年、イギリス（九隻）、フランス（三隻）、オランダ（四隻）、アメリカ（一隻）の四国艦隊が、前年の砲撃の報復と航行の安全確保のために、再度、下関の砲台を攻撃しました。長州藩は四日で砲台を占拠され、すべての砲門を奪われます。この戦いは「馬関戦争」と呼ばれています。

西洋諸国との戦闘によって、薩摩藩も長州藩も近代装備の威力を知ります。薩摩藩は和議を結んだイギリスから近代的な兵器を買い入れ、長州藩もそれまでの攘夷の方針を変更してイギリスに接近していきます。このことによって、二つの藩は、その後、討幕の主役を務めることとなるのです。

長州藩はイギリスの要求（「新たな砲台建設の禁止」「三百万ドルの賠償金」「馬関海峡を通る外国船に薪水（しんすい）を提供」など）をほぼ全面的に呑まされましたが、ただ一つ彦島租借に関しては拒否しました。この時、長州藩は脱藩の罪で謹慎処分になっていた高杉晋作（吉田松陰の「松下村塾」の門下生）を赦免して、イギリスとの講和を一任していました（高杉は筆頭家老の養子と偽って講和の席に着いていた）が、高杉は日本の領土をイギリスに渡せば第二の香港になると考えたようで、それだけは断固として拒否したのです。高杉は二年前に上海に渡航しており、イギリスの租借地で「犬と中国人、立ち入り禁止」と書かれた看板を見て激怒したといわれています。

驚くべきは、このとき高杉が二十四歳の若さだったという事実です。通訳を務めた英国の外交官アーネスト・サトウは高杉のことを「魔王のようだった」と評しています。もっとも威勢がよかったのは最初だけで、実際の交渉に入ると、どんどんおとなしくなっていったともいわれています。

ただ、彦島租借拒否の話は、講和の席にいた伊藤博文の回想によるもので、交渉の公式記録には残されていません。しかし国際感覚に優れていた高杉だけに、真実ではないかと私は見ています。

その後、高杉は藩内でクーデターを起こし、長州藩の実権を掌握、藩論を討幕に統一します。

鍋島直正と島津斉彬

日本中が「攘夷だ」「開国だ」と揺れている時、そうした争いに背を向けて日本の近代化を見据えている者もいました。その一人が佐賀藩主、鍋島直正です。

文政一三年（一八三〇）、十五歳の若さで藩主となった直正は、まず破綻していた財政を立て直すため、役人の員数を五分の一に削減し、磁器・茶・石炭などの産業振興に力を注ぎ、農民には小作料の支払いを免除して農村を復興させました。また教育予算を拡大し、さらに藩校「弘道館」を拡充させ、藩の改革の担い手となる人材を育成しました。そして出自にかかわらず、有能な者を積極的に登用したのです。

直正の凄いところはそれだけではありません。嘉永三年（一八五〇）、鋳物や鍛冶の優れた職人を集め、反射炉を作ったのです。反射炉とは、耐火煉瓦を積み上げた塔の内部で燃料を燃やして銑鉄を高温で熔かし、それを鋳型に流し込んで大砲を作る施設です。これがなければ強い鉄を作ることはできません。何度も失敗を繰り返し、担当の家老は切腹を申し出ましたが、直正はそれを押しとどめ、成功するまでやり抜くように命じました。そして苦労の末、ついに西洋の最新式大砲であるアームストロング砲を日本人だけの手で完成させたといわれています。

また嘉永五年（一八五二）、黒船来航の前年、直正は独自に理化学の研究・実験をする施設である精錬方を設置し、蘭書を研究させて、火薬・弾丸・ガラス・石炭・せっけん・写真機などを作っています。この精錬方の事業には膨大な費用がかかり、藩の重臣は経費節減のため廃止を主張しますが、直正はそれを退けて研究開発を続けさせました。

直正がこれほどの情熱を持って西洋の技術導入を図ったのは、彼が生まれる七年前、文化五年（一八〇八）の「フェートン号事件」が理由ではないかと私は考えています。軍事力がないばかりにむざむざとイギリス船に鼻であしらわれ、藩の家老を何人も切腹させられた事件は、鍋島家の屈辱の歴史として語られていたに違いありません。直正は西洋に対抗するには近代的な科学技術が不可欠だと考えたのでしょう。

慶応元年（一八六五）、佐賀藩はついに日本で初の実用蒸気船「凌風丸」を完成させていました。実際の蒸気機関の構造を見たこともないのに、本と図面だけで、同じものを作り上げたのです。これは驚異的な偉業です。

この時、大きな働きをしたのが「からくり儀右衛門」の異名を持つ田中儀右衛門です。田中は非常に高度なテクノロジーを用いたからくり人形を作って全国で興行して人気を博した発明家であり興行師でもありましたが、五十代の時に佐賀に居を移し、鍋島直正の精錬方に入りました。田中はそこで蒸気機関車と蒸気船の模型を作り、反射炉や大砲の製造にも大きな役割を果たしました。

余談ですが、田中の作った「弓曳童子（ゆみひきどうじ）」というからくり人形は、ゼンマイを巻くだけで、左手に弓を持った童子が右手で矢を取り、それを弓につがえて放つという一連の動作を演じる人形です。その複雑な動きは現在のエンジニアが見ても驚嘆するほどのものです。また彼の作った「万年自鳴鐘（まんねんじめいしょう）」という時計は、一度ゼンマイを巻けば一年間動き続けるというもので、しかも太陽と月の動き、二十四節気、曜日、十干十二支、月齢などを同時に表示するという当時としては驚異的な時計です。田中は明治になって東京に移り住み、七十五歳の時に工場兼店舗を構えますが、これが後に東京芝浦電気株式会社を経て、現在の株式会社東芝になりました。

また直正は天然痘ワクチンの普及に貢献した人物でもありました。嘉永二年（一八四九）、オランダ商館の医師から入手した牛痘ワクチンを、当時四歳だった長男に接種したのです。この時代、日本ではほとんど前例がないにもかかわらず、藩主が跡継ぎである息子に種痘を施すという行為は常識では考えられません。直正がいかに正確な知識を持っていたかという証拠ですが、同時にその勇気に感動します。このワクチンが後に大坂の緒方洪庵などに分与されて各地に種痘所が開設され、日本での天然痘の撲滅に大きく貢献したのです。

直正は黒船が来た時、開国の意見を掲げますが、その後は佐幕、尊王、公武合体に関して、いずれの派にも属しませんでした。日本を立て直すには、そんなことよりも徹底した近代化が先だと考えていたのかもしれません。

同時代の薩摩藩主、島津斉彬もまた直正と同じく近代化を目指した人でした。直正に続いて反射炉の建設に着手しています。この時、何度も失敗して挫けそうになる藩士に向かって斉彬が言った「西洋人も人なり、佐賀人も人なり、薩摩人も人なり。屈することなく研究に励むべし」という言葉は、斉彬の精神を表したものとしてよく知られています。

薩摩藩は苦労の末に、西洋式軍艦「昇平丸」を建造し、さらに佐賀藩に先駆けて、日本初の蒸気船「雲行丸」を建造しました。これは中浜万次郎（通称・ジョン万次郎）の知識をもとに作った越通船と呼ばれる和洋折衷船に蒸気機関を搭載した実験船でしたが、これを見たオランダ海軍軍人ヴィレム・ホイセン・ファン・カッテンディーケをして、「簡単な図面を頼りに蒸気機関を完成させた人物には非凡な才能がある」と驚嘆せしめています。後の薩英戦争でイギリス軍を苦しめたのは、先進技術を取り入れていた斉彬の政策に負うところが大きかったといわれています。

斉彬も直正同様、旧弊に囚われず、下級武士出身の西郷隆盛（さいごうたかもり）を登用する先進性を備えた藩主でした（前述の中浜万次郎を重用したのも斉彬）。この時代にこそ必要な人でしたが、残念ながら安政（あんせい）五年（一八五八）に急死しました。この死については弟の久光による暗殺説が根強くあります。

直正も斉彬も混迷の時代にあって、きわめて合理的な精神を備えた傑物であり、その業績も傑出していましたが、忘れてはならないのは、彼らの命を受けて、数々の新たな設備や兵器、製品を形にしたのが無名の職人たちだったことです。彼らは現代のように工科大学や理学部で専門教育を受けた人々ではありません。にもかかわらず懸命に勉強して、ついに当時の世界最高のテクノロジーに追いついたのです。私はこうした名も無き先人の偉業に感動します。

宇和島藩主の伊達宗城（だてむねなり）も蒸気船の建造に成功していますが、驚いたことに、これを作ったのは無学な仏壇職人で提灯屋の前原嘉蔵という男でした。宗城に蒸気船を作れと命じられた家臣らが、困り果てた末に、器用だという評判だけで連れてきた職人だったのです。

ところがその嘉蔵が藩医の村田蔵六（元長州藩士、後の大村益次郎）の翻訳したオランダの本と図面だけを見て、不眠不休で蒸気機関の模型を作り上げました。それを見た宗城はすぐさま嘉蔵を藩士として召し抱え、蒸気船を作れと命じます。余談ですが、嘉蔵が羽織袴に二本の刀を差して家に戻った時、近所の人々は「嘉蔵は気が狂った」と噂したといいます。その嘉蔵が苦労の末、見事に小型の蒸気船を作り上げたのです。ペリーが黒船で来航してわずか六年後のことでした。

司馬遼太郎は「この時代宇和島藩で蒸気機関を作ったのは、現在の宇和島市で人工衛星を打ち上げたのに匹敵する」と書いています。嘉蔵も見事ですが、そんな彼を見つけてきた宇和島藩の家臣も、また一介の提灯屋であった嘉蔵を武士として召し抱えた藩主も立派でした。なお村田蔵六はその後長州藩に戻って大活躍することとなります。

もう一つ、敢えて強調したいことがあります。

この時代、白人の列強は大砲を装備した蒸気船で世界中を駆け巡っています。アフリカ、南アメリカ、中東、インド、東南アジア、中国などの有色人種の人々は皆、最新式の動燃機関を備えた船を見ています。彼らはそのテクノロジーに驚きはしたことでしょうが、同じものを作った民族はどこにもありません。しかし日本人は違いました。見様見真似でまたたくまに同じものを作り上げたのです。しかも欧米人の助力も援助もなく、三つの藩がそれぞれ独自の研究と工夫によって完成させたのです。

私はここに我々の祖先の持つ底知れない力を見ます。おそらく欧米人もまた、日本人は他の有色人種とは何かが違うと悟ったことでしょう。

明治に入って日本は驚異的なスピードで近代化を達成しますが、その萌芽はすでに幕末の頃にはっきりと現れていたのです。前原嘉蔵や前述の田中儀右衛門などを見ると、江戸時代には優れた知性と発想を持った庶民が少なくなかったであろうということが窺えます。

コラム　今日、我が国の国旗に使われている「日の丸」は、島津斉彬が提案したといわれています。日米和親条約調印後、日本の船を外国船と区別するために船舶旗が必要となりました。幕府は当初、白地に黒の横一文字の「大中黒」を考えていましたが、島津斉彬の進言によって「日の丸」の幟を用いることになり、嘉永七年（一八五四）七月九日（新暦八月二日）、老中・阿部正弘によって正式に布告されました。島津斉彬は鹿児島城から見た桜島から昇る太陽の美しさに、これを国旗にしたいと家臣に言ったとされています。それを受けて薩摩藩が建造した初めての洋式軍艦「昇平丸」を幕府に献上する際の航海で、日の丸を掲げました。

古代より日本では太陽が神聖視され、日本という国名にも使われています（日は太陽のことである）。興味深いのは源平合戦で使われた旗は、平氏が「赤地金丸」、源氏が「白地赤丸」で、両方とも日輪を表すものでした。そして、この戦いで源氏が勝利したことで、「白地赤丸」は天下統一の象徴になったといわれています。

江戸時代には「白地赤丸」が意匠の一つとして普及し、様々な場所で用いられ、幕府は公用旗として使っていました。家康ゆかりの熱海の湯を江戸城に運ばせる際には、その旗を立てたことから、「熱海よいとこ日の丸立てて御本丸へとお湯が行く」という唄も生まれています。その他にも幕府が所有する船に「日の丸」

が描かれていた例などは枚挙にいとまがありません。つまり「日の丸」は正式に国旗として決められる以前に、八百年以上も前から日本という国を象徴する旗として使われていたのです。

第二章で書きましたが、「彦」「姫」の語源が「日子」「日女」であったように、私たちの祖先は自分たちを「太陽の子」と考えていました。『日本書紀』には、九州から東に向かった神日本磐余彦天皇（神武天皇）が大阪で長髄彦に敗れた時のことが次のように描かれています。

「神武の軍勢は、『自分たちは日の神（天照大神）の子孫であるのに、日（東）に向かって戦ってしまったのは間違いであった』と考え、大阪を大きく迂回して熊野から大和平野へ入り、太陽を背にして（東から）長髄彦と戦って、これを破った」

「日の丸」は、こうした古からの歴史を背負った日本民族の旗なのです。

現代の一部の人々が、「軍国主義の象徴である」という理由で、「日の丸」を嫌悪していますが、根拠不明のいいがかりです。歴史も伝統も知らぬ馬鹿者としかいいようがありません。

小栗忠順

意外に知られていませんが、幕府もまた近代化に懸命に取り組んでいました。欧米列強の脅威に対して、何とかしなければならないと考えていたのです。

その代表的な一人が小栗忠順（おぐりただまさ）です。二十代で異国船に対処する詰警備役となった小栗は、蒸気船を見て、日本は積極的に外国と通商をすべきだと強く主張しました。その後、目付となり、遣米使節団の一員としてアメリカに渡った時に、日本も近代的な造船所を作らねばならないと決意したのでした。

アメリカから帰国後の文久元年（一八六一）、ロシア軍艦による対馬占領事件の処理に当たった小栗（外国奉行になっていた）は、幕府に対し、「国際世論に訴えかけ、場合によってはイギリス海軍と手を結ぶ」ことを提言しますが、受け入れられず、外国奉行を辞任しています。

翌年、三十五歳で勘定奉行になった小栗は、幕府財政の立て直しに取り組みます。同時にフランスの助力を得て、製鉄所の建設を計画しました。幕閣からは反対されますが、将軍家茂の承認を得て、慶応元年（一八六五）に横須賀製鉄所（後の横須賀海軍工廠）の建設を開始します。これは単なる製鉄所ではなく、造船所とドック（船の建造や修理のための施設）が一体となるものとして計画されました。その意味で、小栗は日本海軍の礎を築いた人物といえるでしょう。

造船所の施工監督だった栗本瀬兵衛は、ある日、小栗から「ドックが出来上った上は、たとえ幕府が滅んでも『土蔵付き売り家』という名誉を残すでしょう」という言葉をかけられたことを後に書き残しています（栗本鋤雲『匏庵遺稿』）。小栗は幕府崩壊の後も見据えていたのです。

小栗は完成した製鉄所の所長にフランス人を任命し、同時に雇用規則、社内教育、洋式簿記、月給制など、当時の日本では考えられなかった画期的なシステムを導入します。その中には残業手当の規約までありました。

日本の商人が海外貿易で外国と対等に渡り合えない原因は資本力の弱さにあると見た小栗は、江戸と京都と大坂の商人から資本を集めて、株式会社の「商社」を設立します（Companyを商社と訳したのは小栗といわれている）。

さらに陸軍増強のために、フランスから最新式の大砲や小銃を大量に購入し、フランスの軍事顧問団に訓練をさせました。同時に、小銃、大砲、弾薬の国産化を推し進め、ベルギーより弾薬用火薬製造機械を購入し、日本初の西洋式火薬工場をも建設しています。

小栗は文化面でも大きな功績を残しています。日本最初の本格的なホテル「築地ホテル館」を建設し、これも日本初となるフランス語学校（横浜仏蘭西語伝習所）を設立しました。同校の卒業生の多くが明治政府に貢献しました。

小栗はこれらをわずか数年でやってのけたのです。その先進性とバイタリティーにはただただ驚嘆するほかありません。彼は幕藩体制を改め、中央集権体制へ移行することも考えており、徴兵制も視野に入れていました。明治の新政府で活躍した大隈重信（おおくましげのぶ）は「明治政府の近代化政策は、ほとんど小栗上野介（こうずけのすけ）の模倣にすぎない」と語っています。また明治三八年（一九〇五）に日本海海戦でロシアのバルチック艦隊を打ち破った東郷平八郎（とうごうへいはちろう）は、その七年後、自宅に小栗忠順の遺族を招き、「日本海海戦において完全なる勝利を収めることが出来たのは、軍事上の第一に、小栗上野介殿が横須賀造船所を建設しておいてくれたことが、どれほど役立ったか計り知れません」と感謝の言葉を述べています。

しかし忘れてはならないのは、小栗を重用し、存分にその力を振るわせたのが、徳川幕府であったということです。近代化を成功させた明治政府に比して、「徳川幕府は頑迷固陋の体質を持っていた」と語られることが少なくありませんが、決してそうではありません。ペリー来航以降は徳川幕府もまた、押し寄せる欧米列強の脅威を前に、懸命に近代化を進めていたのです。

もし小栗が幕末を生き延びていたなら、明治政府にとって、いや日本にとって大きな力となったことは間違いありません。そう私は断言します。彼の悲劇は後ほど語ることとしましょう。

なお、横須賀海軍工廠は、戦後、アメリカ軍に接収され、現在もアメリカ海軍横須賀基地の中で現役として機能しています。

水野忠徳

水野忠徳も日本史で語られることは多くありませんが、日本にとって忘れてはならない重要な人物です。江戸幕府の旗本であった忠徳は、長崎奉行時代に幕府海軍創設に奔走し、外国奉行時代は安政二朱銀を発行して金貨の海外流出を防ごうとするなど、日本を外国から守るために尽力した有能な官吏ですが、彼の最大の功績は小笠原諸島を守ったことです。

江戸幕府は寛文一〇年（一六七〇）には小笠原諸島の存在と位置も把握していましたが、江戸から一〇〇〇キロも離れている同諸島を管理することはできず、長らく無人のまま放置し、国際的にその帰属も明確ではありませんでした。ところが十九世紀以降、同諸島に外国の捕鯨船がたびたび寄港するようになり、文政一〇年（一八二七）に難破したイギリスの捕鯨船の乗組員二人が住みつき（同島で初めての定住者）、三年後の文政一三年（一八三〇）には、アメリカ人ら五人がハワイ系の人々二十数人とともに入植しました。

一八五〇年代には、ペリーが寄港してアメリカ人住民の一人を小笠原の植民地代表に任命しています。同じ頃、イギリスが諸島の領有権を主張し、両国は領有権で衝突します。この時、小笠原諸島の領有権確保のため現地に赴いたのが水野忠徳でした。

文久元年（一八六一）、幕府の軍艦「咸臨丸」で小笠原諸島に上陸した四十六歳の忠徳は、島々の測量等の調査を行なうと、欧米系の島民に対して、彼らの保護を約束して日本の領土であることを承認させます。その一方、アメリカとイギリスに対して、小笠原諸島の領有権が日本にあることを認めさせたのです。外国人が居住していた島だったにもかかわらず、二大国が主張していた島の領有権を欧米諸国に認めさせたというのは一流の外交手腕といえます。この時、忠徳のしたたかな交渉を支えたのが通訳の中浜万次郎でした。

明治九年（一八七六）、日本政府は各国に小笠原諸島の領有を通告、正式に日本領土となりました。明治一三年（一八八〇）、小笠原諸島は東京府の管轄となり、居住していた外国人は全員、日本国籍を取得しました。

小笠原諸島は希少な自然が残る美しい島々ですが、重要なのは自然だけではありません。二十一世紀の今日、日本の広大な排他的経済水域（領海含め世界六位の約四四七万平方キロメートル）の約三分の一は、小笠原諸島を中心とする海なのです。その海洋資源と海底資源は膨大なものがあります。

もちろん当時の忠徳がそれらを知っていたはずはありません。しかし彼は領土・領海の持つ価値と重要性を十分に理解していました。だからこそ自ら島に乗り込み、領有権を確保したのです。もし忠徳と万次郎がいなければ、今日、小笠原諸島と周辺の海は外国のものとなっていたことでしょう。

薩長連合

話を長州と四国艦隊の戦いに戻しましょう。

欧米列強は「馬関戦争」の賠償金として三百万ドルを幕府に要求しました。ちなみに幕府は生麦事件の賠償金も払わされています。本来はそれぞれの藩が支払うべきもののように思われますが、外国からすれば、「統一国家ならば、賠償金はその政府が支払うべき」という見解でした。これは当然の理屈ともいえ、封建制度の矛盾が幕末に至って露呈したといえます。いずれにしても、この二つの賠償金によって、幕府の財政はさらに苦しいものとなりました。

欧米列強はそんな幕府の混乱に乗じ、慶応二年（一八六六）、条約に書かれた兵庫開港の遅れを理由に、幕府に改税約書の調印をさせます。これにより輸入品の関税は五パーセントという低額になり、幕府は関税によって国庫を潤すことも難しくなりました。しかもこの時、それまでの「従価税」から「従量税」に改めさせられてしまいます。「従価税」は価格によって税額が変わりますが、この時の「従量税」は四年間の物価平均で定まる原価の五パーセントというものでした。つまり日本国内で物価が上がれば、実質的な関税率はさらに下がることとなったのです。実際、これ以降、外国製の安い製品が大量に入ってきて貿易不均衡になったばかりか、日本の産業が著しく打撃を受け、庶民の暮らしにも大きな影響を与えました。こうして民衆の幕府に対する不満も大きくなっていきます。

幕府は兵庫の開港の遅れや「日米修好通商条約」の勅許をめぐる薩摩藩との対立にも手を焼いていました。条約は安政五年（一八五八）に結ばれていましたが、朝廷の勅許がなく、幕府はイギリスなどから勅許を求められていたのです。

「勅許が得られなければ、直接、朝廷と交渉する」と幕府に告げる列強に対し、それだけは避けたい一橋慶喜（この時は将軍後見職から禁裏守衛総督となっていた）は孝明天皇を説得し、条約の勅許を取り付けます。このことに薩摩藩は怒り、反幕府の意思を固めます。

以前から政権交代を目論んでいた土佐藩の脱藩浪人、坂本龍馬（さかもとりょうま）（勝義邦（かつよしくに）の弟子）は今こそ、長州藩と薩摩藩が手を握るべきと考えましたが、長州藩は「八月十八日の政変」と「禁門の変」で、薩摩藩と会津藩に多くの藩士を討たれた上に、京都から追い出されていたこともあり、両藩には深い恨みを抱いていました。長州藩士は下駄の裏に「討薩賊会奸」（「薩摩の賊と会津の奸物を討つ」という意味の言葉）と書いて、恨みを忘れずにいたほどでした。薩摩藩もまた文久二年（一八六二）の公武合体運動を長州藩によって阻止されたことから恨みを抱いていて、二つの藩が手を結ぶことは無理と見られていました。

しかし日本で初めての貿易商社ともいえる「亀山社中」を作った龍馬は（近年、龍馬が作ったものではないとする説も有力となりつつある）、外国との取引を禁じられていた長州藩に、薩摩藩名義で購入した最新式の西洋の武器を売るという奇策を講じて、両藩を近づけます。そして自らが仲介役となって、慶応二年（一八六六）一月、薩摩藩と長州藩の同盟を成立させました。この「薩長連合」が後に討幕の大きな力となるのです。

第二次長州征討

弱体化する幕府に援助を申し出てきたのはフランスでした。その理由は、イギリスが反幕府路線を取る薩摩藩や長州藩と接近したことにあります。両国は「日本を開国させるという目的」では共通していましたが、植民地獲得競争では常に対立していました。日本での利権をめぐっても水面下で争っていたのです。おそらく両国とも、今後の日本の実権を握るのが幕府か、薩摩・長州かを見ていたのでしょうが、フランスは幕府側についたというわけです。

前述のようにフランスは幕府の横須賀製鉄所の建設を援助したり、横浜仏蘭西語伝習所を作って幕臣の教育をしたりして、従来、幕府を支援していました。

その頃、長州藩が軍備を拡充していると知った幕府は、長州藩に対して十万石の削封や藩主の毛利（もうり）敬親（たかちか）の隠居などの処分を通達しますが、回答期限を過ぎても返答がないため、慶応二年（一八六六）六月、諸藩に命じて十五万人という大軍で四方面から長州に総攻撃をかけます（長州は「四境戦争」と呼んでいる）。

これは幕府による二度目の長州征討で、長州藩の度重なる反抗に、幕府としては「今回は許さん」という気持ちだったのでしょう。

迎え撃つ長州軍はわずか三千五百人。しかし長州軍はイギリスから購入した最新式の武器と洋式歩兵部隊の活躍、それに、司令官、村田蔵六（大村益次郎。宇和島藩で前原嘉蔵に蒸気機関製作のアドバイスをした人物）や高杉晋作の優れた戦略により、各所で兵力において上回る幕府軍を圧倒します。

長州征討の最中の七月、大坂城で指揮を執っていた将軍、家茂が亡くなりました。二十歳になったばかりでした。幕府は将軍の死を秘して戦いを継続しますが、徳川家を継いだ一橋慶喜はすぐに形勢挽回は無理と判断し、勝義邦を遣わして休戦します。戦いは幕府軍の完敗であり、幕府の権威は完全に失墜しました。全国を支配しているはずの幕府が、たった一つの外様（とざま）の藩に敗れ去ったのです。これを見た朝廷も全国の藩も徳川政権にはもはや何の力もないと悟りました。

討幕の密勅

長州征討の最中に急死した将軍の家茂には子供がなかったため、禁裏守衛総督の一橋慶喜が将軍に推されました。ところが、慶喜は徳川家は継いだものの将軍職は辞退します。長州征討で敗れた後、多くの藩が離反していく中、幕府の将軍になるのは荷が重いと考えたためだといわれています。慶喜は聡明ではありましたが、そういう損得に敏感な人物でした。しかしフランス軍の援助を受けて軍政改革を行なった後、慶応二年十二月五日（新暦一八六七年一月十日）、二十九歳で徳川十五代将軍の座に就きます。

その二十日後、攘夷論者ではあったが公武合体派で親幕府でもあった孝明天皇が三十五歳の若さで急死します。これにより幕府は大きな後ろ盾を失い、朝廷では討幕派が台頭していきます。こうした流れから孝明天皇の死は討幕派勢力による暗殺ではないかという説が根強くあります。現代でも「孝明天皇暗殺説」を有力視する人は少なくなく、明治天皇の玄孫で作家の竹田恒泰氏もその一人です。

孝明天皇に代わって第百二十二代天皇になったのは、皇子の明治天皇でしたが、皇位に就いた時は弱冠十四歳で、実際の政治は側近が行ないました。

翌年五月、京都において、「四侯会議」が開かれました。これは将軍の徳川慶喜と島津久光（薩摩国父・藩主の父）、山内豊信（やまうちとよしげ）（容堂（ようどう）・前土佐藩主）、松平慶永（まつだいらよしなが）（前越前藩主）、伊達宗城（前宇和島藩主）の四つの雄藩の指導者による国政会議です。しかし、慶喜と久光が長州の処分について真っ向から対立し、会議（全八回）は結局、慶喜の主導で進められたため、不満を持った薩摩藩が武力による討幕に本格的に舵を切ったといわれます。

一方、長州藩と薩摩藩を結び付けた坂本龍馬は武力による討幕には反対でした（実は討幕派であったとの説もあり）。それは龍馬の師匠である勝義邦の考えでもありました。勝は軍艦奉行という幕臣でありながら、徳川家では日本は持ちこたえられないと考えていたのです。そこで幕府が政権を朝廷に譲り、国政は徳川家と雄藩による合議制によって行なうことを目論んでいました。

勝や龍馬らが武力討幕に反対していたのは、それによって内戦に陥り、日本全体が疲弊してしまうことを恐れたからでした。東南アジア各地で西洋の干渉によって内乱が生じ、地域全体が弱体化した時にあっさりと植民地化された事実を知っていたのです。

同年六月、龍馬は長崎から京都へ向かう船の中で、土佐藩の実力者である後藤象二郎（ごとうしょうじろう）に、自らが考えた新しい国家体制論を書いたものを渡しました。これは「船中八策」と呼ばれるもので、「大政奉還」など近代的な思想が盛り込まれていました。大政奉還とは、幕府が天皇に政権を返上するという意味です。後藤から「船中八策」を見せられた前藩主の山内豊信は、大政奉還に同意し、それを建白書として慶喜に提出しました。

薩摩藩もそれに同意したものの、その本音は大政奉還にはなく、あくまで武力による討幕でした。

薩摩藩の大久保利通は、公家の岩倉具視と組んで、天皇に「討幕の密勅」を出させることに成功します。それは「幕府の最高責任者たる徳川慶喜を討て」という明治天皇の勅書で、薩摩藩に出されたのが慶応三年（一八六七）十月十三日（新暦十一月八日）、長州藩に出されたのが十月十四日（新暦十一月九日）です。同時に「会津藩の松平容保、桑名藩の松平定敬（容保の弟）を誅戮（罪ある者を殺すこと）せよ」という勅書も出されていました。会津藩と桑名藩は徹底した佐幕派で、薩長は以前から「橋会桑」（橋は一橋慶喜のこと）と呼び、憎んでいました。

これらの勅書は天皇の直筆ではなく、本来あるべき勅旨伝宣の奏者三人の花押もないなど不審な点が多々あり、おそらく作り物でしょう。薩摩藩と長州藩は偽勅書をこしらえてまで、徳川慶喜、松平容保、松平定敬を亡き者にしたかったのです。

ところが薩長にとって思いがけないことが起こります。慶応三年（一八六七）十月十四日（新暦年十一月九日）に、徳川慶喜が大政奉還をすると上表（天皇に対して書を奉ること）したのです。つまり、この日を以て、二百六十五年続いた江戸幕府の統治が突然終わりを告げました。黒船が来て、わずか十四年後のことでした。これにより薩摩藩と長州藩は、武力討幕の大義名分を失いました（事実、討幕の中断を命ずる勅書が出される）。

コラム 時代が大きく変わっていくのを感じていたのは武士だけではありませんでした。民衆もまた世の中の不穏な空気を感じ取っていました。

　慶応二年（一八六六）六月に武蔵国上名栗（かみなぐり）村で起こった「武州世直し一揆」がきっかけとなり、全国各地で、「不当な支配や収奪を行なう」地主や豪商に対する、農民や民衆による打ちこわしが頻繁に起こりました。農村だけでなく江戸や大坂でも大規模な打ちこわしがありました。これらはまさに世情不安の表われ以外の何ものでもありませんでした。

　翌年、豊作により世直し一揆の波が鎮まると、今度は民衆の間で「ええじゃないか」が大流行します。これは慶応三年（一八六七）八月から十二月にかけて近畿・四国・東海地方などで発生した、集団で町々を巡って踊りまくるという不思議な社会現象です。三河国御油宿において、秋葉神社の御札が空から降ってきたということで、民衆が踊りまくったのが最初といわれています。その後、東海道の宿場町を中心に、この不思議な踊りは頻発しました。「ええじゃないか」という囃し言葉とともに、男装した女性や女装した男性らが何日も踊り狂うのです。時には六夜七日にわたる乱痴気騒ぎもありました。

おそらく動乱の世にあって鬱積した民衆の不満が、踊りという形で現れたものと思われますが、中には「日本国の世直りはええじゃないか」という囃し言葉もあり、根底には「世直し」に対する渇望のようなものがあったのかもしれません。

この「ええじゃないか」は実は討幕を試みた一派が人為的に起こしたものではないかという説があります。というのも「ええじゃないか」が流行した時期は、薩摩藩や長州藩の討幕派が、前述の「討幕の密勅」降下を画策していた時だからです。それに薩摩や長州では「ええじゃないか」は起こっていません。また各地の囃し言葉の中には「長州」という言葉が出てくるものもいくつかあります。そして「討幕の密勅」が出た途端、「ええじゃないか」は突然やみます。

人為的に「ええじゃないか」を起こしたという説は非常に魅力的ではありますが、私はこれには懐疑的です。「討幕の密勅」の計画時期との一致も偶然だと思います。とはいえ、誰かが「空から御札が舞い降りる」とふれ回り、民衆を洗脳状態にした工作だった可能性は否定できません。マスメディアがない時代、そうした噂話が町々に伝染していく中、何人かの男たちが、町や通りに御札を撒きながら「ええじゃないか」と踊り出せば、容易に民衆に広がったことでしょう。もし、そこまで考えた者がいたとすれば、恐ろしいまでに頭のいい人物だったことは間違いありません。

王政復古の大号令

ところで、偽勅旨が出た翌日に慶喜が大政奉還を上表したというのは、あまりにもタイミングが良すぎます。実は慶喜は十月十三日に、大政奉還する旨を諸藩に伝えていました。討幕を目論む薩摩藩と長州藩にしてみれば、慶喜にそれを上表されると、討幕の大義名分を失うために急遽、密勅を拵(こしら)えたと思われます。

慶喜が大政奉還を上表したのは、薩長との戦いを避けるためでしたが、彼にはもう一つ目論見がありました。おそらく新政権は、朝廷や慶喜を含めた雄藩の藩主たちによる合議制の形を採るであろうと見ていたのです。ところが朝廷や雄藩の藩主らには国政を運営した経験はありません。となれば、外国との交渉を含め、実質的に日本の政治を行なってきた徳川家の力は無視できず、新政権での自分の発言力は大きくなると考えたのです。事実、朝廷は慶喜が将軍辞任を申し出ても、これを認めず、そのまま政治を委ねています。また慶喜は弁論が巧みで、雄藩の藩主とのやりとりでも常に周囲を圧倒していました。

そこで岩倉具視を代表とする討幕派の公家や薩摩藩らは、慶応三年（一八六七）十二月九日（新暦一八六八年一月三日）に慶喜派の公家たちを締め出し（宮中クーデター）、「王政復古の大号令」を発しました。これは江戸幕府を廃絶し、同時に摂政と関白を廃止し三職（総裁、議定（ぎじょう）、参与）を設置するという、新政府樹立の宣言です。摂政を廃したのは、二条斉敬（にじょうなりゆき）摂政が親幕府であったからかもしれません。

同じ日、新たに設置された三職（有栖川宮熾仁（ありすがわのみやたるひと）親王、中山忠能（なかやまただやす）、岩倉具視、大久保利通、松平慶永、山内豊信、後藤象二郎、徳川慶勝（よしかつ））の間で小御所会議が行なわれました。この席には慶喜は呼ばれませんでした。会議では、徳川慶喜の「辞官・納地」（内大臣の辞官と領地の返還）が決定しました。

最初は公儀政体派（徳川将軍家も諸侯の一人として会議に参加して政治に関与するという考えの派閥）の山内豊信（前土佐藩主）、松平慶永（前越前藩主）、徳川慶勝（元尾張藩主）は慶喜の「辞官・納地」に断固反対していましたが、それを知った討幕派の西郷隆盛（薩摩藩士で当日は御所の警備をしていた）が三人の暗殺を示唆したところから、会議の空気が変わったといいます。この時、西郷が「短刀一つあれば済む」と言ったという有名な逸話がありますが、事実かどうかは不明です。ただ、テロをほのめかすようなことはあったようです。山内豊信らは暗殺を恐れたのか、自説を引っ込めました。

京都の二条城で会議の決定を聞いた会津藩と桑名藩の藩士は激怒しますが、慶喜は彼らを抑えて、新政府に恭順の意を示し、大坂城に退きました。

そんな慶喜に対し、諸藩の間で同情論が起こり、いったんは慶喜の「辞官・納地」に賛成した山内豊信や徳川慶勝らも再び意見を変え、新政府内でも慶喜擁護派が強くなりました。その月の終わりには慶喜の「辞官・納地」はうやむやになり、慶喜が三職の一つである議定に内定しました。この間、慶喜は大坂城にいて、城内には徳川家に忠誠を誓う会津藩と桑名藩の藩士たちが詰めていました。

何としても慶喜を廃したい西郷隆盛は、幕府を挑発するために大勢の浪人やごろつきを雇い、江戸市中でテロ活動を行なわせました。彼らは次々と商家を襲い、金を強奪しただけではなく、殺人、強姦、放火などを行ないました。「薩摩御用盗」と恐れられた彼らは、薩摩藩邸を根城にしていたため、与力（よりき）では手が出せませんでした。しかし庄内藩巡邏（じゅんら）兵屯所が砲撃されたことと、江戸城西の丸が放火されたことで、幕府はついに討伐を決定し、庄内藩士らが薩摩藩邸を砲撃して、浪人を多数捕縛しました。

これら一連の薩摩藩の狼藉を大坂城で聞いた幕臣から、「我々も薩摩を討つべきだ」という声が上がります。その声に押された慶喜は、「王政復古の大号令以来、薩摩の振る舞いは、朝廷の真意とは考えられず、薩摩の陰謀である」として、明治元年（一八六八）一月一日（新暦一月二十五日）、「討薩の表」を発しました。しかし、これこそ西郷が待っていたことでした。

翌日、会津藩と桑名藩の藩士が大坂城から京都の淀城（親幕府の淀藩の城）に入り、事態は一気に緊迫します。

新政府の議定に内定し、政府内で自分を擁護する勢力が強くなっていることを感じていた慶喜は、ここで一気に薩摩を潰しておきたいと考えたのでしょう。薩摩藩中心の新政府軍約五千人に対し、旧幕府軍は約一万五千人という兵力差も慶喜を強気にさせていたのかもしれません。

鳥羽・伏見の戦い

薩摩側は慶喜との対決の前に朝議を開き、「慶喜の武装上洛を止める」という決定を取り付けました。これが後に大きな武器となります。

明治元年（一八六八）一月三日（新暦一月二十七日）、淀城を出た旧幕府軍と、薩摩・長州の新政府軍が伏見市街で激突しました。これは後に「鳥羽・伏見の戦い」と呼ばれます。

西洋の最新式武器を装備し、数でも圧倒していた旧幕府軍でしたが、指揮官が無能だったために、同じく西洋の最新式武器を装備した新政府軍を前に苦戦を強いられました。ただ、在京していた多くの藩は、この戦いを旧幕府軍と薩長の私闘と見做していたため戦いには参加せず、静観していました。

しかし二日目、新政府軍が、朝敵を討つ時の旗印である「錦の御旗」（錦旗）を掲げると、多くの藩が「朝敵」となることを恐れ、次々に新政府軍に加わりました。それどころか、淀藩や津藩のように、旧幕府軍から新政府軍に寝返る藩も出てきました。

平安時代の終わりに平家が実権を握って以来、約七百年間も政権から離れていた（途中、建武の新政があるが）「天皇」でしたが、その象徴である「錦の御旗」が揚がった途端、臨戦態勢にあった旧幕府軍の武士たちを一瞬のうちに、慄かせたのです。これが日本における天皇の「力」といえますが、その「力」とは「畏れ」ではなかったかと私は考えます。

旧幕府軍は態勢を立て直すためにいったん淀城に入ろうとしましたが淀藩から締め出され、大坂城まで退くはめになりました。

それでも会津藩と桑名藩の士気は衰えてはいませんでした。慶喜が出陣すれば挽回は十分可能でしたが、慶喜は密かに愛妾を連れて大坂城を脱出し江戸へ逃げ帰ります。「たとえ千騎が一騎になっても退くべからず。皆、死を決して戦うべし」と兵士を鼓舞していた将軍自らが戦場から離脱したのです。これにより旧幕府軍は継戦意欲を失い、大坂を放棄して江戸や自国へと帰還し、戦いは新政府軍の圧勝という形で終わりました。しかし欧米列強は「局外中立」を宣言し、薩摩藩を中心とする新政府を日本政府として認めるという立場には立ちませんでした。むしろこの時点では種々の条約を交わした旧幕府の徳川政権を認めるという立場でした。ただ、国内的には、徳川家の威信は地に落ち、もはや政権維持能力は失われたと見做されました。

ところで、「明治」という元号は慶応四年（一八六八）九月八日（新暦十月二十三日）に建元されたものですが、この時、一月一日（新暦一月二十五日）に遡って明治元年とすることが定められました。したがって本書では、慶応四年ではなく明治元年と書いています。なお、この時に一世一元制（天皇の在位中には元号を変えない制度）も採用され、今日に至っています。

江戸無血開城

薩摩藩と長州藩を中心とする新政府は、徳川慶喜追討令を出し、攻撃目標を江戸と定め、東征軍を組織しました。

この時、西郷隆盛は東征軍の先遣隊として、相楽総三が結成した赤報隊を派遣します。相楽は西郷の命令で江戸でテロ事件を画策した尊王攘夷派の志士でした。赤報隊は進撃の途中、「旧幕府領の年貢を半分にする」という約束を掲げて、農民たちの支持を取り付けていきましたが、これは相楽が新政府に進言して認められた政策でした。しかしその後、新政府は財政逼迫のためにこの方針を撤回し、相楽を偽官軍として処刑しました。この一件は新政府軍の汚い性格が露骨に現れたものといえるでしょう。

東征軍に対して、旧幕府側は恭順か徹底抗戦かで意見が割れますが、慶喜は恭順を勧める軍艦奉行の勝義邦の意見を取り入れます。勝は江戸が戦場となって無辜の民が何万人も死ぬことは避けたいと考えていました。また旧幕府軍と新政府軍が総力戦となることで、どちらが勝つにせよ、「日本」の国力が大いに損なわれることを恐れてもいました。前述のように内乱によって疲弊した後に欧米列強の植民地となった東南アジア諸国の轍は踏みたくないと考えていたのです。

しかし東征軍の実質的な総司令官であった西郷隆盛は、日頃から「戦好き」を公言し、その上、目的のためなら手段を選ばない男でもありました。手下として使った相楽総三でさえ、罪をかぶせて処刑する残忍さも持ち併せていました。そんな西郷はすでに江戸城を包囲し、総攻撃の日を決め、「江戸中を火の海にしても、慶喜の首を取る」と息巻いていたといいます。

慶喜から全権を任された勝は、総攻撃の二日前、薩摩藩邸に乗り込み、西郷と面談します。そして驚くべきことに、勝は攻撃予定日の前日、ついに西郷を説得し、戦いを回避することに成功しました。時に、明治元年（一八六八）三月十四日（新暦四月六日）のことでした。

「江戸無血開城」として知られるこの事件は、日本史に燦然と輝く奇跡のような美しい出来事です。私は、「これぞ、日本」だと思います。恨みや怒りを超えて、日本の未来を見ようという両者の英断があったればこそのことだったからです。

ただし、江戸無血開城を成し遂げられたのは勝の力量によるところ大だったと私は見ています。勝でなければできなかったことかもしれません。西郷は勝に会う前に、イギリス公使のハリー・パークスに説得されて攻撃をやめることを考えていたという説がありますが、私はこの説には与しません。むしろ勝に説得された西郷が、血気にはやる東征軍の幹部クラスを納得させるために、パークスの名前を出したのではないかと考えられます。

徳川慶喜という男

江戸幕府最後の将軍となった慶喜は、若い頃からその聡明さで知られていましたが、幕末の一連の出来事を巡る行動を見る限り、保身を第一とし、勇気と決断力に欠けた男に思えます。

家茂が急死した後、将軍職を固辞したのも、おそらく火中の栗を拾いたくなかったからでしょうし、大政奉還をあっさり受け入れたかと思えば、その後、家臣たちに押されて「討薩の表」を出してみたり、鳥羽・伏見の戦いでも、部下には「死を決して戦うべし」と言いながら、不利な戦況になると、兵を残して江戸に逃げ帰ったりと、行動にまるで一貫性がありません。そして東征軍がやってくるとなった時には、徹底抗戦を主張する多くの幕臣の意見を退けて、勝の意見を採用し新政府に恭順の意を示しました。勝の非戦論は日本の将来を見据えたものでしたが、慶喜の場合は単なる怯懦（きょうだ）であったろうと私は見ています。

慶喜が徹底抗戦しなかったもう一つの理由は、朝敵となることを恐れていたからともいわれています。慶喜の実父は御三家の一つ水戸徳川家当主だった斉昭ですが、水戸家は徳川御三家でありながら、尊王思想の非常に強い藩でした。それゆえに天皇の意に逆らって開国した井伊直弼は水戸藩士らの一層の怒りを買ったともいえます。

慶喜が一橋家に養子に行く前、二十歳の時に、父の斉昭に言われたとされている次の言葉はつとに有名です。

「もし一朝事起りて、朝廷と幕府と弓矢に及ばるるがごときことあらんか、我等はたとえ幕府には反くとも、朝廷に向かいて弓引くことあるべからず。これは義公以来の家訓なり。ゆめゆめ忘るることなかれ」（『昔夢会筆記・徳川慶喜公回想談』）

これは慶喜が晩年に語ったものですが、斉昭は水戸家の家訓として、もし徳川本家と朝廷が争うことになれば朝廷と戦ってはならないと教えたというのです（義公とは水戸光圀のこと）。また水戸家七代藩主の徳川治紀の言行録である『武公遺事』にも同様のことが書かれています。

徳川幕府の最後の将軍がこのような家訓を持った家から出たというのは、どこか運命的なものを感じさせます。その意味では、大政奉還と江戸無血開城は歴史の必然であったといえるのかもしれません。

小栗忠順の死

東征軍に対して徹底抗戦を唱えた一人に小栗忠順がいましたが、その意見は退けられ、彼は罷免されて、上野国群馬郡権田村（現在の群馬県高崎市倉渕町権田）に蟄居します。

後に、小栗が考案していた迎撃作戦を知った大村益次郎（長州藩の兵学者で、戊辰戦争における官軍の実質的な司令官）は「その策が実行に移されていたならば、今頃我々の首はなかったであろう」と語っています。その時点では旧幕府軍は、小栗の近代化による強大な軍事力を持っていたため（鳥羽・伏見の戦いの旧幕府軍とは全然違う）、もし戦えば旧幕府軍が勝利した可能性が高かったといわれているのです。そうなれば幕末の歴史は大きく変わっていたでしょうが、だからといって徳川幕府が再建されたとも思えません。おそらく明治新政府に薩長がいないというだけのことではなかったでしょうか。少なくとも近代化を阻害することはなかったと思います。

小栗家の元中間で、後に小栗忠順の推薦によって三井の大番頭となった三野村利左衛門（えもん）は、このままでは小栗の身が危ないと察し、千両箱を送ってアメリカ亡命を勧めますが、小栗はこれを丁重に断わりました。

ちなみに江戸時代の豪商の多くは明治になって没落しましたが、三井は維新以降も生き残ったばかりか、日本最大の財閥となりましたが、それは小栗の薫陶を受けた三野村利左衛門の力が大きかったといわれています。

明治元年（一八六八）、新政府軍は無抵抗の小栗を捕縛し、翌日、裁判もせずに処刑しました。享年四十一でした。新政府軍は旧幕臣には寛容でしたが（勝義邦、大鳥（おおとり）圭介（けいすけ）、榎本武揚（えのもとたけあき）らは政府高官に取り立てられている）、なぜ小栗だけを赦免も行なわずに処刑したのかは不明のままです。新政府は後に様々な罪状を挙げていますが、いずれも事実ではありません。もしかしたら、この後に起こるかもしれない旧幕府軍との戦い（実際に起こった）において、小栗が旧幕府軍の軍師となることを恐れたのかもしれません。

いずれにしても小栗忠順の死は、日本にとり実に惜しいことだったといわざるを得ません。もし幕末を生き延び、明治政府の重鎮になっていれば、どれほど日本の近代化に貢献できたかしれません。

残念なことに、小栗忠順は明治から戦前の時代は「逆賊」と言われ、その功績が語られることはほとんどありませんでした（大隈重信や東郷平八郎の賞賛は例外的）。また戦後はGHQ（連合国軍最高司令官総司令部）から「横須賀軍港を作った軍国主義者」と見做されました（群馬県で、郷土の歴史などを綴った「上毛かるた」を作る時、GHQは小栗上野介の名前を外すように命令している）。そうした評価のため、彼の名は教科書などで語られることはありませんが、幕末史においては決して忘れてはならない人物の一人です。司馬遼太郎は『「明治」という国家』の中で、小栗を「明治の父」と書いています。

コラム 幕末から明治にかけて、多くのヨーロッパ人が日本を訪れましたが、彼らの多くが初めて見る日本の社会や文化に驚き、それを書き残しています。中には批判的なものもあれば、嫌悪の目で見た記述もあります。また文化の違いを理解しない面から見た非難や、有色人種を一段下に見た侮蔑的な視点もあります。しかし彼らが一様に感銘を受けていることがある。それは日本の民衆の正直さと誠実さです。

トロイアの遺跡を発見したことで知られる考古学者のハインリヒ・シュリーマンは、慶応元年（一八六五）に日本を訪れています。彼はその前に清（中国）を旅しており、そこでは中国人から法外な料金をふっかけられるのが常だったのに対し、日本では渡し船の船頭が、正規の料金しか要求しなかったことを驚きをもって書き残しています。また、横浜から入国する際の日本人の誇りある態度にも感銘を受けています。荷物を解く作業が大変なので免除してもらおうと、税官吏にこっそり袖の下（金）を渡そうとしたシュリーマンに対し、二人の税官吏は自分の胸を叩いて、「ニッポンムスコ」と言い、受け取りを拒んだというのです。そして二人の税官吏はシュリーマンを信じ、解いた荷物の上だけを見て通してくれました。

初代駐日イギリス総領事・公使のラザフォード・オールコックは、日本の役人には辛辣な評価を下していますが、一般庶民については、まったく別の見方をしています。ある日、彼は心から愛していた飼い犬を旅先の事故で失いました。宿屋の経営者に、美しい庭に犬を埋葬してもいいかと訊ねると、主人は快く了承したばかりか、多くの人とともに墓を掘って丁寧に埋葬してくれたというのです。

まるで自分たちの家族が亡くなったようにともに悲しんでくれたと、オールコックは感動をもって書き残しています。

明治の初期に日本を旅したイギリスの女性旅行家イザベラ・バードは、「日本ほど女性が一人で旅しても危険や無礼な行為とまったく無縁でいられる国はない」と旅行記に記しています。世界中を旅してきた彼女にとっては、「ただの一度として無作法な扱いを受けたことも、法外な値段をふっかけられたこともない」経験は稀有なことでした。

ある日、馬子とともに旅したバードは、一本の革ひもを紛失しました。すると馬子は、日が暮れていたにもかかわらず、一里（四キロ）引き返して革ひもを探してくれたのです。バードがその分の金を払おうとすると、馬子は「旅の終わりには何もかも無事な状態で引き渡すのが自分の責任だから」と言って、一銭も受け取りませんでした。これに似た経験を幾度もしたバードは、「彼らは丁重で、親切で、勤勉で、大悪事とは無縁です」と記しています。

同じく明治初期の話ですが、大森貝塚を発見したことで知られるアメリカの動物学者エドワード・モースは、瀬戸内地方を旅したある日、広島の旅館に、金の懐中時計と銀貨・紙幣を預けて、遠出をしようとします。すると旅館の女中は、それらを盆に載せて、モースの泊まった部屋の畳の上に置きました。部屋はふすまで仕切られているだけで、誰でも容易に出入りできます。モースが宿屋の主人に、これでは心配だと言うと、主人は「ここに置いておけば安全です」と答えました。不安をぬぐえないモースでしたが、腹を括って、そのまま遠出しました。一週間後、旅館に戻ったモースは、心底から驚くことになります。盆の上には、金時計はいうに及ばず、小銭に至るまでそのままの形で残されていたからです。

このあたりでやめておきますが、幕末から明治にかけて日本を訪れた欧米人の書き残したものには、こんな話が山のように出てきます。そこには、誠実で、嘘をつかず、優しい心を持っていた日本人の姿があります。

私は何もすべての日本人がそうであったと言うつもりはありません。江戸時代の日本にも凶悪犯罪はありましたし、いつの時代においても不誠実な犯罪者はいました。しかし幕末から明治にかけて日本を訪れた外国人たちが、一種の驚きを持って、優しく誠実な日本人のエピソードを書き残したことは紛れもない事実です。それらの記録を読む時、私は自分たちの祖先を心底誇らしく思います。幕末の動乱の中で、多くの武士が日本の未来をかけて戦っていたその時も、庶民は日本の美徳を失うことなく毎日を懸命に生きていたのです。

第九章

明治の夜明け

ひとくちに「明治維新」といっても、その定義はなかなか難しいものがあります。討幕運動から王政復古、そして明治になってから行なわれた政治改革や社会改革までを含んでいるからです。したがってその時期の特定も難しいのですが、一般的には、慶応三年（一八六七）の「大政奉還」から始まり、明治一〇年（一八七七）の西南戦争の終結までの約十年間といわれています（異論もあり）。

黒船来航から大政奉還までの十四年間はとてつもない激動の時代といえますが、本当の意味の激動は、大政奉還後の十年間でした。日本史上において、かくも短い期間で劇的に国全体に変革が起きたことは、これ以前にも以後にもありません。江戸末期の日本と明治の初期の日本を見ると、とても同じ国とは思えないほどです。それぐらい政治も社会も人々の生活様式も何もかもがまるで違っています。

しかし裏を返せば、この激変は、江戸時代に、あまりにも社会や制度が変化しなかった反動であったともいえるかもしれません。変革を求める国民（民衆）のエネルギーが、前例なきものを認めない幕藩体制（ばくはんたいせい）によって抑え込まれていたところへ、黒船が来航し、その重い蓋にヒビが入りました。そして、その裂け目から蒸気が一気に噴き出すようにして、重い蓋を吹き飛ばしたのです。

戊辰戦争

明治元年（一八六八）三月（新暦四月）、江戸無血開城が決まりましたが、政治機構がすんなり明治政府に移行したわけではありませんでした。まず新政府軍に対して、旗本や御家人が彰義隊（しょうぎたい）を組織して（町人や博徒も多数加わった）上野（現在の上野公園あたり）に立て籠もって歯向かいますが、これは一日で制圧されました。

また新政府は、会津藩（現在の福島県）と庄内藩（現在の山形県の一部）の討伐のために東北に軍隊を送りました。新政府は長州藩と薩摩藩から成り立っていましたが、この二藩は会津藩と庄内藩には遺恨を持っていました。長州藩は「禁門の変」（蛤御門の変）で会津藩に京都から放逐された恨みがあり、薩摩藩は江戸でテロ活動をした際に庄内藩に藩邸を焼き討ちにされた恨みがあったため、両藩はこの機に乗じてそれらの仇を討とうと考えたのです。

一方、徳川家が大政奉還して江戸城を明け渡した今、会津藩と庄内藩には新政府と争う理由はありませんでした。両藩はともに新政府に対して恭順の意を示しますが、新政府軍はこれを却下し、仙台藩（現在の宮城県）や米沢藩（現在の山形県の一部）など東北や北越の諸藩に、会津藩と庄内藩の討伐を命じました。

しかし仙台藩と米沢藩は、同じ東北の藩として会津藩と庄内藩に同情的でした。そこで両藩は近隣の他の藩とともに、新政府に対して、両藩への寛大な措置を求める嘆願書を出します。新政府はこれを受けつけず、逆に「従わなければ、仙台藩と米沢藩も討伐する」と通達し、「松平容保の首を差し出す以外に赦しはない」という強硬な態度に出ました。これに怒った東北・北越の諸藩は奥羽越列藩同盟を結成して、新政府に対抗します。これはおそらく武士の意地のようなものだったのでしょう。

とはいえ、薩摩藩の庄内藩に対する恨みはそれほど深いものではありませんでした。というのはかつて薩摩が密貿易をしていた時、庄内地方から招聘した岩元源衛門という商人のお陰で大いに潤ったということがあり（鹿児島には今も岩元が作った「山形屋」という老舗百貨店がある）、庄内藩には親近感のようなものを持っていたといわれています。

官軍の奥羽越列藩同盟との戦いは明治元年（一八六八）の五月に始まりました。東北・北越の諸藩は、激しく抵抗しますが、数と装備に優る新政府軍の前に次々に降伏し、九月に会津藩と庄内藩が降伏して、東北での戦いは終結します。これにより新政府軍は東北一帯を制圧しました。

明治政府による奥羽越列藩同盟討伐は、一分の正義もないものでした。徹底抗戦を宣言した相手ならともかく、恭順の意を示した相手を討伐する理由などありません。敢えていえば、長州による報復の私闘ともいえるものでした。その証拠に「禁門の変」で恨みを抱いていた会津藩に対しては、藩士らを不毛の地であった青森の斗南に移封するなど、非常に過酷な処罰を与えています（薩摩藩の西郷隆盛などはむしろ会津藩に同情的だった）。

新政府に敢然と反旗を翻したのは旧幕府の海軍でした。海軍副総裁の榎本武揚は、江戸城明け渡しの後、新政府に軍艦を引き渡すことを拒否し、同年八月、八隻の軍艦に彰義隊（旧幕府の旗本たち）や仙台藩士の敗残兵、元新撰組隊士ら約三千人を乗せて、蝦夷地に向かいました。そして箱館（函館）を占領すると、「箱館政権」（俗に蝦夷共和国と呼ばれる）樹立を宣言しました。イギリスとフランスはこの仮政府を認め、新政府軍と仮政府の戦いには中立の立場を取る旨を榎本に告げています。

翌明治二年（一八六九）五月（新暦六月）、新政府軍は七千の軍勢で箱館政権に総攻撃をかけました（箱館戦争）。榎本らは奮戦しますが、同月には降伏します。この箱館戦争の終結をもって、明治新政府は日本全土を制圧しました。

鳥羽・伏見の戦いから、箱館戦争までの一連の戦いは、「戊辰戦争」と呼ばれています（明治元年の干支が戊辰であったことから命名された）。

コラム 明治二年（一八六九）、戊辰戦争で戦死した新政府軍の兵士を慰霊、顕彰するための施設として東京招魂（しょうこん）社が創建され、六月二十九日（新暦八月六日）に、戦没者三千五百八十八柱が祀られました。東京招魂社は明治一二年（一八七九）に靖國神社と名を変え、日本のために戦って亡くなった人々を慰霊する神社となりました。そして戊辰戦争の後も、西南戦争、日清戦争、日露戦争、日中戦争、大東亜（だいとうあ）戦争で戦没した軍人を合祀することになり、今日に至ります（令和三年【二〇二一】現在、二百四十六万六千余柱）。

後に、維新の前に死んだ吉田松陰や高杉晋作、坂本龍馬らも祀られることとなりましたが、維新の英傑でありながら明治になってから暗殺された伊藤博文や大久保利通などは祀られていません（高杉は病死だが、なぜか祀られている）。

戊辰戦争で賊軍として戦って亡くなった会津藩士や桑名藩士、それに奥羽越列藩同盟の戦没者は祀られていません（「禁門の変」で御所を守って亡くなった会津藩士は祀られている）。

あくまで私個人の思いですが、戊辰戦争の賊軍も、広義では日本のために戦って亡くなった人々なのだから、同じ日本人として合祀してほしいと願っています。

五箇条の御誓文

戊辰戦争を戦っている明治元年（一八六八）三月に、明治政府は「五箇条の御誓文」を発表しました。これは明治天皇が天地神明に誓約する形で、公家や大名たちに示した明治政府の基本方針ですが、まず注目すべきは最初の二条です。

「広ク会議ヲ興シ万機公論ニ決スベシ」

「上下心ヲ一ニシテ盛(さかん)ニ経綸ヲ行フベシ」

これはわかりやすくいえば、「広く人材を集めて会議を開いて議論を行ない、人々の意見を聞いて物事を決めよう」「身分の上の者も下の者も心を一つにして国を治めていこう」ということです。ここには独裁的な姿勢は皆無です。まさに近代的民主主義の精神に満ち溢れています。

それだけでも十分な驚きですが、私は、最初の二条と、千二百年以上前に聖徳太子が作ったといわれる「十七条憲法」との類似性に唸らされます。すなわち「和を以て貴しと為し」「上やわらぎ下むつびて」というくだりです。日本は古来、専制君主制ではなく、政治は皆で行なっていくのが理想と考えてきた国なのです。

ただ、明治政府の重鎮たちの多くが近代的民主主義の精神を持っていたかは疑問です。これはある意味、仕方のないことです。彼らの多くは数年前までは藩主に仕える武士であり、幕府から扶持を貰って生活していた公家だったのですから。何より重要なことは、明治政府が「五箇条の御誓文」を理想とし、これを国是としたということです。

日本大改造

明治政府は戊辰戦争を戦いながら、一方で様々な改革を急速に進めていました。

まず明治元年（一八六八）七月十七日、明治天皇は「江戸ヲ称シテ東京ト為スノ詔書」を発し、江戸は東京となりました。

東京という名前を誰が決めたのかはわかりませんが、この改称には徳川政権の名残をすべて消し去ろうという意図がうかがえます。町や土地の名前には謂れがあります。それをわざわざ消し去り、別称に改めるという行為を、私は良しとしません。江戸は十七世紀の頃からロンドンやパリに匹敵する世界的な都市であったのに、現在、この由緒ある名前が使われていないことは残念というほかありません。

翌明治二年（一八六九）、政府は「版籍奉還」を実施します。これは、全国に三百近くあったすべての藩が、領地と領民を朝廷に返上するというものでした。旧藩主は「知藩事」となり、従来の石高の一割が家禄として与えられました。同時に全員が華族（貴族）となりました。

版籍奉還が終わると、政府は次に「廃藩置県」を行ないました。これは薩長の一部の高官による、ある意味でクーデターのようなもので、藩を一気に廃して府や県にして、同時に知藩事も罷免し、中央政府から府知事や県令を派遣するという改変でした。これによって明治政府の中央集権体制ができあがり、政府内において薩長が大きな力を持つようになりました。

明治四年（一八七一）七月の最初の廃藩置県では、全国に三府（東京、大阪、京都）三百二県を設置し、十一月には三府七十二県に整理しました。ちなみに琉球国は明治四年（一八七一）に鹿児島県に編入されましたが、翌明治五年（一八七二）に琉球藩として分離し政府の直轄地となり、さらに明治一二年（一八七九）に沖縄県とされました。

明治政府は版籍奉還と廃藩置県を実施するに際し、旧藩が激しく抵抗するかもしれないと恐れ、兵力をも備えていましたが、それは杞憂に終わりました。ほとんどの藩が返済困難な借金を抱えており、廃藩置県によってそれが帳消しになるということから（政府が負債を引き継ぐことになっていた）、むしろ歓迎する藩も多かったのです。それに藩士の禄も政府が支給するということも藩主たちが廃藩置県を受け入れた大きな理由でした。あるいは戊辰戦争で政府に逆らった奥羽越列藩同盟の悲惨な状況を見ていたため、抵抗しても無駄だと考えたのかもしれません。こうして二百六十八年も日本全国に存在していた藩は一瞬にしてなくなったのです。同時に藩主（殿様）という存在も消滅しました。

明治六年（一八七三）には、「廃城令」（正式名称・全国城郭存廃ノ処分並兵営地等撰定方）が出されました。これは明治政府の陸軍省の管轄になっていた全国の城の存廃を軍が決めるというもので、結果的に大部分の城が取り壊されました。この時、種々の理由で例外的に存続が決まった姫路城や彦根城などは、国宝になっています。現在、江戸時代の天守閣が残っているのは全国でわずか十二です（大東亜戦争による焼失もあった）。もし「廃城令」が出されていなければ、今も日本全国に多くの天守閣が残されていたはずで、それらは非常に貴重な文化財であったと同時に、どれほど素晴らしい景観であったかと思うと、まさに惜しみてあまりあることです。

廃藩置県が行なわれた明治四年（一八七一）十一月、政府は岩倉具視を全権大使とする使節団をアメリカとヨーロッパに送ります。この時のメンバーは伊藤博文、大久保利通、木戸孝允（桂小五郎）といった政府の重鎮たちでした（他に留学生なども加わり、総勢百名を超えた）。しかもその期間は二年近くに及ぶ長いもので（帰国は明治六年【一八七三】九月）、いかに政府が力を入れたかがわかります。

まずアメリカに渡った一行はアメリカ政府の政治家や役人たちに歓待され、「これほどの歓待ぶりなら、懸案であった条約改正の交渉にも快く応じてくれるのではないか」と甘い期待を抱きました。しかしいざ交渉に入ろうとすると、まったく相手にされず、彼らは大きなショックを受けます。明治の重鎮たちは、あらためて国際社会の厳しさを思い知らされることとなりました。

この時の使節団のメンバーのほとんどは断髪・洋装でしたが、日本の文化に誇りを持っていた岩倉だけは髷と和服という姿でした。しかしアメリカ留学中の息子に「未開の国と馬鹿にされる」と言われ、シカゴで断髪して洋装に改めています。これは少々残念に感じるエピソードです。

使節団の目的の一つは欧米の社会や工場を視察することでした。一行はイギリスで産業革命を成し遂げた様々な工場を見学しましたが、彼らを何より驚かせたのはビスケット工場でした。小麦粉と卵とバターから食料品が大量生産される様子を見て、近代文明の凄さを思い知らされたのです。一方で、夜のロンドンでホームレスの集団を見た使節団は、華やかな文明には暗部もあるという感想を、メモに書き残しています。

余談ですが、イギリスでお金を銀行に預ければ利子がつくと聞いた一行は、大金（現在の価値で五億円ほど）を預けますが、ロンドン滞在中にその銀行が倒産して、預けた金を失ったという記録があります。もしかしたら金融に疎かったために詐欺に遭ったのかもしれません。

　誕生したばかりのドイツ帝国では、鉄血宰相といわれたビスマルクに会っています。ビスマルクは一行にこう語ったといわれています。

「あなたたちは国際法の導入を議論しているようだが、弱い国がそれを導入したからといって権利は守られない。だから日本は強い国になる必要がある」

　また使節団を招いての晩餐会でも次のようなスピーチをしたといいます。

「大国は自国に利益があると見れば国際法を守るが、不利となればそれを破って武力にものを言わせる」

　ビスマルクの言葉は一行に大きな衝撃を与えました。国際法など、弱い国にとっては何の力にもならない、いざという時に頼りになるのは武力である、ということを、イギリスやフランスに遅れて列強の仲間入りをしたドイツの宰相に教えられたのです。悲しいことに、これがこの時代の国際間のルールでした。おそらくこの時、使節団一行の頭の中には「富国強兵」という考えが深く刻まれたことでしょう。

═ コラム 明治四年（一八七一）に始まった廃藩置県は、その後、県の数を徐々に整 ═

理していき、明治九年（一八七六）には三十五となりましたが、それぞれの面積が大きすぎるという弊害もあり、明治二一年（一八八八）、三府四十三県（北海道を除く）となって、現在の形となりました（その前、明治二年【一八六九】に蝦夷地が改称されて北海道となり、明治一五年【一八八二】に函館県、札幌県、根室県が設置された。東京は昭和一八年【一九四三】に都になっている）。つまり明治二一年（一八八八）の最後の廃藩置県の実施以後、百三十年以上日本の行政単位はほぼ変わっていないのです。

この百三十年の間に、交通網や通信手段、および人々の生活スタイルは激変しました。百三十年前は、ほとんどの人の生活範囲は半径数キロ以内でしたが、現在は県をまたいで行動することは当たり前の日常となっています。道路、水道、電気、あるいはその他の行政も、もはや一県だけで行なっていくのは合理的か否か疑問が生じているにもかかわらず、百三十年そのままというのも、変化を好まない日本的なやり方のようにも見えます。

江戸時代の二百六十五年間がそうであったように、日本の政府、日本人は基本的に変化や改革を嫌います。そういう点では、やはり明治の初めの十数年こそが特殊な時代だったといえます。江戸幕府の崩壊、襲い来る欧米列強と、激動の嵐の中で、大胆な改革をしなければ日本は生き残れないという強い危機感に突き動かされたため可能となったのでしょう。

驚異の近代化

日本は幕末から凄まじい勢いで近代化へと突き進んでいましたが、その流れは明治に入って一層加速しました。

明治五年（一八七二）に日本初の鉄道が「新橋―横浜」間（約二九キロ）で開通しました。私はこの事実に驚愕します。鉄道計画が始まったのは明治二年（一八六九）十一月、測量が始まったのは明治三年（一八七〇）三月です（戊辰戦争が終わったのが前年の五月）。そこからわずか二年半で最初の鉄道を開通させたことはまさに驚異以外の何物でもありません。

しかもこの時の鉄道は約一〇キロも海の上を走らせています。というのも、兵部省が高輪の土地を「軍事上必要であるから手放せない」と測量さえ許さなかったからです。それに怒った大隈重信が「ならば海の上を走らせろ」と命じ、「芝―品川」間の海上に堤防を築き、その上に線路を敷いたのです。これは高輪築堤と呼ばれるもので、平成三一年（二〇一九）に品川駅改良工事の際に当時の石垣の一部が発見されています。

同年、国立銀行条例が作られています。名前は国立とはなっていますが、すべて民間資本の銀行で、明治一二年（一八七九）までに百五十三の銀行が作られました。作られた順番による番号が行名となりましたが、現在でもその名前の銀行が地方に残っています。

同年、群馬県富岡で日本初の官営模範器械製糸場である富岡製糸場（現在、世界遺産となっている）が操業を開始しました。翌年、ウィーン万国博覧会に、日本は富岡製糸場の生糸を出品し、本場イタリア式生糸に遜色ない優秀品と証明され、見事に第二等進歩賞牌を受賞しています。当時の日本人の優秀さを物語るエピソードです。

政府はこの他にも様々な工場を建設し、全国各地で鉱山を開発しました。すべては近代産業を興して、富国強兵策を進めるためです。

教育にも力を入れ、明治一〇年（一八七七）に東京大学を設立しました。この時、東京大学に入学した学生は全員が江戸時代の生まれであり、現代のような義務教育などは受けていません。教授陣の多くは外国人でした。ちなみに明治元年（一八六八）には慶應義塾大学の前身である慶應義塾、明治八年（一八七五）には同志社大学の前身である同志社英学校が民間人によって創設されています。また学制を定め、全国を八つの学区に分け（後に七つに変更）、それぞれ大学校、中学校、小学校の数を制定しました。以後、全国に次々と学校が作られていきます。

身分制度も改められました。明治五年（一八七二）に新たに戸籍が作られ（壬申戸籍と呼ばれる）、旧公家や旧大名は「華族」、旧武士階級は「士族」、それ以外は「平民」と記載されました。また移住や職業選択の自由も認められ、いわゆる「四民平等」となりました。ただ、一部地域の戸籍には穢多や非人は、「新平民」や「元穢多」「元非人」と記載され、後々までも差別問題として残ったことは残念でした。もっとも「壬申戸籍」の「新平民」の記載は俗説で、「元穢多」や「新平民」という記載は実は全体の一パーセントもないという話もあります。ただ現在、壬申戸籍は見ることが禁じられているため、真偽は不明です。

明治五年（一八七二）に陸軍省と海軍省が作られ、翌年には徴兵制度が敷かれました。これにより満二十歳に達したすべての男子は兵役の義務を負うことになりました。西洋列強と互角に渡り合っていくためには、国民皆兵の軍隊が不可欠と考えたのです。しかし徴兵制度は、それまで軍事は武士のものと考えていた士族からは大いに反発を買いました。一方で、徴兵される平民からも不満が出て、その年から翌年にかけて「血税一揆」（徴兵令反対一揆ともいわれる）と呼ばれる農民を中心にした一揆が全国で多発しました。

地租改正によって、江戸時代には禁じられていた田畑を売買することが許され（田畑永代売買禁止令解除）、土地も自由化されましたが、土地には税金が課せられることになりました（地租改正条例）。海軍省と陸軍省も創設されました。同じ頃、郵便制度も確立され、東京、大阪、京都に郵便役所が創設されました。

政府は産業や制度改革だけでなく、西洋の文化を積極的に取り入れ、国民にも半ばそれを強要しました。明治四年（一八七一）、「散髪脱刀令」を出し、男性はそれまでの髷を切り、いわゆる「ざんぎり頭」になりました。華族や士族などは洋服を着るようになり、靴や帽子も流行しました。牛鍋店、パン屋、西洋料理店が増え、ビールや紙巻タバコが売られるようになりました。上流階級の生活に椅子やテーブルが使われるようになります。もっともこうした変化はあくまで都市部だけでした。

明治五年（一八七二）に銀座一帯が火事で焼失した後、政府は新しい都市計画を作り煉瓦造りの洋風の街としました。さらにガス灯が設置され、乗合馬車が走る街となりました。三代目歌川広重（うたがわひろしげ）がその頃の銀座の風景を描いた「東京開化名勝京橋石造銀座通り両側煉化石商家盛栄之図」を見ると、江戸時代からわずか十年未満の街並みとはとても思えません。もっともこの変化は東京の一部だけで、都市部が劇的に変わるのはもう少し後のことです（農村部の変化はもっと後になる）。

同年、長らく使ってきた旧暦を廃し、新たに太陽暦が採用され、一年を三百六十五日とし、四年ごとに閏年（うるう）をおくという現在の暦となりました（明治五年【一八七二】十二月三日を新暦の明治六年【一八七三】一月一日にすることが決められた）。

これらのことが戊辰戦争終結後の十年以内に行なわれたというのは驚愕の一語です。しかも版籍奉還や廃藩置県を行ないながら、です。こうしてあらためて歴史を俯瞰（ふかん）してみても、容易には信じがたいものがあります。近代において、これほど急激に近代化を成し遂げた国はないでしょう。第二次世界大戦後に独立を果たした東南アジア諸国において、日本の明治維新が研究材料となってきたことも頷けます。

コラム 明治の初期は劇的に社会が変わった時代でしたが、一方では、古くからの伝統や文化が軽視され、あるいは失われた側面もあります。その最も悲惨な例が「廃仏毀釈」です。

明治元年（一八六八）、新政府は「神仏分離令」（「神仏判然令」）を出しました。これはそれまでの「神仏習合」（神仏混交）という考え方から「仏教」と「神道」を分離しようというものです。実は仏教は日本に輸入されてから、いつのまにか神道と結びつき、その境は曖昧なものになっていました。詳しく説明すると非常に煩雑になるため、敢えて簡略して言うと、「神道による神」と「仏教の仏陀」は同じものであるという考え方です。そのため神社の中に仏具があるということも珍しくありませんでした。「神仏分離令」は、神社の中に仏具を置いたり、仏像を神体にすることを禁じたものです。

「神仏分離令」が出された理由はいくつもありますが、その最も大きな目的は、天皇親政の新国家として神道を国教としようという考えがあったことです。『古事記』『日本書紀』にもあるように、皇室は神道と深いつながりがあり、それを復古させようというものです。実はこの考え方は、江戸時代に国学が盛んになった頃から唱えられてきましたが、明治になって新政府が国の方針として取り上げた形となりました。これにより、多くの僧侶は神官になったり、還俗させられたりしました。またそれまで持っていた広大な領地を国家に奪われました（「社寺領上知令」）。

ただ、残念なのは、「神仏分離令」は「廃仏毀釈」という大衆運動を呼び込んだことです。全国各地で多くの民衆が寺を打ち壊したり仏像や仏画を壊したり燃やしたりしました。この時、夥しい数の貴重な文化財が失われました。もし現存していたら国宝や重要文化財となったはずの建築や仏像が消滅したことは残念でなりません。奈良の興福寺も境内にあった多くの貴重な塔頭は破壊され、現在、国宝となっている五重塔も一時は薪代としてわずかな金で売りに出されたという話があるほどです。また興福寺に匹敵するほどの大寺院であった天理の内山永久寺は完全に破壊され、現在はその痕跡すらありません。また薩摩藩では藩がこの運動を後押ししたことでその破壊は徹底して行なわれ、現在、鹿児島県には国宝は一つしかありません。他にも悲惨な例は全国に山ほどあります。

このような運動が民衆の間で広まった理由は、江戸時代にあった寺請制度のためともいわれています。江戸幕府はすべての農民はどこかの寺に檀家として登録することを命じており、そのために寺が戸籍を管理する幕府の出先機関のような存在になっている面もありました。また多くの寺社領（土地）を持った寺は、民衆の目には一種の特権階級に映っていたのでしょう。そうしたものが根底にあったところに、新政府が出した「神仏分離令」が引き金となり、寺の破壊という極端な行動に走ったのかもしれません。この運動は五年くらい続きましたが、その後は急速に下火になりました。皮肉なことに結局、新政府が目指した神道を国教にしようということは実現しませんでした。つまり「神仏分離令」は何の益も生み出さなかったというわけです。

私は「廃仏毀釈」という大衆運動は、日本史上の汚点となる蛮行であり愚行であると考えています。

明治六年の政変

明治政府は隣国である李氏朝鮮と近代的な国交を結ぼうとし、明治五年（一八七二）八月に外務大丞を派遣しますが、朝鮮はこれを拒絶しました。中華思想に染まった李氏朝鮮（実質は清の属国に近かった）は、西洋化した日本を快く思っていなかったからです。むしろ翌年には朝鮮国内で排日の気運が高まりました。大院君（国王の父）の興宣大院君は「日本は夷狄に化けた。獣と同じである。日本人と交わった者は死刑に処す」という布告を出しました。

この状況に、政府内で、西郷隆盛、江藤新平、板垣退助らを中心に「征韓」を唱える声が上がりました（「征韓論」）。しかしこの時は大久保利通や木戸孝允などの重鎮が使節団で訪欧中であり、明治天皇は使節団が戻るまで決定を保留しました。

明治六年（一八七三）九月に帰国した大久保利通や木戸孝允らは、対外戦争はまずいと判断して征韓論に反対します。大久保らはまず国内をしっかり治めること、そして国際関係においては樺太の領有問題や琉球の帰属問題の方を優先すべきと考えたからです。

そこで西郷は、自らが使節として朝鮮に赴き、大院君に会って交渉すると言いました。この提案がいったんは認められましたが、西郷が朝鮮に渡れば殺される可能性が高く、そうなれば戦争に発展する危険があると政府は考え、遣韓中止を決定しました。この時、西郷は「自分が殺されたら、それを大義名分にして朝鮮を攻めろ」と言っていたという話が残っていますが、事実かどうかはわかりません。遣韓が受け入れられなかったことで、征韓を唱えていた西郷や板垣や江藤といった重鎮が政府から去ることとなります。これを「明治六年の政変」と呼びます。

この政変は、表向きは「征韓論」で対立した形ですが、その背景には薩摩閥と長州閥の対立がありました。また「岩倉遣欧使節団」（内治派）と、その外遊中の「留守政府」（征韓派）と呼ばれる者たちの対立でもあったのです。というのも、使節団は日本を出発する前に、留守政府に対し、「使節団が欧米で視察中は大規模な内政改革は行なわないこと」と言っていましたが、留守政府は学区制や士族の俸給の停止などの重要改革を行なったことにより、両グループの間で軋轢が生じていたからです。さらに薩摩閥同士の勢力争いや肥前閥同士の内紛などもあり、かなり複雑な対立構造が生んだ政変といえます。

この政変で野に下った板垣退助は、翌明治七年（一八七四）、後藤象二郎や江藤新平らと「愛国公党」を結成し、政府の専制政治を批判し、国会の開設を要求するようになります。この運動はやがて「自由民権運動」に発展していきます。西郷については後述します。

江藤は佐賀に戻り、地元の士族に推される形で「佐賀の乱」（「佐賀戦争」とも呼ばれる）を起こします。これは明治の初期に多く起こった不平士族の大掛かりな反乱の最初のものです。士族たちは、前述の徴兵令に加えて、明治六年（一八七三）に「秩禄（ちつろく）奉還の法」が布告されたことにも大きな不満を持っていました。秩禄とは廃藩置県後に士族に与えていた家禄と賞典禄（維新に功労のあった者に対して政府が与えた賞与）をあわせたものでしたが、新政府は財政の圧迫を理由に廃止することにしたのです。それで佐賀で大掛かりな反乱が起こったのですが、この乱は政府軍によって鎮圧されました。リーダーの江藤と島義勇（しまよしたけ）（ともに幕末の「佐賀の七賢人」と呼ばれ、明治政府の重鎮であった）は斬首の刑に処され、さらし首にされました。これは大久保利通が強引に実行したと言われていますが、あるいは前年の政変の確執があったのかもしれません。

台湾出兵

明治七年（一八七四）、日本は台湾に出兵しました。これは明治四年（一八七一）、台湾に漂着した宮古島島民五十四人が台湾の先住民によって虐殺された事件の報復でもありました。

虐殺事件が起きた際、日本政府は清帝国に抗議しましたが、清は「台湾は化外の地」（統治外の土地）として、責任はないと答えました。日本はその返答を聞き、台湾は清の支配が及ばない土地と解釈して、出兵したのです。実はこの出兵の裏には、明治六年（一八七三）から政府に対してたびたび反乱を起こしていた士族の不満を外征で逸らそうという狙いもありました。

台湾を制圧した日本は、後に清と交渉し、日本の出兵が自国民（琉球人）への加害に対する義挙であることを認めさせました。これにより間接的に、琉球が正式に日本に帰属することを清に承認させたということでもあります（一方で、台湾は清の領土であることを認めている）。

明治八年（一八七五）、日本はロシアとあらためて国境画定交渉を行ないました。

安政元年（一八五四）十二月（新暦一八五五年二月）に結んだ「日露和親条約」で択捉島以南を日本領、ウルップ島以北をロシア領とすることは決まっていましたが、樺太に関しては、「日露両国民の雑居の地」としていました。しかしその後、積極的に樺太経営に乗り出したロシアに対抗するのは難しい状況となり、日本はロシアと交渉します。樺太を放棄する代わりに、千島列島をすべて日本が領有するという「樺太・千島交換条約」を結んだのです。この条約により、正式に千島列島はすべて日本の領土となりました。

朝鮮に開国させる

明治五年（一八七二）以来、李氏朝鮮に何度も国交を結ぶ要求をしていた日本は、明治八年（一八七五）、朝鮮半島の江華島沖に軍艦「雲揚」を派遣しました。しかしこの軍艦が朝鮮に砲撃される事件が起きます（江華島事件）。「雲揚」はただちに反撃して朝鮮の砲台を破壊し、江華島を占拠しました。

日本は朝鮮に対し、賠償を求めない代わりに開国を要求し、「日朝修好条規」を締結させました。この条約には、「日本の領事裁判権を認める」などの項目があり、日本が欧米列強と結んだ不平等条約を朝鮮に押し付けたものとなりました。

現代的な視点で見れば、他国に対して不平等条約を押し付けたのは不当な行為ともいえますが、当時の国際感覚では普通の外交でした。国力と情報に劣る弱小国は、強い国の言い分を呑まされることになるというのが、当時の国際常識でもあったからです。「ジャングルの法則」(the law of the jungle)とも呼ばれるこの「力の法則」を、日本は幕末から明治にかけて学んだのでした。ただ、朝鮮の開国に際しては、すべてを強引には進めてはいません。他国に意見を求め、また他国による干渉がないように充分な配慮がなされています。

それにしても、当時の日本の政治家の精力的な動きには感心するほかありません。内外に様々な大きな問題を抱えつつ、欧米列強の意見を取り入れながら、多くの政策と法律を矢継ぎ早に出しています。そのスピード感と実行力は見事です。しかも新政府のすべての政治家が近代国家というものを初めて運営しているにもかかわらずです。

翻って二十一世紀の日本政府からはそうした果断さは完全に失われているといえます。

明治の日本はぎりぎりのところで欧米列強の植民地支配を免れましたが、依然、強国が犇きあう世界の中に放り出された赤子のような国家でした。問題解決を先延ばしにして悠長に政策論議をしている時間的な余裕はなかったのです。

西南戦争

新政府は国内にも大きな問題を抱えていました。それは前述した不平士族による反乱です。「佐賀の乱」以来、生活に困窮した士族たちが全国各地で乱を起こしていました。

士族を特に怒らせたのが、明治九年（一八七六）三月の「廃刀令」（正式名称・大礼服並軍人警察官吏等制服着用の外帯刀禁止の件）です。江戸時代を通じて長らく刀は武士の命で、これを取り上げられることは士族の誇りを著しく傷つけるものでした。さらに同年八月には「秩禄」が全廃される「秩禄処分」がなされ、収入の道を断たれたことで士族の不満が爆発し、その年に立て続けに大きな反乱が起きました（「神風連の乱」「秋月の乱」「萩の乱」など。いずれも政府軍によって鎮圧された）。

翌明治一〇年（一八七七）二月、最大の反乱が九州で起こりました。これは「西南戦争」と呼ばれています。「明治六年の政変」で鹿児島に戻っていた西郷隆盛を総大将とする元薩摩藩の士族たちを中心とした反乱でした。西郷は反乱には乗り気ではなかったようですが、部下たちに担ぎ上げられる形で反乱軍のリーダーとなったのです。反乱軍はその年の九月には政府軍に鎮圧され、西郷は自決し、戦争は終わりました。以後、士族の反乱は途絶えます。ここに戊辰戦争から十年続いていた動乱の時代が終わりを告げ、明治政府はいよいよ本格的に近代国家建設に取り組むこととなるのです。多くの歴史家が西南戦争の終結をもって「明治維新」の終わりと見做すのも頷けます。

第十章
世界に打って出る日本

明治政府が近代化を急ぎ、富国強兵を目指したのは、そうしなければ西洋の列強に国が呑み込まれてしまう危険があったからです。

当時の世界は二十一世紀の今日とはまるで違っていました。十九世紀の後半は、百年以上続いた西洋諸国によるアジア植民地争奪戦の最終段階を迎えた時期でした。加えて列強同士の権益争いが始まろうとしていたのです。

日本はその中で独立を保ったばかりか、凄まじい勢いで欧米列強を追いかけていきます。それはまさに「世界史の奇跡」ともいえる出来事でした。しかし、脅威は去ったわけではありませんでした。「遅れてきた列強」ロシアが、アジアで南下政策をとり、満洲から朝鮮半島に触手を伸ばしてきたからです。もしロシアがその一帯を押さえれば、日本の安全は著しく脅かされることになります。

「日清戦争」と「日露戦争」という明治の二つの戦争は、まさに日本の安全確保、自衛のために行なわれた戦争に他なりませんでした。

しかし「日清戦争」の勝利によって、清から多額の賠償金を得たことで、国民の間に「戦争は金になる」という誤った認識が広がったことも確かです。その誤解と驕り(おご)が、「日露戦争」以後の日本を誤った方向へと進ませていくことになります。

立憲政治へ

明治九年（一八七六）、明治天皇は元老院議長に、各国の憲法を研究して日本の憲法を起草するよう命じました。この時点では日本はまだ立憲君主国とはいえず、政治の実権は維新の立役者となった一部の重鎮（元老や参議）たちが握っていたのです。

しかし明治元年（一八六八）の「五箇条の御誓文」の中で、明治天皇は「万機公論ニ決スベシ」として、議会制民主主義の方向性を提示しており、一方、「明治六年の政変」で野に下った板垣退助らは「民撰議院設立建白書」を提出し、国民が選んだ議員による国会の開設を要求していました。これがきっかけとなって、「自由民権運動」が起こり、全国に広がっていきます。

大政奉還までは、徳川将軍が諸侯の上に君臨し、全国に三百近くあった藩では、農民や町人は、殿様が行なう政道に口を差し挟むことはできませんでした。それが、わずか十年で「自分たちも政治に参加させろ」と声を上げるようになったのです。日本の民権運動と憲政の実現は、この後の世界史にも深く静かに影響していきます。

政府は「自由民権運動」を弾圧しますが、その一方で、日本が近代国家となるためには、立憲体制を整え、選挙で選ばれた議員による議会が必要だということもわかっていました。そうした認識の下、明治一四年（一八八一）、「明治二三年に国会を開設する」との勅諭が出されます。これにより、いくつもの政党が生まれることになります（板垣退助の「自由党」、大隈重信の「立憲改進党」など）。

帝国憲法

政府は憲法作成に際して、ヨーロッパ各国の憲法を研究するとともに、聖徳太子の「十七条憲法」以来の日本の政治思想の精神に則り、立憲君主制と議会制民主主義を謳った憲法を作成しました。

明治二二年（一八八九）二月十一日、「大日本帝国憲法」が公布されましたが、これは明治天皇が憲法作成を命じてから実に十三年の歳月をかけて作られたものでした。

この憲法では、天皇は「神聖不可侵」とされていたことから、今日、戦前の日本が教祖を崇める危険なカルト集団であったかのような誤解が流布しています。これは非常に残念な誤解です。帝国憲法における「神聖不可侵」の意味は、国民が天皇の尊厳を傷つけてはならないということにすぎません。その統治権は無制限ではなく、天皇もまた、憲法の条文に従うとされていたのです。

たとえば第十一条に「天皇ハ陸海軍ヲ統帥ス」（統帥権）という条文があります。これは政府や議会が介入できないことを意味すると誤解されていますが、実際は政府も議会も予算を通じて軍に関与することができました。ただしこの第十一条は昭和に入って、政治家や軍の一部によって拡大解釈され濫用されるようになります。いくら憲法の条文がしっかりしていても、その解釈や運用を間違うと大変なことになるという教訓です。これについては後に詳しく述べます。

翌明治二三年（一八九〇）には、第一回衆議院議員総選挙が行なわれました。この時、選挙権が与えられたのは、満二十五歳以上の男性で、直接国税を十五円以上納めている者に限られました。これは国民のわずか一パーセントにすぎませんでした。

憲法制定と内閣制度の確立により、日本はアジアで初めての本格的な立憲国家となります。またこの前後に民法、刑法、商法などの法律も整備され、これまたアジアで初めて近代法の整備に成功した国となりました。

日本は維新後約二十年をかけて、法整備の点において欧米列強に追いついたのです。

コラム 憲法作成と同じ頃、「君が代」が作られました。国際的な儀式や祭典には、国歌の演奏が欠かせなかったからです。

「君が代」の歌詞は、平安時代に編まれた『古今和歌集』の詠み人しらずの歌からとられました。原歌は「我が君は 千代に八千代に さざれ石の 巌となりて 苔のむすまで」というものでしたが、平安時代末期の本では、「我が君」は「君が代」になっています。歌のもともとの意味は、大切な人の長寿を願うものでしたが、後代になって「天皇の御代（みよ）」（すなわち日本国）が長く栄えることを願う歌となりました。江戸時代には、小唄、長唄、浄瑠璃、祭礼歌、盆踊りなどで、庶民の間で賀歌（めでたい歌）として広く歌われるようになります。ただし、決まったメロディーはありませんでした。

明治一三年（一八八〇）、前記の歌詞に、宮内省雅楽課が旋律を付け、楽譜制定顧問のドイツ人音楽教師フランツ・エッケルトが洋楽風に編曲しました。以後、「君が代」は次第に国民の間に国歌として広まっていきます。ちなみに「君が代」は世界最古の歌詞を持つ国歌ですから、ある意味、「世界最古の国歌」ともいえるのです。

ただ、悲しいことに、昭和に入ってからは、大東亜戦争中に国威発揚のため盛んに歌われたために、戦後、占領軍によって軍国主義的な歌と見做され、演奏を禁じられることとなります。

しかし、昭和五二年（一九七七）、文部省（現在の文部科学省）は「学習指導要領」で、「君が代」を国歌と表記、さらに平成一一年（一九九九）には、「国旗・国歌法」が制定され、「君が代」は正式に国歌となりました。なお、昭和四九年（一九七四）、政府広報室が世論調査を行なったところ、「君が代」が国歌にふさわしいと答えた人は七六・六パーセントでした（ふさわしくないと答えた人は九・五パーセントであった）。

不平等条約に苦しむ日本

アジアで唯一、近代国家の仲間入りを果たした日本でしたが、江戸幕府が安政時代に結んだ不平等条約の頸木から抜け出ることは容易ではありませんでした。これが国際条約の重みです。

政府は何度も改正を試みて各国と交渉を重ね、明治二七年（一八九四）、ようやく「領事裁判権の撤廃」に成功しました。最初に結んだ日米修好通商条約から三十六年かかったことになります。しかし、「関税自主権がない」という条項の完全撤廃は認められませんでした。これが撤廃されない限りは、欧米列強との貿易において常に不利な立場となり、経済的な発展は望めません。この改正が認められないということは、列強と同等の国とは認められていないことの証でもありました。

コラム 不平等条約改正のために、当時の日本人たちは少々情けない振る舞いもしました。日本が西洋のような近代国家になったと目に見える形で示せば、認めてもらえるだろうと考えて、ヨーロッパの文化や風俗を真似たのです。いわゆる「欧化政策」です。前述した「散髪脱刀令」もその一つでしたが、最もひどいのは、「鹿鳴館外交」と呼ばれるものでした。

外務卿の井上馨の主導で、明治一六年（一八八三）に、欧米からの来賓をもてなすために鹿鳴館が建てられ、そこでヨーロッパ風の舞踏会や晩餐会が開かれました。政府高官や彼らの夫人がモーニングやドレスを着て、下手くそなヴァイオリンやピアノの演奏をバックに、フォークとナイフで食事をし、外国人相手にダンスを踊ったのです。

当時は政府の高官といえども、全員が江戸時代の生まれで、西洋風のマナーに通暁した者はいませんでした。そんな日本人の珍妙で滑稽な振る舞いを見た欧米人は腹の中で嘲笑していました(悔しいことにそんな記録がいくつも残っている)。もちろん、欧米に阿った「欧化政策」を快く思わない日本人も少なくなく、非難の声も上がりました。結局、井上の外務大臣辞任（明治一八年【一八八五】に外務卿から外務大臣になっていた）とともに、鹿鳴館時代は幕を閉じました。

日清戦争

明治二七年（一八九四）に日清戦争が起こりますが、これは突如勃発した戦争ではありませんでした。

維新以降、日本は必死に近代化に邁進していましたが、その間も対外的な危機が去ったわけではありませんでした。十九世紀の国際社会はいまだ激烈な弱肉強食の世界だったのです。アフリカ、南アメリカ、中東、インド、東南アジアと、地球上のほとんどを植民地とした欧米列強は、最後のフロンティアとして中国大陸に狙いを定めていました。

もちろん日本についても安全が保障されているわけではありませんでした。西ヨーロッパの国々に出遅れていたロシアが南下政策をとり、満洲から朝鮮半島、そして日本を虎視眈々と狙っていたからです。そのため日本は自国の防波堤として朝鮮の近代化を望みました。朝鮮半島が日本のように富国強兵に成功すれば、ロシアの南下をともに防ぐことができる――日本が李氏朝鮮を開国させた一番の理由はそれでした。しかし現実の李氏朝鮮は清の従属国（冊封国）であり、独立国家の体をなしておらず、近代国家には程遠い存在でした。それでも開国以来、日本の支援を受けて改革を進めてはいましたが、明治一五年（一八八二）、改革に反対する保守派が大規模な暴動を起こし、日本公使館を襲って、日本人軍事顧問や公使館員を殺害しました（これは「壬午軍乱」と呼ばれている）。

日本は兵を派遣しましたが、清もまた宗主国として派兵します。反乱軍を鎮圧した清は、袁世凱（えんせいがい）を派遣し、事実上の朝鮮国王代理として実権を掌握させました。これにより朝鮮国内では親日勢力（改革派）が後退し、再び清への従属度合いを強めていきます。

そんな中、明治一七年（一八八四）に、ベトナムの領有をめぐって清とフランスの間で戦争が起こったため、朝鮮半島に駐留していた清軍の多くが内地へ戻りました。朝鮮の改革派は、清がフランスに敗れたことを好機と見て、日本公使館の支援を受けてクーデターを起こしますが、清軍に鎮圧されました（甲申（こうしん）事変）。

この事変で、日本と清の間で軍事的緊張が高まったものの、明治一八年（一八八五）、両国が朝鮮から兵を引き揚げることを約束する天津条約を交わしました。この条約で重要なのは、「将来朝鮮に出兵する場合は相互通知を必要と定める。派兵後は速やかに撤退し、駐留しない」という条項でした。

九年後の明治二七年（一八九四）二月、朝鮮政府に対して大規模な農民反乱（東学党の乱）が起きると、朝鮮政府から要請を受けた清が軍隊を送りました。そこで日本も天津条約により朝鮮に派兵します。両国の軍が来たことで東学党は朝鮮政府と和解し、乱は収束しました。

乱が鎮まった後、朝鮮政府は日本と清に撤兵を求めますが、どちらも受け入れず、一触即発の緊迫した状況の中、七月二十五日、ついに両国の軍隊が衝突し（豊島沖海戦、二十九日には成歓の戦い）、八月一日には、両国が宣戦布告しました。

この時、日本軍、清国軍ともに近代的な武器を装備していましたが、軍の統率力や兵士の練度において優った日本軍が各地の戦闘で清軍を圧倒しました。日本軍は清国軍を朝鮮国内から駆逐し、清国内に攻め入って遼東半島を占領します。さらに清国の北洋艦隊を黄海海戦で破り、「日清戦争」に勝利しました。

これは日本にとって明治に入って初めての本格的な対外戦争でした。

翌明治二八年（一八九五）、下関で日清講和条約が結ばれました。「下関条約」と呼ばれるこの条約の第一条は、「清は、朝鮮半島の完全な独立を認めること」というものです。つまり日本が清と戦った最大の目的は、日本の安全保障の観点から、朝鮮を独立させることだったのです。朝鮮半島が大国の手に落ちたなら、日本の安全保障が脅かされることになるだけに、朝鮮を近代化させたかったのです。しかし朝鮮が清の属国である限り近代化は困難でした。

また同条約で、清は日本に対し賠償金二億テールを支払い、遼東半島と台湾を割譲することが決まりました。十九世紀以前の国際社会では、戦争によって賠償金支払いと領土の割譲は常識でした。したがってこれは結果論であり、日本が清と戦った最大の理由は、自国の安全保障という目的のためでした。

下関条約により、李氏朝鮮は初めて清から離れて独立しました。李氏朝鮮は二年後に国号を大韓帝国と改め、君主はそれまでの「王」から「皇帝」を名乗りましたが、これは朝鮮史上初めての画期的な出来事でした（東アジアで「王」というのは、中華帝国の冊封を受けているという意味がある）。

この時、漢城（現・ソウル）にあった「迎恩門」（宗主国であった清の使者を迎える門）が取り壊され、清からの独立を記念して「独立門」が建てられました。今日、多くの韓国人が、この門は大東亜戦争が終わって日本から独立した記念に建てられたものと誤解しています。このような基本的な知識すら正しく教育されていないことには呆れるばかりです。

三国干渉

明治二八年（一八九五）四月、下関条約が結ばれた六日後、ロシアとフランスとドイツが、日本に対して「遼東半島の返還」を要求しました。これは「三国干渉」と呼ばれています。「極東の平和を乱すから」というのが干渉の理由でしたが、それは建前にすぎず、実際は満洲の利権を狙っていたロシアが、フランスとドイツに働きかけて行なったものでした。フランスとドイツには、この干渉に参加することによって清に恩を売り、その見返りを得ようという目論見がありました。互いがロシアと接近するのを阻むために、敢えて手を結んだという事情もありました。日本は、この三国に対抗する国力がなかったため、泣く泣くこの干渉を受け入れ、遼東半島を清に返還します。日本政府は、悲憤慷慨する国民に対して、「臥薪嘗胆（がしんしょうたん）」をスローガンに国力を上げる必要を訴えました。

しかし清から得た二億テールという莫大な賠償金（当時の日本の国家予算の四倍）と遼東半島の還付金三千万テールは日本の財政にとっては大きな助けとなります。そのため多くの国民が「戦争に勝てば金になる」という誤った意識を持ってしまいました。この意識が後に日本を危険な方向へ導くもととなったといえます。

蚕食される清帝国

日清戦争の結果は、「清帝国は弱い」という事実を列強にあらためて教えることとなりました。

それまでイギリスやフランスはアヘン戦争やアロー戦争などで清に対し勝利を収めてはいましたが、内心では大国・清を恐れてもいました。局地戦では勝ったものの、もし膨大な人口を誇る清帝国が国を挙げて立ち上がれば、その力は相当なものだろうと思われていたからです。清は「眠れる獅子」と呼ばれ、列強は本気で清に戦争を仕掛けませんでした。

しかし日本との戦いで、清の軍隊の脆弱さ、人民の闘争力のなさ、二重統治（少数民族の女真族が圧倒的多数の漢民族を支配）の矛盾などが一挙に露呈し、実は「弱い国」であることを列強は知ります。清は「眠れる獅子」ではなく、「死せる豚」と揶揄されるようになりました。

遼東半島の返還を日本に要求したロシア・フランス・ドイツの三国は、清に対して見返りを求め、ロシアは明治二九年（一八九六）に東清鉄道敷設権を獲得、さらに明治三一年（一八九八）には日本が返還した遼東半島の南端の旅順と大連の租借権を得ます（その後、半島全域を占領し、旅順に要塞を築く）。

フランスは明治二八年（一八九五）に安南鉄道の延長や雲南・広東などでの鉱山採掘権を獲得、明治三二年（一八九九）には広州湾の租借権を延長させました。

ドイツもその前年、膠州湾（広州湾とは別）の租借権を獲得していました。日本に干渉してきた国々の「極東の平和を乱す」という理由が、まったくの口実にすぎないことを自ら証明したような行ないです。

またイギリスも九龍半島と山東半島東端の威海衛の保全（他国への不割譲）を約束させました。まさに日清戦争をきっかけにして、列強の本格的な中国分割が始まったのです。

清から領土や利権を獲得していく列強の姿は、あたかも瀕死の巨大な豚の肉に嚙み付くハイエナのようです。もっとも日本もこの時、台湾の対岸にあたる福建省の保全を約束させているので同類だったともいえます。

スペインとの戦争やハワイ併合のために中国進出が遅れたアメリカも、清に対して「門戸開放」や「機会均等」を提唱しました。これは要するに、アメリカにも分け前をよこせということでした。このように十九世紀後半から二十世紀前半にかけて、列強と日本は、中国をむさぼり続けます。

私見ですが、これほどまで国を蹂躙された恨みが残らないはずはないと思います。二十一世紀の現在、巨大な「怪物」となった中華人民共和国が、覇権主義的な野望を隠そうともせず、世界の国々に脅威を与えているのは、もしかしたら百年以上前に味わった恥辱を晴らしたいという潜在的な復讐心からではないかという気さえします。そう思うと同時に、やはり歴史というものは長い目で見る必要があるという気にもさせられます。

義和団の乱

欧米列強が次々に清を蚕食（さんしょく）する中、それらを排斥しようとする秘密結社「義和団」が誕生しました。これは清に伝わる武道と新興宗教の白蓮（びゃくれん）教の一派とが合体したもので、国内の失業者や難民を吸収して、またたくまに大きな組織となりました。

清政府はこれを排外政策に利用しようとし、密かに支援します。義和団は「扶清滅洋」（清を助け西洋を滅ぼす）をスローガンに掲げて、明治三三年（一九〇〇）には北京に入り、各国の公使館を包囲しました。清政府はこれを大きなチャンスと捉えて、欧米列強に宣戦布告します。

日本と列強七ヵ国（イギリス、ドイツ、フランス、ロシア、アメリカ、イタリア、オーストリア）は在留自国民の保護を名目に、清に軍隊を送り込みました。義和団が信じていた「神」は孫悟空（『西遊記』に登場する猿。架空のキャラクター）と諸葛孔明（『三国志演義』に登場する蜀の軍師。こちらは実在）という奇妙なもので、団員たちは修行を積めば刀や銃弾さえもはねかえす不死身の身体になれると信じ、近代兵器で武装した列強の軍隊に徒手空拳で挑みましたが、銃や大砲に勝てるはずもなく、各国の軍隊によってたちまちのうちに鎮圧されました。

これは「義和団の乱」（北清事変）と呼ばれ、列強は清に対し、四億五千万テールの賠償金を科し、軍の北京駐留を認めさせました。この時から、清は列強の半植民地となったのです。

コラム　「義和団の乱」において、忘れてはならない日本人がいます。それは柴五郎です。

万延元年（一八六〇）に会津藩士の子として生まれた柴は、戊辰戦争の折に祖母・母・兄嫁・姉妹が自決するという悲惨な境遇の中に育ちますが、後に陸軍士官学校を出て、三十九歳の時、義和団の乱が起きる直前に、北京の公使館へ駐在武官として派遣されました（当時は中佐）。

凶暴な暴徒が各国公使館を取り囲む中（日本の公使館員やドイツ公使が殺されている）、英語・フランス語・中国語に精通していた柴は他国軍と協力して、義和団から公使館を守り通します。この時、柴は事前に北京城およびその周辺の地理を調べ尽くしており、さらに中国人の間者（スパイ）を使って情報網を築き、籠城軍の実質的な司令官として活躍したのです。

「義和団の乱」の後、イギリス公使クロード・マクドナルドは「北京籠城の功績の半ばは、とくに勇敢な日本将兵に帰すべきものである」と言い、英紙特派員は柴を「籠城中のどの（国の）士官よりも有能で経験豊かだったばかりか、誰からも好かれ尊敬された」と評しました。柴は、イギリスの武功勲章はじめ各国政府から勲章を授与され、柴五郎の名は欧米で広く知られることとなりました。

柴とその配下の日本兵の勇敢さと礼儀正しさに深く心を動かされたマクドナルドは、ロバート・アーサー・タルボット・ガスコイン＝セシル・ソールズベリー首相に日英同盟の構想を熱く語ったといわれます。後の日英同盟の交渉の際にはマクドナルドがすべて立ち会い、同盟締結の強力な推進者となりました。この日英同盟が、後に起こった「日露戦争」において、日本の大きな援護となります。

火種くすぶる朝鮮半島

ここで日清戦争後の朝鮮半島に話を戻します。

前述したように、長年にわたり清は朝鮮を属国扱いしていました。清から使者が来ると、朝鮮国王は「迎恩門」で三跪九叩頭（さんききゅうこうとう）という礼をしなければなりませんでした。これは使者の前に跪き、頭を地面に三度打ちつけるという行為を合計で三回繰り返すという極めて屈辱的な礼でした。また李氏朝鮮は毎年のように国内の美女を何千人も清に捧げなければなりませんでした。

　そんな清を日本が打ち破ったことで、朝鮮国内では親日派が台頭しますが、日本が三国干渉に屈したのを見ると、今度は親日派に代わって親ロシア派が力を持ちます。いかにも朝鮮らしい事大主義（強い他国に従っていくという考え方）の表われですが、常にその時代の最も強い国にすり寄っていく、この独特の姿勢には、自国のことを自国で決めるという独立の精神が微塵も見られません。

　親ロシア派の代表が閔妃（びんひ）（李氏朝鮮第二十六代目の王である高宗（こうそう）の妻）でした。閔妃は高宗の父である大院君から実権を奪うと、独裁的な政治を行ないます。近代化を進めようとする改革派を弾圧し、自らは国庫の財産を浪費し、そのために民衆は苦しみました。日本にとって都合が悪かったのは、この閔妃がロシアと接近したことでした。そこで、明治二八年（一八九五）、日本人公使の主導のもと、大院君らの反閔妃派の朝鮮人と日本人が閔妃を殺害しました（実行犯が朝鮮人か日本人かは不明）。この事件は「乙未（いつみ）事変」と呼ばれています。実は以前から朝鮮国内に反閔妃派は少なくなく、前述した明治一五年（一八八二）の「壬午軍乱」の際にも、反乱軍が閔妃を殺害しようとしています（失敗に終わる）。とはいえ、他国の皇后殺害を日本人が主導するという行為は恥ずべきものです。ただし、日本政府の関与はなかったといわれています。一方で、事件の首謀者は大院君という説もあり（事件直後、朝鮮国内で行なわれた裁判で大院君を首謀者とする判決が出ている）、真相は闇の中です。

この事件の翌年、高宗は漢城にあるロシア公使館に匿われて政治を行なうことになりますが、これは国家としても王権としても著しく権威を損なうものでした。どこの国に、自国内にある他国の公使館に住んで政治を行なう国家元首がいるでしょうか。高宗はロシアに言われるがまま自国の鉱山採掘権や森林伐採権を売り渡します。それはかつての清の属国時代よりもさらにひどい有様で、もはや植民地一歩手前の状態といえました。この状況が続けば、朝鮮半島全体がロシアの領土になりかねず、そうなれば日本の安全が大いに脅かされると日本政府は危機感を強めました。

ロシアは長年にわたって不凍港（冬でも凍らない港）を求めていましたが、明治一一年（一八七八）のベルリン会議で、地中海に面するバルカン半島への南下政策を阻まれたため、代わりに極東地域での南下に力を入れるようになっていました。朝鮮半島も狙いの一つでしたが、三国干渉後に清から旅順港を租借したことで、朝鮮半島に進出する必要性が薄れたのか、明治三一年（一八九八）に大韓帝国から軍事顧問を引き上げました。

とはいえ、「義和団の乱」の後、各国が清から軍隊を撤退させたにもかかわらず、ロシアだけは満洲から引き揚げず、それどころか部隊を増強して事実上満洲を占領しました。ロシアの領土拡張と南下の意思は明らかでした。そのため、日本とロシアの間の軍事的な緊張が急速に高まっていきます。そこで、日本とロシアは互いの勢力範囲に干渉しないという協定を結びます（「西・ローゼン協定」）。しかし当時の国際状況において、そんな協定がずっと守られる保証はどこにもありませんでした。

ロシアに比べ大幅に国力の劣る日本は、ロシアとの戦争に備えて、明治三五年（一九〇二）、イギリスと同盟を結びました（「日英同盟」）。清に大きな利権を持ち、ロシアの満洲支配や南下政策に危機感を抱いていたイギリスは日本と利害が一致したのです。

日本とイギリスの同盟締結を知ったロシアは、同年、満洲を清に返すという条約を結びます。これは「満洲還付条約」といわれ、軍隊の撤退後、ロシアが様々な利権を得るという内容でした。これで日本とロシアの戦争の危機は去ったかに見えましたが、ロシアは翌明治三六年（一九〇三）、この約束を反故にしました。

これをきっかけに日本国内で「ロシア討つべし」という声が高まります。多くの新聞社が、ロシアとの戦争は避けられないという記事で戦争ムードを煽り、政府の態度は無為無策であると激しい言葉で非難しました。世論もまた「戦争すべし」という意見が大勢を占めるようになっていきます。

しかし大国ロシアに勝てる可能性は高くないと考えていた政府は、ぎりぎりまで外交交渉によって戦争を回避する道を模索しました。そして同年、ロシアに対して、「満韓交換論」を提案します。これはロシアの満洲支配を認める代わりに、日本の朝鮮支配を認めてくれというものでした。

ところがロシアはその提案を蹴りました。これはロシアがいずれ朝鮮半島に進出する意思ありと言ったも同然でした。その証拠に、ロシアは「朝鮮半島の南側を日本の勢力範囲に置き、北側は中立地帯とする」という提案をしてきました。これは日本としては到底受け入れられるものではありませんでした。しかも同年、ロシアは旅順に極東総督府を設置し、日本を挑発しつつ、南下政策を内外に誇示しました。

ロシア皇帝ニコライ二世は日本人のことを「マカーキ」（猿）と呼んで侮っていたともいわれています。

ここに至って日本はロシアとの戦争は避けられないと覚悟します。翌明治三七年（一九〇四）二月四日、御前会議（天皇臨席による閣僚会議）において日露国交断絶を決定し、二日後の六日、ロシアに対しそれを告げました。

その二日後の明治三七年（一九〇四）二月八日、ロシアの旅順艦隊に対する日本駆逐艦の攻撃で、ついに両国は開戦しました（さらに二日後の二月十日に、両国は正式に宣戦布告する）。

日露戦争

日本とロシアの戦争は、二十世紀に入って初めて行なわれた大国同士の戦いでしたが、世界の列強は日本が敗れるだろうと見ていました。ロシアの国家歳入約二十億円に対して日本は約二億五千万円、常備兵力は約三百万人対約二十万人の戦いでした。しかもコサック騎兵は世界最強の陸上部隊といわれ、ロシア海軍もまた世界最強といわれていました。

ロシア陸軍の最高司令官アレクセイ・クロパトキンはこう嘯（うそぶ）いたといわれています。

「日本兵三人にロシア兵は一人で十分。今度の戦争は単に軍事的な散歩にすぎない」。また日本に四年間駐在していた陸軍武官はこう言っています。「日本軍がどれほど頑張ろうと、ヨーロッパの一番弱い国と勝負するのに百年以上かかる」。今日、私たちは日本がロシアに勝利したことを知っていますが、当時、日露戦争は日本にとって絶望的と見られていたのです。

ただ、この戦争の直前に日本がイギリスと同盟を結んでいたことが一筋の光明でした。日英同盟では、「どちらかの国が戦争になった場合、一方は中立を守る」とありましたが、「もしどちらかが二つの国と戦争になった場合、一方は同盟国に味方をし参戦する」となっていたのです。この条文は非常に重要で、これが日本を救いました。

実はロシアは明治二九年（一八九六）に清と露清密約を交わしており、そこには「日本がロシア・朝鮮・清に侵攻した場合、露清両国は陸海軍で相互に援助する」という条文がありました。つまり「日露戦争」が始まれば、清はロシアのために日本を攻撃することになっていたのです。しかし、そうなれば日英同盟によりイギリスが参戦することになるので、清は動けませんでした。もし日英同盟がなければ、日本はロシアと清の二つの国を相手に戦うことになり、そうなれば日本に勝ち目はなかったでしょう。

とはいえ清の参戦がなくても、日本が圧倒的に不利なことに変わりはありません。日本の大きな弱点の一つが資金でした。戦争遂行には膨大な物資を輸入しなければならず、日本はその資金（外貨）が一億円も不足していたのです。これを外国公債で補おうとしましたが、日本の外債は開戦前に暴落しており、新たに発行する予定の一千万ポンドの外債の引き受け手はどこにも現れませんでした。世界中の投資家が、日本はロシアに敗北すると予想し、資金回収できないと判断していたためです。同盟国イギリスの銀行家らの見方も同様で、また「公債引き受けは軍費提供となり、中立違反となる」とも考え、引き受けを躊躇したのです。

この難事に、日銀副総裁の高橋是清（たかはしこれきよ）は自らロンドンに出向き、「この戦争は自衛のためやむを得ず始めたものであり、日本は万世（ばんせい）一系の天皇の下で一致団結し最後の一人まで戦い抜く所存である」と訴えます。さらに中立問題に関しては、「アメリカの南北戦争中に、中立国が公債を引き受けた事例がある」という前例を示してイギリスを納得させたのです。その上で、額面百ポンドの外債を九十三・五ポンドまで値下げし、さらに日本の関税収入を抵当とするという好条件を提示して、ロンドンで五百万ポンドの外債発行の見込みを得ました（この時の関税での支払いは、何と八十二年後の昭和六一年【一九八六】に完済）。

高橋はまたロンドン滞在中に、帝政ロシアを敵視するアメリカのユダヤ人銀行家ジェイコブ・シフの知遇を得て、ニューヨークの金融業界に残りの五百万ポンドの外債を引き受けてもらうことにも成功します。高橋の活躍により、日本はようやく大国ロシアと戦う目途が立ったのです。

コラム 高橋是清も明治に現れた傑物の一人です。嘉永七年（一八五四）、江戸で町人の庶子として生まれた高橋（当時は川村家）は、幼少時に仙台藩の足軽の養子となり、十三歳の時に藩命によってアメリカに渡ります。しかしアメリカで商人に騙され、奴隷として売られてしまい、様々な土地で働かされます。その後、自由を得て、帰国後は文部省で働きながら、共立学校（現在の開成中学校・高等学校）の初代校長として英語を教えるようになりますが、この時の教え子に正岡子規や秋山真之（バルチック艦隊を撃破した名参謀）がいます。

高橋は日露戦争での活躍により、その後、貴族院議員、日銀総裁、大蔵大臣となって、大正一〇年（一九二一）には財政手腕を買われて総理大臣に就任しました。

昭和二年（一九二七）、三度目の大蔵大臣在任中に起こった金融恐慌で、全国的な銀行取り付け騒ぎが起きた際には、支払猶予措置（モラトリアム）を断行するとともに、片面だけ印刷した急造の二百円札を大量に発行して銀行の店頭に積み上げさせ、預金者を安心させて金融恐慌をまたたくまに沈静化させたという功績もあります。桁外れな発想力、決断力を持つ人物だったことが、この逸話一つでも明らかです。

昭和六年（一九三一）、四度目の大蔵大臣在任中に、二年前に始まった世界恐慌の余波で昭和恐慌が起こりますが、高橋は金輸出再禁止、管理通貨制度への移行、日銀引き受けによる政府支出の増額、時局匡救（じきょくきょうきゅう）事業などの政策を矢継ぎ早に打ち出し、世界のどの国よりも早くデフレから脱却させることに成功しました。金融に明るく、優れた判断力を持った偉大な政治家でした。

そんな高橋是清は昭和一一年（一九三六）二月、六度目の大蔵大臣在任中に軍事予算縮小を図ったために、軍部の恨みを買い、青年将校らに自宅で射殺されてしまいます（二・二六事件）。享年八十一でした。

日本海海戦

日露戦争について詳しく語ろうとすれば、本一冊ではとても足りません。緒戦の鴨緑江の戦いや、二〇三高地をめぐる死闘など、ドラマティックな史実が山盛りですが、本書はあくまで通史であることから、戦況の詳細は省くこととします。

二十世紀に入って初めて行なわれたこの列強同士の戦争は、日清戦争とは比較にならないほどの激しい戦いとなりました。各地で互いに夥しい死者が出る激戦となりますが、明治三八年（一九〇五）一月、日本は旅順を陥落させ、同年三月、奉天会戦でロシア軍を退却させます。この戦いは日本軍二十五万人、ロシア軍三十七万人という空前の大決戦でしたが、秋山好古少将の陽動作戦に怯えたクロパトキン司令官が余力を残したまま撤退するという失態を犯しました（この責任を問われ、司令官を罷免されている）。

それでもロシアには講和する意思はありませんでした。なぜなら、当時世界最強といわれたバルチック艦隊がバルト海のリバウ軍港を出てウラジオストクに向かっていたからです。この艦隊がウラジオストクに入れば、日本と大陸の輸送路が遮断され、日本の戦争継続は不可能になると見られていました。実際この時点で日本の物資や兵員は底をつきかけており、日本が勝利するためには、バルチック艦隊を撃滅するしかなかったのです。日本政府はすべてを海軍の聯合艦隊に懸けることとなり、水兵は決戦に向けて、連日、猛訓練を行ないました。

そして彼らはその任務を見事なまでに遂行しました。明治三八年（一九〇五）五月、対馬海峡において、聯合艦隊は、名参謀の秋山真之（秋山好古の弟）の作戦、司令長官の東郷平八郎の決断力、そして将兵たちの奮戦により、バルチック艦隊をほぼ全滅させたのです。

「日本海海戦」と呼ばれるこの戦いにおいて、ロシア艦隊は戦艦六隻、巡洋艦五隻を含む二十一隻が沈没、日本が失ったのは小型の水雷艇三隻という、世界海戦史上に残る一方的勝利に終わりました。ウラジオストクに入港できたロシア艦はわずかに四隻でした。ちなみに東郷は弘化四年（一八四七）、秋山は明治元年（一八六八）、それぞれ薩摩藩士、松山藩士の子として生まれており、二人もまた明治新政府が機能する前に生まれた男たちだったのです。

余談ですが、日本海海戦は「丁字戦法」（T字戦法ともいう）によって勝利したという定説があり、多くの歴史書にもそう書かれています。丁字戦法とは敵の縦列艦隊に対し、その進行方向を押さえる形に艦隊を配し、それが上から見て「丁」の字になることから名付けられた戦法で、艦隊の砲戦では最も理想的な攻撃態勢とされています（味方の艦の主砲と舷側の砲はすべて撃てるのに対し、敵艦の砲は前部の主砲しか撃てない）。しかし実は聯合艦隊が丁字戦法で勝利したというのは誤りです。丁字戦法を目指してはいたのですが、実際には並行航行での砲戦となったというのが真実です。「日本海海戦」の圧倒的な勝利と、後に秋山が講演などで丁字戦法を用いたと語ったことから、それがいつのまにか定説になってしまったようですが、真の勝因は水兵たちの練度の高さと、指揮官の勇猛果敢な精神にあったのです。

また完全ともいえる勝利を得ることができたのは、日本の戦艦の砲撃によって損傷しながらもウラジオストク港に逃げ込もうとするロシア軍艦を追撃し、近距離に肉薄して魚雷攻撃で仕留めた高速の駆逐艦や水雷艇の活躍があったからです。そしてこれらの船の多くは小栗忠順が作った横須賀造船所で建造されたものでした（旗艦「三笠」などの戦艦は外国製)。東郷が小栗の遺族に感謝を述べた理由はそこにありました。

「日本海海戦」の敗北により、さすがのロシア皇帝もほぼ戦意を喪失しました。

日本の勝利は世界を驚倒させました。三十七年前まで鎖国によって西洋文明から隔てられていた極東の小さな島国が、ナポレオンでさえ勝てなかったロシアに勝利したのですから当然です。しかもコロンブスがアメリカ大陸を発見して以来、四百年以上続いてきた、「劣等人種である有色人種は、優秀な白人には絶対に勝てない」という神話をも打ち砕いたのです。日本の勝利が世界の植民地の人々に与えた驚きと喜びは計り知れないものでした。

十六歳の時に日本の勝利を聞いた後のインドのネルー首相は、こう語っています。「自分たちだって決意と努力しだいではやれない筈がないと思うようになった。そのことが今日に至るまで私の一生をインド独立に捧げさせることになったのだ」

ビルマ(現在のミャンマー)の独立運動家で初代首相のバー・モウは回想録『ビルマの夜明け』で、その時の気持ちを次のように書いています。

「私は今でも、日露戦争と、日本が勝利を得たことを聞いたときの感動を思い起こすことができる。私は当時、小学校に通う幼い少年に過ぎなかったが、その感動はあまりに広く行きわたっていたので、幼い者をもとりこにした」

トルコでは子供に「トーゴー」や「ノギ」（旅順攻防戦の指揮官、乃木希典（のぎまれすけ）大将の名前）と名付けることが流行り、後にトルコ青年らが起こすオスマン帝国の圧政へのレジスタンスにも大きな影響を与えたといわれています。同じくロシアの侵略に苦しんできたポーランドなど東欧諸国でも独立運動の気運が高まりました。また長らく欧米の植民地にされてきた中東やアフリカの人々にも大きな自信を与え、これ以降、世界の植民地で民族運動が高まることになります。まさに「日露戦争」こそ、その後の世界秩序を塗り替える端緒となった大事件だったのです。

しかし列強諸国の受け止め方は違いました。日露戦争当時、ヨーロッパにいた孫文（そんぶん）（中華民国初代臨時大総統）は、バルチック艦隊が日本の聯合艦隊によって潰滅させられたニュースが届いた時のことをこう語っています。

「この消息がヨーロッパに伝わると、ヨーロッパの人民は、みなそのため両親をなくしたように悲しみました。イギリスは、日本と同盟を結んでいましたが、イギリス人もこの消息を聞くと、たいていの人は、首をふり眉をひそめて、日本が大勝利を収めたことは、結局、白人にとり、不幸な出来事だと、考えました」（『孫文選集』大正一三年【一九二四】十一月二十八日神戸での講演より）

列強諸国の間で日本に対する警戒心が強まったのも、この頃からでした。歴史を俯瞰すると、その流れは強まったり弱まったりを繰り返しながら、次第に大きくなっていくのが見てとれます。

なお日露戦争に関して一つ付け加えておきたいことがあります。ロシア人捕虜の扱いについてです。松山の収容所には多数の医師や看護師が常駐し、捕虜には十分な広さの部屋があてがわれ、食事は洋食が出されました。ロシアの兵や下士官にとっては本国でも味わえないような快適さだったという証言があります。これは後にソ連が日本人捕虜に課した過酷な強制労働とは真逆の扱いでした。

ポーツマス条約

日本海海戦でバルチック艦隊を撃滅し、ロシアに戦争継続の意思を失わせましたが、その時点で、実は日本にも余力は残っていませんでした。一年半余の戦いで、日本がつぎ込んだ戦費は、国家予算の約八倍にあたる二十億円という膨大なものでした。もともと短期決戦で講和に持ち込もうと考えていた政府は、アメリカのセオドア・ルーズベルト大統領に仲介を依頼しました。

明治三八年（一九〇五）八月、アメリカのポーツマスで行なわれた日露講和会議では、日本側（全権委員は小村寿太郎（こむらじゅたろう））の要求がことごとくロシアに拒否されます。ロシア皇帝ニコライ二世が全権大使のセルゲイ・ヴィッテに「一銭の賠償金も一握りの領土も提供してはならない」と厳命していたからです。ニコライ二世は日本が賠償金にこだわるようなら、戦争を継続してもいいと考えていました。日本政府は、戦争が再開されれば、最終的には敗れることになるとわかっていたため、「賠償金なし」「樺太の南半分を日本に割譲」という妥協案で講和を結び、日露戦争は終結しました。

賠償金を取ることはできませんでしたが、「朝鮮半島における優越権」「旅順、大連の租借権を日本に譲渡」などをロシアに認めさせたことで、極東地域における日本の支配力は拡大しました。

コラム 世界海戦史上に残る一方的勝利となった日本海海戦ですが、実はバルチッ

ク艦隊の水兵たちは戦う前にすでに満身創痍の状態でした。

彼らは前年の十月にロシアのリバウ軍港を出て、対馬海峡に到着するまで七ヵ月もの間ほとんど船の上で過ごしていたのです（経路は、バルト海、北大西洋、南大西洋、インド洋、南シナ海、東シナ海、日本海というものだった）。

その長い航海の間、彼らは日本の同盟国イギリスの妨害などで、ほとんど港に入れず、石炭や水や食料の補給に困難をきたします。当時は冷蔵庫などもなく、肉や野菜を新鮮なまま保存するのは困難で、水兵の多くが飢えや病気に苦しみました。しかも暑さに慣れていないロシア兵が灼熱の赤道を二度も越えたのです。そのため多くの水兵が病死しています。

バルチック艦隊が日本列島を迂回して、太平洋を通ってウラジオストクに向かうことができなかったのも、燃料が欠乏し最短距離を取るしか方法がなかったためでした。また良質の無煙炭を補給することができず、艦の性能を落とした上に、煙をもうもうと吹き上げて、日本の哨戒艇に早期に発見されてしまいました。こうしたことを見れば、日本にとって日英同盟がいかに重要なものであったのかがわかります。もし日英同盟が結ばれていなければ、「日本海海戦」の結果は変わっていた可能性もあります。

その日英同盟の陰の立役者が、「義和団の乱」で活躍した前述の柴五郎です。戊辰戦争で敗れ、国と多くの家族を失った元会津藩士の男が、日本を救ったのです。

柴はその後も激動の時代を生き延び、大東亜戦争で日本の敗戦を見届けます。生涯で二度にわたって国が敗れるという辛い経験をした柴は、長年つけ続けていた日記を焼くなど身辺を整理し、九月十五日に自決を図りました。しかし老齢(八十五歳)のために果たせず、三ヵ月後、その時の傷がもとで病死します。墓は会津若松市の柴家の菩提寺であった恵倫寺にあります。

怒り狂う民衆

ポーツマス条約の内容を知った日本国民は、賠償金を取れない政府に対して怒りを爆発させました。日清戦争の経験から、戦争に勝てば賠償金を取れると思い込んでいたからです。

国民は、日本がぎりぎりの状況であることを知らされていませんでした。仮に政府がその情報を公開すればロシアを利することとなったため、秘密保持はやむを得ないことではありました。

日露戦争では約八万人という、日本の歴史上、最多の戦死者（日清戦争の約六倍）を出したのです。国民からすれば、これほどの犠牲を払って勝利したにもかかわらず、何の見返りもないのは許せないという気持ちだったのでしょう。また新聞社が政府の弱腰を叩いたことも作用して、世論は政府非難一色となりました。当時の朝日新聞は九月一日、「大々屈辱」「講和憤慨」「日本政府自ら日本国民を侮辱するに当る」などという強烈な記事を載せています。

こうした記事が出た後、全国各地で「閣僚と元老を辞めさせ、講和条約を破棄してロシアとの戦争継続を求める」という主張を掲げた集会が行なわれるようになります。

九月五日には、東京の日比谷公園で、条約に反対する国民集会が行なわれましたが、民衆が暴徒と化し、内務大臣官邸や周辺の警察署、派出所を襲撃し、東京市内の十三ヵ所に火が付けられました。この時、講和条約に賛成した国民新聞社は暴徒に焼き打ちされています。東京は無政府状態となり、翌日、政府は戒厳令（緊急勅令による行政戒厳）を敷いて近衛（このえ）師団（天皇と皇居を警衛する師団）が出動し、ようやく鎮圧しました。死者十七人、負傷者五百人以上、検挙者二千人以上という凄まじい暴動でした。この事件は「日比谷焼打事件」と呼ばれています。

私は、この事件が、様々な意味で日本の分水嶺となった出来事であると見ています。すなわち、「新聞社（メディア）が戦争を煽り、国民世論を誘導した」事件であり、「新聞社に煽動された国民自らが戦争を望んだ」、そのきっかけとなった事件でもあったのです。この流れは、大正に入って鎮火したように見えましたが、昭和に入って再燃し、日本が大東亜戦争になだれ込む一因ともなりました。

韓国併合

日本は日露戦争後、大韓帝国を保護国（外交処理を代わりに行なう国）とし、漢城に統監府を置き、初代統監に伊藤博文が就きました。この時日本は大韓帝国を保護国とするにあたって、列強の了承を取り付けています。

日本は当初、大韓帝国を近代化によって独り立ちさせようとし、そうなった暁には保護を解くつもりでいました。日本国内の一部には韓国を併合しようという意見もありましたが、併合反対の意見が多数を占めていました。これには「朝鮮人を日本人にするのは日本人の劣化につながる」という差別的な考えもあったものの、一番の理由は「併合することによって必要になる莫大な費用が工面できない」ということでした。日本は欧米諸国のような収奪型の植民地政策を行なうつもりはなく、朝鮮半島は東南アジアのように資源が豊富でもなかっただけに、併合によるメリットは少なかったのです。統監の伊藤博文自身が併合には反対の立場を取っていました。

しかし明治四二年（一九〇九）、伊藤がハルビンで朝鮮人テロリストによって暗殺され、状況は一変します。国内で併合論が高まると同時に、大韓帝国政府からも併合の提案がなされました。大韓帝国内の大規模な政治結社であった「一進会」（会員八十万〜百万人と自称）もまた、「日韓合邦」を勧める声明文を出しました。

それでも日本政府は併合には慎重でした。益少ない上に、世界の列強がどう見るか憂慮したためでもありました。そこで日本が列強に「大韓帝国の併合」を打診すると、これに反対した国は一国もありませんでした。それどころかイギリスやアメリカの新聞は、「東アジアの安定のために併合を支持する」という内容の記事を書いたのです。

ここに至って日本はようやく大韓帝国の併合を決断します。

繰り返しますが、韓国併合は武力を用いて行なわれたものでもなければ、大韓帝国政府の意向を無視して強引に行なわれたものでもありません。あくまで両政府の合意のもとでなされ、当時の列強も支持していたことだったのです。もちろん、朝鮮人の中には併合に反対する者もいましたが、そのことをもって、今日の大韓民国（韓国）の言い分のように併合が非合法だなどとはいえません。

余談になりますが、大東亜戦争後に誕生した韓国は、併合時代に日本から様々なものを奪われたと主張していますが、そのほとんどは言いがかりに近いもので、むしろ日本は朝鮮半島に凄まじいまでの資金を投入して、近代化に大きく貢献しました。列強が植民地に多額の資本を投じて近代化を促進させた例はほとんどありません。

日本の朝鮮統治における近代化政策の例をいくつか挙げると、併合前まで百校ほどしかなかった小学校を四千二百七十一校に増やし、全国の児童に義務教育を施し、一〇パーセント程度であった国民の識字率を六〇パーセントにまで引き上げています。ハングルを普及させたのも日本です。

また全土がほぼはげ山だったところに約六億本もの木を植え、鴨緑江には当時世界最大の水力発電所を作り、国内の至るところに鉄道網を敷き、工場を建てました。新たな農地を開拓し、灌漑を行ない、耕地面積を倍にしました。それにより米の収穫量を増やし、三十年足らずで人口を約二倍に増やしたのです。同時に二十四歳だった平均寿命を四十二歳にまで延ばしました。厳しい身分制度や奴隷制度、おぞましい刑罰などを廃止しました。これらのどこが収奪だというのでしょうか。

たしかに当時の日本の内務省の文書には「植民地」という言葉がありますが、これは用語だけのことで、政策の実態は欧米の収奪型の植民地政策と同列に見るものではありません。また日本名を強制した事実もなければ、「慰安婦狩り」をした事実もありません。その傍証はいくらでも挙げることができますが、本書のテーマではないので、詳細は省きます。

ただ、これはあくまでも結果論ですが、百年以上後の現代まで尾を引く国内および国際問題となった状況を見れば、韓国併合は失敗だったといわざるを得ません。日本は大韓帝国に対し、あくまで保護国として自立させる道を選ぶべきでした。それが両国にとって最善の道であったと思います。その場合、韓国の自立や近代化はおそらく何十年も遅れたことでしょうが、その責は日本にはありません。

明治を支えた学者たち

明治時代の日本人は、あらゆる分野で「世界に追いつき追い越せ」と、多くの技師や学者が欧米に渡って、技術や学問を懸命に学びました。その全員を紹介することはできませんが、ここでは古市公威（ふるいちこうい）をその代表として挙げます。

帝国大学工科大学初代学長の古市公威は、内務省土木局のトップとして全国の河川治水、港湾の修築を行ない、近代日本土木行政の骨格を作った人物ですが、明治八年（一八七五）にフランスに留学した時の猛烈な努力は有名です。彼のあまりの猛勉強ぶりを見て、このままでは身体を壊してしまうと心配した下宿先の女主人が、少しは休むようにと言うと、古市は「自分が一日休むと、日本が一日遅れます」と答えたという逸話が残っています。

このような気概を持っていた留学生は、おそらく古市だけではなかったことでしょう。日本があっという間に欧米に追いついたのは、こうした日本人が大勢いたからに他なりません。日本という国がその後、世界に冠たる国家となったのは、彼らのお陰といっても過言ではないのです。ちなみに昭和を代表する作家、三島由紀夫の本名は平岡公威ですが、これは内務官僚だった三島の祖父が尊敬する古市公威にちなんで命名したものです。

日本人は医学の世界でも素晴らしい業績をあげています。明治二七年（一八九四）六月十四日、北里柴三郎は香港で、世界で初めてペスト菌を発見しました（フランス人、アレクサンドル・イルサンはその翌週の二十日に発見）。北里はその後ドイツで破傷風の血清療法についてエミール・ベーリングと共同開発の形で発表するという画期的な業績を残しています。明治三三年（一九〇〇）には、高峰譲吉が世界で初めてアドレナリンの結晶抽出に成功し、明治四三年（一九一〇）、鈴木梅太郎は世界で初めてビタミンB_1の抽出に成功しています。

いずれも世界的大発見であり、人類への貢献度の高さは計り知れないものがありました。にもかかわらず、当時の欧米の医学界に認められなかったり、欧米人に業績を横取りされたりして、前記の三人はノーベル賞を受賞できませんでした。おそらく強いアジア人差別が根底にあったものと思われます。

私が何より驚嘆するのは、三人が義務教育の制度などなかった時代に少年時代を過ごしていることです（北里・高峰は江戸時代の生まれである）。彼らは少年時代に藩校で学び、成人して科学の世界で欧米人の成し得なかった偉大な業績を残したのです。あらためて、当時の日本人の凄まじいまでの勤勉さと優秀さ、気骨に胸を打たれます。

コラム 明治時代はインフラ整備などを通じて様々な社会改革がなされましたが、文化の面でも特筆すべきことがありました。それは和製漢語が大量に作られたことです。

幕末以降、西洋文明を取り入れる目的で西洋の書物を訳す時、それまで日本にはなかった概念を表現する必要に迫られ、日本人は新しい言葉を作ったのでした。たとえば「社会、文化、文明、法律、民族、宗教、資本」といった社会用語、また「時間、空間、質量、分子、固体、理論」といった科学用語、「主観、客観、哲学、意識、理性」といった哲学用語など、現在も日常的に使われている多くの言葉が、この時代に作られたものです。その総数は千近いといわれます。変わったところでは「恋愛」や「〇〇主義」「〇〇学」といった言葉もその一つです。意外なことに、「〇〇である」という表現もこの時代に編み出され、用いられるようになったものです。

明治の日本は、間違いなくアジアで最も高度な文明を持つ国でした。そのため、朝鮮半島や中国大陸から多くの留学生が日本に来て、文化を吸収して帰りました。その中には、後の中華民国初代臨時大総統の孫文、中華人民共和国首相の周恩来(しゅうおんらい)らもいます。それはちょうど幕末から明治初めの日本人がヨーロッパに留学して、文化を吸収したのと似ています。

彼らによって、和製漢語はまたたくまに中国や朝鮮に広められました。現代の中国語も朝鮮語も、これらの「日本語」がなければ、社会的な文章が成り立たないとさえいわれています。ちなみに「中華人民共和国」の「人民」も「共和国」も明治に作られた日本語（和製漢語）です。中国共産党が使っている「共産党」、「階級、組織、幹部、思想」もそうです。

また日本は欧米の書物を数多く翻訳しました。古今東西の文学のみならず、人文科学、社会科学、自然科学に至るまで、その種類も夥しい分野へと広がりました。同時代の中国人や朝鮮人、それに東南アジアのインテリたちが、懸命に日本語を学んだ理由の一つがここにもありました。当時、日本語こそが、東アジアで

＝最高の国際言語だったのです。

不平等条約改正の悲願達成

明治四四年（一九一一）、日本はアメリカとの間で日米修好通商条約に残されていた最後の不平等条項である「関税自主権がない」という条文を完全に消し去ることに成功しました。安政五年（一八五八）に結ばれた不平等条約が、ようやく改正されたのです。

同年、イギリス、フランス、オランダなども次々と不平等条約の改正に応じました。列強は、日露戦争に勝利した日本を、自分たちと対等の国家と認めたのです。ここに至るまで、何と五十三年の歳月を費やしたことになります。

幕末から明治にかけて、世界は、「植民地獲得競争」の最終局面にありました。極東に位置する島国は、列強から見れば、清帝国とともに最後に残された植民地候補の地でした。

そんな中、大帝国・清は欧米列強に蚕食されていきましたが、日本はきわどいところで踏みとどまりました。旧態依然とした江戸幕府を倒し、まったく新しい社会を築いて、官民一丸となって富国強兵を果たし、列強の圧力をはねのけたのです。ただし、その新体制の始まりの時期に、国力のなさと国際条約に関する無知から、不平等条約を結ばされました。これがある限り、日本は列強と対等にはなれません。明治政府は条約改正のために邁進したといっても過言ではありません。改正のために、産業を興し、軍隊を作り、欧米文化を取り入れてきたのです。そして日清戦争、日露戦争の二つに勝利して、ついにその悲願を達成したのでした。

条約改正の翌年、明治天皇が崩御しました。慶応三年（一八六七）、十四歳で即位してから、日本という国が数々の偉業を成し遂げる様を見守ってきた、歴史に残る天皇でした。

コラム　「明治」は、日本が世界に伍する国家となった偉大な時代です。この時代に君臨したのが明治天皇です。

満十五歳で即位した明治天皇（践祚(せんそ)は満十四歳）は、当初は公家や長州、薩摩の重臣らに政治を任せていたと思われますが、成人してからも、「立憲君主国」

の元首として議会を尊重し、専横的な振る舞いや言動は一切ありませんでした。帝国憲法の審議にあたっても、連日のように枢密院に臨席するも、発言することはなく、また内閣の会議にも必ず臨席しながら、一言も言葉を挟むことはありませんでした（会議の後、議長を呼んで質問することはあった）。

積極的に全国を巡幸したことも明治天皇の功績の一つです。全国巡幸は歴代天皇として初めてのことでしたが、当時は鉄道も車もなく、馬車と輿での旅は大変過酷なものでした（輿の中ではずっと正座）。その労苦をいとわず、天皇は自らの目で、国民の生活や町の様子、日本の自然や風景を見ようと考えたのです。明治九年（一八七六）の東奥巡幸では、生まれて初めて田植えに精を出す農民の姿を目にした天皇が、一行を待たせ、長い間その光景を見つめていたといいます。明治天皇は、富士山と太平洋を見た初の天皇ともいわれています。

日常生活では贅沢や華美を嫌い、その生活は一国の元首とは思えぬほど質素なものでした。冬でも暖房は火鉢一つだけ、夏も軍服を着用して執務を続けていました（これは晩年に体調が悪くなっても続けていた）。しかも軍服や靴が傷んでも、修理を命ずるのみで、滅多に新調は許しませんでした（軍服につぎあてがあったのはよく知られている)。「国民と同じように生活したい」という信念のもと、夏はいかに暑かろうが避暑地へ赴くことはなく、冬も避寒地へ行くことはありませんでした。政府が天皇のためにと各地に作った別荘へも一度も出かけませんでした。脚気で体調を崩して転地療養を勧められた時も、「国民が自由に転地療養などはできない。他の予防策を考えよ」と言って拒みました。皇太子(後の大正天皇)のための住居として建築された赤坂の東宮御所(現・迎賓館赤坂離宮)の完成写真を見て、「華美すぎる」と言って不機嫌になっています。

明治天皇は和歌を好んだことでも知られており、生涯に詠んだ御製(天皇の詠んだ歌)は九万首を超えています。ところが、ここでも質素倹約の精神が徹底されていて、御製を書く時には自ら墨をすり、陸軍や内閣から送られた書類の袋を切り開いた裏紙に書いていました。夥しい数の使用人にかしずかれ、贅沢三昧だった同時代の帝国の皇帝たち(たとえばドイツのヴィルヘルム二世やロシアのニコライ二世など)とはまったく対照的な生活でした。

日清戦争の折は、「兵たちとともにありたい」と、広島の大本営(ここが朝鮮半島へ向かう主力の出発地点だった)に七ヵ月も滞在したのですが、その居所は粗末な木造二階建ての一室で、執務も食事も睡眠もすべてその部屋で行なっていました。食堂や寝室の増築は許しませんでした。あまりにも殺風景な部屋を見て、係の者が絵を飾ることを提案すると、天皇は「前線の兵には絵などない」と却下しています。同じ理由で皇后や女官を呼ぶことも禁じました（数ヶ月後、勝利がほぼ見えてきた頃に、皇后が広島に来ましたが、天皇はなお一ヵ月もの間、皇后の元へは出向かなかった）。明治天皇について記されたものを読むと、その生活信条や言動は公家というよりもむしろ武士に近いようにも思われます。

ただし、その明治天皇は戦争を嫌い、日清戦争にも日露戦争にも反対の立場でした。日露戦争の開戦を宣言した後には、「今回の戦は朕が志にあらず、しかれども事既にここに至る。これをいかんともすべからざるなり」と戦争反対の心の内を漏らしています。

日露戦争開戦時に詠まれた有名な御製があります。

「よもの海　みなはらからと思ふ世に　など波風のたちさわぐらむ」

この意味は「四方の海にあるすべての国は兄弟のようなものだと思っていることの世界で、なぜ波風が立つ（戦争をする）のだろうか」です。かくのごとく明治天皇は戦争を憂い、華々しい戦果が伝えられても喜びの表情一つ浮かべることはなかったといいます。そして日清戦争・日露戦争を勝利で終えた後も、これにより日本が驕慢になることなく、また相手国を侮辱することはないようにと述べています。先に述べた松山でのロシア人捕虜への処遇も天皇の意を汲んだものでした。

ちなみに昭和十六年（一九四一）九月六日、日米開戦か否かを話し合う重要な御前会議の場において、明治天皇の孫である昭和天皇は、居並ぶ閣僚や陸海軍首脳らの前で、祖父のこの御製を読み上げました。開戦には反対であった昭和天皇でしたが、国民が選挙で選んだ議会や内閣の決定には口を挟まない、それを行なえば日本は立憲君主国ではなくなる、との見識と信念からの行動でした。昭和天皇は敢えて明治天皇の御製を読み上げることで、自らの気持ちを伝えようとしたのでしょう（閣僚の前で二度読んだという説がある）。

第十一章

大正から昭和へ

明治が終わった時、世界は二十世紀を迎えていました。二十世紀こそ、まさしく激動の世紀と呼ぶにふさわしい時代でした。前の世紀から続いていた列強同士の領土をめぐる争いは、この世紀の前半に、ついに戦争という最悪の形で現れます。西洋各国ではこれまで経験したことのない大戦争（第一次世界大戦）によって、約一千万人が亡くなりました。これは人類がかつて経験したことのない大戦禍です。

清帝国が崩壊し、ロシア革命によって史上初めて共産主義国が誕生したのも、この頃です。旧来の秩序が壊れ、世界が新しい時代に入ろうとしていました。

その中にあって、日本はついに世界の列強と肩を並べ、海軍力においては世界三位の大国となりました。明治維新からわずか半世紀後のことです。

しかし日本は平和と安全を確保したわけではありませんでした。第一次世界大戦後に起こった世界恐慌の後、欧米のブロック経済により、一種の経済封鎖を受けたからです。そのため、日本は満洲に活路を求めましたが、対中華民国政策の失敗や、外交政策の拙（まず）さも重なって、世界から孤立していきます。

そして満洲事変を発端として、中華民国との泥沼の戦いに足を踏み入れ、やがて、それは大きな悲劇へとつながっていくこととなります。

清帝国の崩壊

明治四四年（一九一一）、「義和団の乱」（北清事変）以降、すっかり国力が落ちていた清帝国の各地で、「清朝打倒」を掲げる漢人による武装蜂起が相次ぎました。清は女真族が三百年近くにわたって支配していた国ですが、女真族は全人口の一割にも満たず、大多数の国民である漢族の間で鬱屈していた不平や不満が爆発する形となりました。

翌明治四五年（一九一二）一月一日、南京に臨時政府「中華民国」が誕生し、孫文が臨時大総統となりました。翌月、清朝最後の皇帝、宣統帝（溥儀）は退位させられ、ここに清帝国は二百九十六年の歴史の幕を閉じます。中華民国はほどなく軍閥（多くの私兵を抱えた地方豪族）の袁世凱が実権を握り、孫文を追い出して大総統となります。

同年、明治天皇が崩御し、大正天皇の即位と同時に、元号が「大正」と改められました。

二十世紀の世界は、日本とロシアという二つの大国の戦争で幕を開けましたが、まもなくさらに恐ろしい戦争が起こります。

次なる舞台はヨーロッパでした。当時、列強諸国はそれぞれ海外進出の思惑を持って動いていました。日本に敗れたことによってアジアでの南下政策を諦めざるを得なかったロシアは、再度ヨーロッパへの進出の機会をうかがい、植民地獲得競争に出遅れていたドイツはオーストリア゠ハンガリー帝国、イタリアと同盟を結んで、海外進出を狙うべく海軍を増強していました。

ドイツの動きを脅威と見たイギリスはフランスとロシアに接近し、三国協商を結びます。ここで、ドイツ、オーストリア゠ハンガリー帝国、イタリアの三国同盟と、イギリス、フランス、ロシアの三国協商という対立構造が明確になります。この状況は「武装した平和」ともいわれ、小さな火種が大戦争に発展しかねない緊張した情勢でした。二つの陣営は、他のヨーロッパ諸国を同盟関係に巻き込みながら、新たな侵略の矛先をバルカン半島へと向けていったのです。

この地域は長い間、オスマン帝国の支配下にありました。十三世紀に興ったオスマン帝国は十六世紀以降、中東、北アフリカから東ヨーロッパに至る広大な領域を支配してきましたが、十九世紀を迎える頃から弱体化し始めていました。これに呼応するかのように、バルカン半島では小国のナショナリズムが高揚していきます。こうして半島の諸国・諸民族（現在のギリシャ、アルバニア、ブルガリア、北マケドニア、セルビア、モンテネグロ、クロアチア、ボスニア・ヘルツェゴビナ、コソボ、ヴォイヴォディナ、ルーマニア、スロベニア、トルコの一部などを含む地域）などの小国で沸き起こった民族的対立を、列強が領土獲得のために利用しようとしていました。そのため列強同士の戦争がいつ起きるかわからない一触即発の状態へと緊張が高まってきました。この時のバルカン半島情勢は「ヨーロッパの火薬庫」と呼ばれました。

大正三年（一九一四）六月二十八日、ボスニアのサラエボを訪問中のオーストリア＝ハンガリー帝国の帝位継承者夫妻がボスニア系セルビア人のテロリストによって暗殺されました。オーストリア＝ハンガリー帝国は翌七月二十八日、セルビアに対して宣戦布告をします。翌々日、ロシアがセルビアを支援するために総動員令を出すと、八月一日、オーストリア＝ハンガリー帝国の同盟国ドイツがロシアに宣戦布告、次いでロシアの同盟国フランスにも宣戦布告しました。これを受け、フランスとロシアの同盟国であるイギリスがドイツに宣戦布告します。これらの出来事がたった一週間で起こったのです。

その後も続々と参戦する国が現れ、わずか数週間のうちに、欧州二十八ヵ国が「連合国」側と「同盟国」側に分かれて戦うことになり、人類が見たこともない大戦争へと拡大しました。ヨーロッパ主要国で中立を保ったのは、永世中立国スイスを別にすると、スウェーデン、オランダ、スペイン、デンマーク、ノルウェーなど、一部にすぎませんでした。

ヨーロッパから遠く離れた日本も、イギリスと同盟を結んでいる関係で、八月二十三日にドイツに宣戦布告し、ドイツの租借地であった山東半島などを攻めました。この時、日本国内では国益に直接寄与しない戦争への参加に異論もあったため、ドイツに最後通牒を送り、回答を一週間待った上で参戦しています。

「世界大戦」と呼ばれたこの戦争は、ヨーロッパを舞台に四年以上も続きました。戦車・飛行機・潜水艦・毒ガスなどの新兵器が多数使われ、最終的に、両陣営合わせて戦死者約一千万人（ドイツ約百七十七万人、ロシア約百七十万人、フランス約百三十六万人、オーストリア＝ハンガリー帝国約百二十万人、イギリス約九十一万人、イタリア約六十五万人など）、戦傷者約二千万人、行方不明者約八百万人という、人類史上最多の犠牲者を出す悲惨きわまりない結果となりました。なお、この戦争が第一次世界大戦と呼ばれるようになったのは、後に起こった第二次世界大戦後のことですが、以下、便宜上「第一次世界大戦」と書きます。

大正七年（一九一八）十一月、ドイツ、オーストリア＝ハンガリー帝国、トルコ、ブルガリアの同盟国側の敗戦で第一次世界大戦は終結します。戦後、日本はドイツが持っていたマリアナ諸島やマーシャル諸島などの南洋諸島を国際連盟の委任を受けて統治することになりました。

戦後の世界

四年にわたる大戦争は、世界の様相をすっかり変えてしまいました。戦場となったヨーロッパは荒廃し、イギリス、フランス、ドイツなどの列強が力を失い、代わって躍り出たのがアメリカでした。

アメリカも第一次世界大戦に参戦していたものの、それは最後の一年間だけで、戦死者も十二万人とヨーロッパ諸国に比べれば桁違いに少なく済みました。これは自国が戦場にならなかったからですが、それでも日露戦争における日本の戦死者よりも多いのですから、第一次世界大戦がいかに悲惨であったかがわかります。

日本もまた大きな犠牲を払うことなく（戦死者は三百人）、多くの利権を得た国でした。加えて、ヨーロッパ諸国への軍需品の輸出が急増し、それにつれて重工業が発展しました。さらに、大戦前、ヨーロッパから様々なものを輸入していたアジア地域も、戦争により輸入が困難になったことから、日本への注文が殺到し、結果、日本は大戦中に空前の好景気を迎えました。長らくヨーロッパにあった世界の覇権が、こうして太平洋を挟む二つの国へと移ってきたのです。

ただ、近代兵器による総力戦であった第一次世界大戦の実相を目の当たりにすることがなかった日本は、陸軍の装備において近代化の必要性を学ぶ機会を失いました。このことが後に大東亜戦争で弱点となって現れることとなります。

なお、この戦争中、後の歴史を大きく変える二つの出来事がありました。

一つは大正六年（一九一七）に起こったロシア革命です。二月に民衆による大規模のストライキと反乱でロマノフ王朝が崩壊し、臨時政府が作られましたが（「二月革命」）、その後、経済学者のマルクスが唱えた共産主義を信奉するレーニンが軍事クーデターを起こして革命政府を樹立しました（「十月革命」）。一般的には「ロシア革命」という場合、「十月革命」のことを指します。その後、革命政府は皇帝一族を皆殺しにし、独裁体制を築きます。しかし革命政府に反対する勢力が各地で立ち上がり、内乱が起こります。

翌大正七年（一九一八）、共産主義革命が世界に浸透することを恐れた連合国（イギリス、フランス、アメリカ、日本など）は、反革命政府の軍隊を支援するためにロシアに軍を送ります（名目はチェコ軍団を救出）。日本もシベリアに出兵します。しかし革命政府は大正九年（一九二〇年）には反乱軍を抑え込み、大正一一年（一九二二）、人類史上初めての共産主義国家「ソヴィエト社会主義共和国連邦」（ソ連）を樹立します。ソヴィエトというのは評議会という意味です。

レーニンの後を継いだスターリンは独裁を強め、国民に言論や思想の自由を認めず、夥しい人を粛清していきます。ソ連はその後、周辺国を連邦内に取り込み、あるいは共産化（赤化）させて勢力を拡大していきます。第二次世界大戦後、その勢いはアジアにも及び、いくつかの共産主義国が生まれます。こうして生まれた国々では多くの場合、宗主国のソ連同様に絶対権力を持つ独裁者が誕生し、国民には思想や言論の自由は与えられず、徹底した監視・管理下に置かれることとなります。

同時代の歴史を変えたもう一つの出来事は、石炭に代わって石油が最重要な戦略物資となったことです。飛行機、軍艦、戦車、自動車などはすべて石炭ではなく石油を燃料とするため、第一次世界大戦では、連合国側も同盟国側も夥しい量の石油を使いました。「石油の一滴は血の一滴」という有名なセリフは、大戦中にフランスの首相ジョルジュ・クレマンソーがアメリカに石油を要求した電報の一文です（当時のアメリカは世界最大の石油輸出国）。第一次世界大戦はまさに「石油で戦った戦争」だったといえます。同時に、大きなエネルギー革命でもありました。

石油の重要性はこの後ますます高まっていきます。そして産油国ではない日本は、この石油に国の命運を握られることになります。

国際連盟の誕生

大正八年（一九一九）、パリで講和会議が開かれ、アメリカ、イギリス、フランス、日本、イタリアの五大国が参加しました。ここでヴェルサイユ条約が結ばれ、ドイツは植民地のすべてと領土の一部を失い、さらに報復措置として国家予算の二十五年分という莫大な賠償金を科せられました。このあまりにも過酷な制裁ゆえに第二次世界大戦が起こったといっても過言ではありません。

この会議で、アメリカのウッドロウ・ウィルソン大統領は世界平和のための機関「国際連盟」の設立を提案しました。その国際連盟の規約に、日本は、「人種差別をしない」という文章を入れることを提起します。これは人類の歴史上、画期的なことでした。これ以前に、国際会議の席上で、人種差別撤廃をはっきりと主張した国はどこにもありません。最初にその声を上げたのが我々の先人であったという事実はきわめて誇らしいことです。

日本は各国と何度も協議し、この条項の成立を目指しました。投票の結果、賛成十一、反対五でしたが、議長国のアメリカは、「このような重要な案件は全会一致でなければならない」と主張しました。当時、自国内の黒人に公民権を与えず、人種分離政策をとっていたアメリカは、当然ながらこの提案には反対の立場でした。また世界中に植民地を持ち有色人種を差別していたイギリスも激しく反対していました。日本の抗議は受け入れられず、国際連盟の規約に人類史上初の「人種差別撤廃」の条文は入れられませんでした。これは国際連盟が白人至上主義の機関であると宣言したも同然の沙汰でした。

百年後の今日、肌の色で人種を差別してはいけないというのは、人類共通の価値観の一つとなったといってもいいでしょう。しかし大正八年（一九一九）当時、ヨーロッパやアメリカではむしろ少数派の意見だったのです。それだけに、世界に先駆けて日本が「人種差別撤廃」を謳ったことは、日本人として大いに誇るべきことであり、もっと評価されるべきことです。

アメリカの対日政策の変化

日露戦争の勝利によって、列強を含む世界の日本を見る目は完全に変わりました。それはおおむね敬意と警戒心が混ざったものでしたが、列強が、日本をもはや侮れない国と見るようになった、そんな変化だったとみて間違いありません。

大正九年（一九二〇）に生まれた世界初の国際平和機構である「国際連盟」において、日本は常任理事国の四ヵ国（イギリス、フランス、イタリア、日本）に名を連ねます。江戸幕府から明治政府となって、わずか五十二年で、世界を代表する列強の一つとなったのです。欧米が三百年かかった進歩をこの短期でやり遂げたことは、まさに信じがたい奇跡でした。

私たち日本人は自国のことゆえその凄さに気付いていないかもしれません。しかしこう想像してみてはどうでしょうか。今から百五十年前、アジアかアフリカのどこかに、二百五十年以上も西洋の科学文明から切り離されていた国があり、その国が開国からわずか半世紀でヨーロッパの列強と肩を並べた——こう想像すれば、いかに驚異的なことだったかがわかるのではないでしょうか。おそらく当時、欧米諸国をはじめとする世界の国々は、有り得ないものを見る思いで日本を眺めていたに違いありません。

しかし現実の世界には日本に驚き称賛する国ばかりではありませんでした。その一つがアメリカです。アメリカと日本はポーツマス講和会議後に微妙な関係となっていましたが、一九二〇年代にはアメリカははっきりと日本に敵意を抱くようになっていました。そのきっかけは満洲の利権争いです。

中国分割競争に出遅れたアメリカは、日本がロシアに勝利して以降、満洲への進出を企図していました。その一つがハリマン計画と呼ばれるものでした。ポーツマス講和会議の二ヵ月後、セオドア・ルーズベルト大統領の意向を受けて来日したアメリカの鉄道王エドワード・ハリマンと桂太郎（かつらたろう）首相が会談し、南満洲鉄道（満鉄）を日米で共同経営する覚書に同意します。ところがポーツマスから戻った小村寿太郎がこれに反対し、覚書は破棄されました。これは大失態であったと私は思います。なぜならハリマンは激怒し、娘婿を奉天領事として送り込み、以後、日本の利権を邪魔するようになったからです。またルーズベルト大統領は書簡に、「私は従来日本びいきだったが、ポーツマス会議以来、そうではなくなった」という内容の文章を残しています。

さらに明治四二年（一九〇九）、アメリカの国務長官フィンランダー・ノックスが、「満洲の全鉄道を中立化して国際シンジケートで運営しよう」と提案します。「中立化」というのは綺麗ごとの建前にすぎず、本音は「ロシアと日本だけでなく、アメリカにも分け前をよこせ」ということでした。当然ながら、日本とロシアは結束して反対し、またイギリスとフランスも同意しなかったため、この提案は流れます。

これ以後、アメリカの中には、露骨に日本排斥の政策を唱える勢力「ウィーク・ジャパン派」（日本の弱体化を望むグループ）と、日本との連携を重視する勢力「ストロング・ジャパン派」（ロシアの脅威に対抗するためにも強い日本を望むグループ）が混在するようになりました。

以前からアメリカでは、中国や日本などからの移民の規制を行なっていましたが、第一次世界大戦以後、日本が太平洋を挟んで対峙する強国となってからは、安全保障の観点から対日警戒論が強まっていきます。大正二年（一九一三）にはカリフォルニア州でいわゆる「排日土地法」（正式名称はカリフォルニア州外国人土地法）を成立させ、日系移民の農地購入を禁止しました。この法律の条文には日系人を指す言葉はありませんが、当時は日系移民が増大していたことから実質的に日本人を対象にしたのは明らかでした（そのために「排日土地法」と呼ばれる）。大正九年（一九二〇）にはアメリカ国籍を持つ日本人でさえ土地を取得できないようにし、さらに大正一三年（一九二四）には、日本からの移民を全面的に受け入れ禁止としました。この法律はアジア人の移民を全面的に禁ずるものではありませんでしたが、当時、アジアからの移民の大半が日本人だったので、実質的に日本を対象にしたものでした。

アメリカ政府は、この移民問題が日米関係を悪化させることを憂慮してはいましたが、根強い人種偏見を背景にしたアメリカ国内での移民排斥運動は激化する一方となり、日本国内でも反米感情が沸き起こりました。その後も、日本とアメリカの溝は埋まらず、やがて大東亜戦争という悲劇につながっていきます。

歴史を大きく俯瞰すれば、「もし、あの時——」と思う場面がいくつもあります。私が日本の近代史を眺めて心からそう思う場面は、実はこの時です。もし、日本がアメリカに満洲の権益を分け与えていたなら、その後のアメリカの対日政策は変わっていたでしょうし、中華民国の抗日運動をアメリカが支援することもなかったのではないでしょうか。そして何より、大東亜戦争を回避できたかもしれないと思うのです。その意味で、ハリマンと交わした覚書を破棄した出来事は日本の大きな分水嶺であったと思います。

「対華二十一ヵ条要求」に見る日本外交の稚拙さ

第一次世界大戦中の大正四年（一九一五）、日本は、袁世凱の中華民国政府に対して、ドイツが山東省に持っていた権益を譲ることなどを含む「二十一ヵ条要求」を出しました。その内容は中華民国にとって厳しいものでしたが、当時の国際情勢においいては、ごく普通の要求でした。しかも最初は日本と中華民国双方納得の上での話だったものを、中華民国側から「日本の要求という形にしてほしい。我が方はやむなく調印したという形にしたい」という申し出があったため、日本側は敢えて「要求」という形にしたのでした。

これは日本の外相だけでなく、中国に詳しいアメリカの外交官、ラルフ・タウンゼントも認めていることです。また孫文も「二十一ヵ条要求は、袁世凱自身によって起草され、『要求』された策略であり、皇帝であることを認めてもらうために、袁が日本に支払った代償である」と言っています。

「対華二十一ヵ条」の一部は外部には漏らさないという密約の上で交わされた条約でしたが、袁世凱はそれを破って公にし、国内外に向かって、日本の横暴さを訴えました。そのため、中華民国内で反日感情が沸き起こります。欧米列強もまた日本を糾弾しました。日本はまんまと袁世凱の策略に引っかかったのです。現代でも「二十一ヵ条要求」は日本の非道さの表われのように書かれている日本の歴史教科書がありますが、これは正確な見方とはいえません。

つくづく当時の日本外交のお粗末さに呆れるしかありません。外交とは騙し合いの一種であるということが、単純な日本人には理解できなかったのでしょう。しかし、情けないことに、日本はこの後も外交で同じような目に遭い続けます。

ワシントン会議

大正一〇年（一九二一）から翌年にかけて、アメリカでワシントン会議が開かれました。参加国はアメリカ、イギリス、日本、フランス、イタリア、ベルギー、オランダ、ポルトガル、中華民国で、これはアメリカが主催した初の国際会議であり、世界初の「軍縮会議」でもありました。議題は「海軍の軍縮」および「中国問題」と「太平洋・極東問題」でした。

軍縮会議では列強五ヵ国の戦艦のトン数制限と保有比率が決められ、その結果は、アメリカ五、イギリス五、日本三、フランス一・六七、イタリア一・六七となりました。膨れ上がる軍事費を抑えたい日本政府は賛成でしたが、海軍の中には「これでは日本を守れない」という意見も少なくありませんでした。

もう一つの重要な議題であった「中国問題」では、「中国の領土保全」「門戸開放・

機会均等」が成文化されます（九ヵ国条約）。つまり列強も現状以上の中国への侵略は控え、ビジネス的な進出に切り替えようというものでした。これには中国大陸進出に出遅れたアメリカの意向が色濃く反映されていました。

ワシントン会議では、日本の将来に大きく関係する重大事も取り扱われました。それは二十年間も続いてきた「日英同盟」の破棄です。

この同盟の破棄を強引に主導したのはアメリカでした。アメリカはそもそも日英同盟を好もしくは見ていませんでした。そのために明治四四年（一九一一）の第三次日英同盟の更新の際には「アメリカとは戦わない」という条文をねじ込んでいるほどです。それでも覇権を狙うアメリカにとって日英同盟は厄介な存在であることには変わりはありませんでした。そこで同盟を破棄させて、日本とイギリスの分断を目論んだのです。

アメリカは日英同盟を破棄する代わりに、フランスとアメリカを交えた「四ヵ国条約」を結んではどうかと日本に提案しました。これは名目だけの「条約」で「同盟」といえるようなものではありませんでした。イギリスは同盟の破棄を望んでいませんでしたが、日本の全権大使、幣原喜重郎（しではらきじゅうろう）は「四ヵ国条約」を締結すれば国際平和につながるだろうと安易に考え、これを呑んで、日英同盟を破棄してしまったのです（失効は大正一二年【一九二三】）。

日英同盟こそが日本の安全保障の要であり、日露戦争に勝利できたのも、この同盟があったればこそでした。しかし幣原は、その重要性も、また変化する国際情勢における日本の立ち位置やアメリカの思惑といったことを、まったく理解していなかったのです。

日英同盟が破棄されたことで、日本は安全保障上の大きな支えとなり得る同盟国を失いました。これこそアメリカが望んでいたことだったのです。

大正デモクラシー

世界も日本も激動の中にあって、大正の日本は民主制が発展した時でもありました。明治時代に権勢を振るった元薩摩藩と元長州藩出身者による藩閥政治は後退し、選挙によって選ばれた政治家や政党が内閣を作る時代となりました。もっとも、当時は元老（維新に功労のあった薩長出身の重鎮）の推薦がなければ組閣はできず、「選挙に勝つ」＝「組閣」という形にはなっていませんでした。それでも民主制に大きく近づいたことは間違いありません。

日本で最初の本格的な政党内閣を作った原敬は、爵位を持たない初めての総理大臣となりました（そのため平民宰相と呼ばれた）。「平民」であったばかりか、原はかつて賊軍であった元南部藩家老の息子です。その原は大正一〇年（一九二一）にテロリストによって暗殺されました。

大正時代には市民運動も盛んになり、経済成長を背景に工場労働者が急増したことを受けて全国で労働組合も組織され、労働争議も頻繁に起こりました。また小作農たちが権利を求めての小作争議も増えました。大正一一年（一九二二）には、部落解放を掲げた「全国水平社」が組織され、女性の地位向上のための婦人運動も活発になります。こうした自由な空気と民主制への流れは後に「大正デモクラシー」と呼ばれました（「大正デモクラシー」という言葉は大東亜戦争後に生まれた歴史用語）。

こうして大正一四年（一九二五）には、ついに普通選挙制度ができました。納税額による制限が撤廃され、満二十五歳以上の男性全員が参政権を持つことになったのです（ただし女性には参政権は与えられなかった）。日本は少しずつではありますが、民主的な国家へと成長しつつありました。

もっとも同じ年に悪名高い「治安維持法」が作られています。これは同年にソ連との国交回復のための「日ソ基本条約」が締結された際に作られたもので、大正一一年（一九二二）にソ連のコミンテルンの日本支部として日本共産党ができたことも影響しています。前述したようにコミンテルンはソ連のような共産主義革命を目標としていて、日本共産党も君主制の廃止などを謳っていたため、政府は共産主義者らの破壊活動や反国家活動を抑え込むために治安維持法を制定したのです。しかし同法は後に官憲によって悪用され、国民の生活や活動を制限していく悪法となります。

第一次世界大戦後と後述する関東大震災を機に国民の生活も大きく変わりました。街には活動写真（映画）を上映する劇場が多く作られ、ラジオ放送も始まりました。食生活でも、カレーライス、とんカツなどの洋食や、キャラメルやビスケット、ケーキが庶民生活の中に溶け込んでいきました。東京や大阪には鉄筋コンクリートのビルが立ち並び、デパートが誕生し、バスが運行しました。電話交換手やバスガールなど、女性の社会進出も盛んになっていきます。

雑誌や小説が数多く発行され、芥川龍之介（あくたがわりゅうのすけ）、谷崎潤一郎（たにざきじゅんいちろう）、志賀直哉（しがなおや）などの人気作家が続々と現れました。東京六大学野球や全国中等学校優勝野球大会（現在の全国高等学校野球選手権大会）、宝塚歌劇団が生まれたのもこの頃です。子供向けの娯楽も誕生し、動物園、遊園地、雑誌、レコード（童謡）、玩具なども多く作られました。

明治維新からひたすら富国強兵に励んできた日本でしたが、大正時代になってようやく国民が娯楽や愉しみを享受できるようになりました。ただ、一方で社会格差が広がったのも事実です。大企業で働く人たちと、貧しい労働者や農村部の小作農たちの生活水準の差は広がり、社会問題となりつつありました。

関東大震災

大正一二年（一九二三）九月、関東地方で大地震が起こりました。関東大震災です。東京や横浜など南関東一円で震災による建物倒壊と火災により多くの民家や建造物が失われ、東京では市域の約四四パーセントが焼失したといわれています。死者・行方不明者は合わせて十万人を超えました。これは日露戦争の戦死者を上回る数です。

地震国である日本は江戸時代にもたびたび大地震に見舞われ、明治に入ってからも濃尾地震（明治二四年【一八九一】）や明治三陸地震（明治二九年【一八九六】）などの大地震がありましたが、関東大震災はそれらをはるかに上回る巨大地震でした。しかも首都を襲ったために、経済的損失は莫大なものとなり、その額は当時の国家予算の約三倍になりました。

なお、この震災直後、流言飛語やデマが原因で日本人自警団が多数の朝鮮人を虐殺したといわれていますが、この話には虚偽が含まれています。一部の朝鮮人が殺人・暴行・放火・略奪を行なったことはまぎれもない事実です（警察記録もあり、新聞記事になった事件も非常に多い。ただし記事の中には一部デマもあった）。中には震災に乗じたテロリストグループによる犯行もありました。

司法省の記録には、自警団に殺された朝鮮人犠牲者は二百三十三人とあります（その他に中国人が三人、朝鮮人と間違われて殺された日本人が五十九人）。一般にいわれている朝鮮人の犠牲者約六千人（東京都墨田区横網の横網町公園にある「関東大震災朝鮮人犠牲者追悼碑」にもそう彫られている）は正しくありません。

韓国政府は「数十万人の朝鮮人が虐殺された」と言っていますが、これはとんでもない虚偽です。震災当時、日本全国にいる朝鮮人は八万六百十七人でした。しかも震災の翌年には、十二万二百三十八人の朝鮮人が日本に渡航しているのです。あまりの多さに渡航制限がかけられたほどなのですが、多くの同胞が虐殺されたところへ、それほど大勢が渡ってきたことはどう考えても解せません。いずれにせよ、不幸な事件であったことはたしかです。

昭和

関東大震災から三年後の大正一五年（一九二六）、大正天皇が崩御しました。新天皇が即位し、元号が昭和と改められました。昭和は六十四年を数えることとなりますが（実際には六十二年と十四日）、この時代にまたもや日本も世界も大きく変わります。

昭和の前半は日本にとって暗く陰鬱な時代となり、その兆候はすぐに現れます。昭和四年（一九二九）、アメリカのニューヨーク株式市場が大暴落したことをきっかけに、多くの会社や銀行が倒産し、その波が世界に広がりました。世界恐慌です。

日本経済はアメリカへの輸出に頼る部分が大きかったため、多くの企業が倒産しました。昭和五年（一九三〇）、豊作による農作物の価格暴落（豊作飢饉と呼ばれた）で農家の収入が激減した上、翌昭和六年（一九三一）には、一転、冷害による大凶作となったため、東北の農村では多くの娘が身売りさせられるという悲劇的な状況になったのです。

政府は恐慌から脱出するために、金融緩和に踏み切るとともに積極的な歳出拡大を行ないました。農山漁村経済更生運動を起こしインドや東南アジア（当時は列強の植民地）への輸出を盛んにし、欧米諸国よりも早く景気回復を成し遂げたのです。これに対し欧米諸国は、「日本が輸出する安い製品は、労働者の不当に安い賃金によるもので、ソーシャル・ダンピング（国家的規模の不当廉売による輸出）だ」と非難します。また高橋是清が大蔵大臣就任当日に、金輸出再禁止を掲げて金本位制を停止し、事実上の管理通貨制度へ移行したことで円相場が下落し、輸出が拡大したことも、日本がソーシャル・ダンピングをしているという非難をさらに過熱させ欧米諸国との経済摩擦につながりました。

イギリスやアメリカは自国および植民地の経済を守るため、それ以外の国からは輸入制限を行なったり、輸入品には高い関税をかけたりしました。これは「ブロック経済」と呼ばれるもので、極端な保護貿易でしたが、これにより輸出に頼っていた日本は経済的な危機を迎えます。

コラム　「ブロック経済」の主なものは、イギリスを中心とする英連邦（植民地を含む）グループ内の「ポンド・ブロック」、アメリカを中心とした南北アメリカの「ドル・ブロック」、フランス、ベルギー、オランダおよび彼らの植民地グループで構成された「フラン・ブロック」がありました。各々がグループ内だけで貿易を行なったために、世界の貿易額は七〇パーセントも縮小したのです。

これらの「持てる国」に対して、日本は「持たざる国」でした。日本のような資源のない国は、資源を輸入するしかありません。それらを加工して商品にし輸出することによって、貿易の均衡を保つことができるという構造です。ところが、欧米諸国にブロック経済政策を取られてしまうと輸出が減り、一方的な輸入によって膨大な貿易赤字に陥ります。

ドイツもイタリアも日本同様「持たざる国」でした。ブロック経済は「持てる国」と「持たざる国」の明暗をくっきりと分けたのです。後に、ドイツはナチス

（正しくは国家社会主義ドイツ労働者党）が権力を握ると、東ヨーロッパに進出し、イタリアはファシスタ党が権力を握ると、北アフリカに進出しました。

日本が満洲の開拓に本格的に乗り出したのも、欧米のブロック経済の煽りを受けたせいでした。後に「大東亜共栄圏」を構想しますが、その目的もアジアに「円ブロック」を築こうというものだったのです。これにより、満洲での権益をアメリカに分け与えるという可能性は完全に消えました。同時に、この時をもって、大東亜戦争の悲劇が約束されたともいえます。

昭和一四年（一九三九）に第二次世界大戦が勃発しますが、これはわかりやすくいえば、イギリス、アメリカ、フランスの「持てる国」グループと、日本、ドイツ、イタリアの「持たざる国」グループの戦争でした。つまり第二次世界大戦の遠因となったのは、世界恐慌に端を発したブロック経済だったのです。

統帥権干犯問題

世界が経済的緊張に包まれる中、昭和五年（一九三〇）、ロンドンで補助艦の保有量を制限する海軍軍縮会議が開かれ、日本の保有トン数はアメリカの約七割に抑えられました（艦船の種類によって異なる）。これを受け入れた政府を、一部の軍人や野党政治家は激しく非難しました。

この時、「統帥権干犯問題」という大問題が起きます。

「統帥権」とは、軍隊を指揮する最高権限のことをいいます。明治憲法（大日本帝国憲法）の第十一条には「天皇ハ陸海軍ヲ統帥ス」とあり、その意味するところは、「政治家は、軍事を専門家である陸海軍に任せる代わりに、軍も政治に介入しない」ということです。ただしそれは、政治家が軍事に関与してはいけない、という意味ではありません。

ここで政治と軍事の関係について、少し説明したいと思います。やや難解な語句や表現を使うことになりますが、ここは非常に重要なところなのでお許しいただきたく思います。

戦略思想家のカール・フォン・クラウゼヴィッツの「戦争は、政府と軍隊と国民の三位一体で行なわれなければならない」という有名な言葉に象徴されるように、戦争に勝利するためには、国民の理解が必要であり、政府は戦争目的を訴え、国民の支持を集め、軍事予算を準備しなければなりません。その予算のもとで軍は戦いますが、この時、軍事に関して素人である政治家は作戦には口出ししません。ただし、戦争目的が達成されたと政府が判断すれば、政府の判断のもとで戦闘を終結させ、和平交渉に当たり、この判断に軍は従います。これが近代における政治と軍事の原則であり、大日本帝国憲法下の日本においても、日清戦争、日露戦争までは厳密に守られてきました。

ところが、ロンドン海軍軍縮条約に反対する野党政治家（犬養毅、鳩山一郎など）が、それまでの大日本帝国憲法の解釈と運用を無視して、「陸海軍の兵力を決めるのは天皇であり、それを差し置いて兵力を決めたのは、天皇の統帥権と編制大権を侵すものであり、憲法違反である」と言い出し、政府を批判したのです。厳密にいえば、第十二条の「編制大権」（「天皇ハ陸海軍ノ編制及常備兵額ヲ定ム」）を侵したという言い分でした。ただ編制大権は、統帥権とは性格が異なり、あくまでも内閣の輔弼事項であり、「統帥権の独立」は言葉としてはあっても、「編制大権の独立」という言葉はありません。そこで、浜口内閣は、「内閣として編制大権を輔弼した」という解釈で、海軍軍縮条約に調印したのですが、この条約に海軍の一部が反発し、さらに野党がそれに乗っかる形で「統帥権の干犯」という無理矢理な理屈で問題にしたのです。これは大問題に発展し、やがて民衆の中にも政府を声高に非難する者が出てきました。

国会での激しい論争の最中、首相の浜口雄幸(おさち)が右翼テロリストに銃撃されて重傷を負い、首相を辞職します（銃撃の九ヵ月後に死亡）。犯人は「浜口は社会を不安に陥れ、陛下の統帥権を侵したからやった」という旨の供述をしましたが、「統帥権干犯とは何か」という質問には答えられなかったといいます。明治以降に起こった多くのテロ事件と同様、典型的な直情的テロリストによる犯行でした。

ただ、この一連の事件以降、内閣が軍部に干渉できない空気が生まれ、軍部の一部が統帥権を利用して、暴走していくことになります。野党の無理矢理な政府攻撃が日本を変えていくことになったのです。

ちなみに軍人勅諭では、軍人が政治に口を出すことは禁じられていましたが（軍人には選挙権も与えられていなかった）、「統帥権干犯問題」以降、軍事知識の足りない政党政治家の台頭に危機感を持つ青年将校の間に、政策を論じるグループが生まれていきました。これは実に危険な兆候でした。

満洲事変

日本列島から海を隔てた満洲でも不穏な空気が漂っていました。

世界恐慌の少し前の昭和三年（一九二八）、満洲を実効支配していた張作霖が列車ごと爆殺されるという事件が起きたのです。もとは馬賊だった張は権謀術数に長けた人物で、日露戦争後に日本陸軍の関東軍と手を結び、軍閥を組織して満洲を実効支配し、徴収した金をすべて自分のものとしていました。

当初、張と関東軍の関係は良好でしたが、大正の終わり頃から、物資の買い占め、紙幣の乱発、増税などを行ない、関東軍と利害が対立するようになっていきます。さらに欧米の資本を入れて、日本の南満洲鉄道（満鉄）と並行する鉄道を敷設したことで、両者の衝突は避けられなくなりました。満鉄は鉄道事業が中心として満洲全域に広範な事業を展開する会社で、日本軍による満洲経営の中核たる存在であっただけに、関東軍としても見過ごすわけにはいかなかったのです。

張作霖爆殺事件はそんな状況下で起こりました。事件の首謀者は関東軍参謀といわれてきましたが、ソ連の関与があったとする説もあり、現在も論争が続いています。
ただ、この時、「張作霖爆殺」に関しての陸軍の調査と、彼らをかばうかのように二転三転する内閣の報告に関して、昭和天皇は不快感を顕にし、田中義一首相（元陸軍大臣）の内閣は総辞職しました。天皇は自分の言葉（それを首相に伝えたのは鈴木貫太郎侍従長）が内閣に影響を与えてしまったことを反省し、以後は内閣の決定には拒否権を発動するなどの「親裁」は行なわないようになりました。それをやれば日本は専制君主国になってしまうという思いからです。

張作霖の跡を継いだ息子の張学良はこの後、満洲に入植してきた日本人と朝鮮人の権利を侵害する様々な法律を作ります。また父の張作霖が満鉄に並行して敷いた鉄道の運賃を異常に安くすることで満鉄を経営難に陥れました。そのため満鉄は昭和五年（一九三〇）後半から深刻な赤字が続き、社員二千人の解雇を余儀なくされたのです。

日露戦争でロシア軍を追い出して以降、日本は満鉄をはじめとする投資により、満洲のインフラを整え、産業を興してきました。そのお陰で満洲は大発展したのです。

この頃、清では戦乱が相次ぎ、日本は満洲の治安を守るために関東軍を置いていました。そのため清から大量の難民が押し寄せることとなります。そうしたこともあって日露戦争が始まった明治三七年（一九〇四）頃には約一千万人だった満洲の人口は、二十数年の間に三千万人にも増えていました。

同じ頃、蔣介石率いる中国国民党政権と中国共産党による反日宣伝工作が進められ、排日運動や日本人への脅迫やいじめが日常的に行なわれるようになりました。日本人に対する暴力事件も多数発生しました。

代表的な事件は「南京事件」と呼ばれるもので、これは昭和二年（一九二七）三月に、蔣介石率いる中国国民党が南京を占領した際、中華民国の軍人と民衆の一部が、日本を含む外国領事館と居留民に対して行なった襲撃事件です。暴徒は外国人に対して、暴行・略奪・破壊などを行ない、日本人、イギリス人、アメリカ人、イタリア人、デンマーク人、フランス人が殺害されました（この時、多くの女性が凌辱された）。

この暴挙に対して、列強は怒り、イギリスとアメリカの艦艇はただちに南京を砲撃しましたが、中華民国への協調路線（および内政不干渉政策）を取る幣原喜重郎外務大臣（「日英同盟」を破棄して「四ヵ国条約」を結んだ全権大使）は、中華民国への報復措置を取らないばかりか、逆に列強への説得に努めました。さらに日本政府は国内の世論を刺激しないように、「我が在留婦女にして凌辱を受けたるもの一名もなし」と嘘の発表をしたため、現状を知る南京の日本人居留民を憤慨させたのです（政府は居留民たちが事実を知らせようとする集会さえも禁じている）。

この時、報復攻撃をしなかった日本に対し、中国民衆は感謝するどころか、逆に「日本の軍艦は弾丸がない。張り子の虎だ」と嘲笑したといわれています。そしてこの事件をきっかけに、中国人は日本を見下すようになったといわれます。事実、これ以降、中国全域で、日本人に対するテロ事件や殺人事件が急増します。

満洲でも、中国共産党に通じたテロ組織が、日本人居留民や入植者を標的にしたテロ事件を起こすようにもなりました。

しかし被害を受けた日本人居留民が領事館に訴えても、前述のとおり、時の日本政府は、第二次幣原外交の「善隣の誼（よしみ）を敦（あつ）くするは刻下の一大急務に属す」（中国人と仲良くするのが何よりも大事）という対支外交方針を取っていたため、訴えを黙殺しました。それどころか幣原外務大臣は、「日本警官増強は日支対立を深め、ひいては日本の満蒙権益を損なう」という理由で、応援警官引き揚げを決定します。

そのため入植者たちは、満洲の治安維持をしている関東軍を頼り、直接、被害を訴えるようになっていきます。それでもテロ事件は収まらず、昭和五年（一九三〇）後半だけで、八十一件、死者四十四人を数える事態となりました（負傷者は数えきれない）。

この時、中国人による嫌がらせの一番の標的になっていたのが朝鮮人入植者でした。これは多分に両者の長年の確執と性格によるところもあったと考えられます。韓国併合により当時は「日本人」だった朝鮮人は、何かにつけ中国人を見下す横柄な態度を取っていたといわれ、中国人にしてみれば、長い間、自分たちの属国の民のような存在と思っていた朝鮮人にそのように扱われるのが我慢ならなかったものと考えられます。中国人から執拗な嫌がらせを受けた朝鮮人入植者は、日本政府に対して「日本名を名乗らせてほしい」と訴えます。最初は日本名を名乗ることを許さなかった統監府も、やがて黙認する形で認めることとなります。

日本政府の無為無策では南満洲鉄道や入植者を守れないという意見が強まる中、関東軍は、昭和六年（一九三一）九月、奉天（現在の瀋陽）郊外の柳条湖（りゅうじょうこ）で、南満洲鉄道の線路を爆破し、これを中国軍の仕業であるとして、満洲の治安を守るという名目で軍事行動を起こしました。政府は不拡大方針を取りましたが、関東軍は昭和七年

（一九三二）一月までに満洲をほぼ制圧し、張学良を追放しました。いわゆる「満洲事変」です。

「事変」とは、大規模な騒乱状態ではあるが、宣戦布告がなされていない国家間の軍事的衝突を意味します。以後、日本は中国大陸での泥沼の戦いに突入していくこととなります。

満洲は中華民国のものか

柳条湖事件の翌年となる昭和七年（一九三二）、関東軍主導のもと、満洲は中華民国から分離され、「満洲国」が建国されました。国家元首には清朝最後の皇帝、愛新覚羅（あいしんかくら）溥儀が就任しました。

アメリカやイギリスは、ワシントン会議で締結された「九ヵ国条約」違反だとして、日本に抗議しました。「九ヵ国条約」は、中国（China）の門戸開放、機会均等、主権尊重の原則を包括したものでしたが、実はこの条約におけるChinaに「満洲」が含まれるかどうかについては曖昧なままでした。

満洲は古来、漢民族が実効支配したことは一度もありませんでした。漢民族は、万里の長城よりも北は、蛮族が住む「化外の地」と見做していたのです。昔から満洲は匈奴や女真族などの騎馬民族が支配する地であり、ここからうって出た女真族が漢民族の地を征服支配し、北京を都としてできたのが清帝国です。

清はその後、トルコ系民族（ウイグル人など）が住む西域や吐蕃（チベット）を版図に加えましたが、これも名目上のことで、チベットを満洲人が直接支配したわけではありませんでした。

この大帝国が終焉へと向かう明治四五年（一九一二）、南京に臨時政府を建てた孫文が、「中華民国は清朝の領土を引き継ぐ」と宣言します。ただしこれは、孫文の一方的な宣言にすぎず、そもそも女真族の土地であった満洲全土が、この宣言一つで中華民国の実効支配下に置かれたはずもありません。中華民国の体制は非常に弱く、その支配は限定的で、満洲に限らず、広い版図の大半の地域に地方軍閥の割拠を許していました。

しかし列強は九ヵ国条約に照らして日本を非難し、国際連盟は事件の背景を調べるためにリットン調査団を派遣しました。この時、調査団は「満洲における日本の権益の正当性」や「満洲に在住する日本人の権益を、中華民国が組織的に不法行為を含む行ないによって脅かしている」ことを認める報告書を出しています。

だがその一方で、調査団は日本による満洲国建国は認めず、満洲の占領地からの日本軍撤退と、満洲を非武装地帯として国際連盟の機関が治安維持を担うことを提言しました。国際連盟はこの提言を「公正であり妥当なもの」と見做しましたが、日本はこれを拒否し、昭和八年（一九三三）、国際連盟を脱退しました。

このあたりが日本の交渉術の拙さといえます。いったんは引き、タイミングを見て再度の調整を試みるなり、あるいは満洲の利権をいくつかの国に与える形で根回し工作するなどするべきだったと思うのですが、そうした形跡はまるでありません。私は明治の政府にはあった柔軟性が昭和の政府には失われていたような気がします。日清戦争、日露戦争、第一次世界大戦に勝利したことにより、また世界の列強に加わったことで、非常に傲慢で短気な国家に変わっていたように思えてなりません。明治維新からわずか六十五年で日本という国は大きく変貌したのです。

そして国際連盟を脱退したことで、日本は後戻りできない道へ進んだともいえます。

五・一五事件と二・二六事件

日本が国際連盟を脱退する前年の昭和七年（一九三二）に、「五・一五事件」が起きています。

これは昭和恐慌による経済的苦境の中で、ロンドン海軍軍縮条約に不満を持った海軍の急進派青年将校を中心とするテロ事件で、首相官邸、内大臣官邸、立憲政友会本部、日本銀行、警視庁などを襲撃して、犬養毅首相を射殺した事件でした。かつて統帥権干犯問題で政府を攻撃した人物が、軍人に暗殺されるとは皮肉な話です。この事件の背景には、世界恐慌による不景気が続き、農村の疲弊や政党政治への不満が民衆の中に充満していたこともありました。

余談ですが、実はこの日、首相官邸ではアメリカの人気喜劇俳優チャールズ・チャップリンの歓迎パーティーが行なわれる予定でした（チャップリンは前日に来日）。青年将校たちはチャップリンを「頽廃的な文化を持ち込んだ男」として憎んでいて、犬養首相とともに殺害しようとしていましたが、チャップリンは直前になって歓迎パーティーをキャンセルし、危うく難を逃れました。これは単なる偶然とは思われず、おそらく何らかの情報がチャップリンの関係者に知らされたと考えられます。このとき、もしチャップリンが殺害されていたら、大きな国際問題に発展していたことでしょう。

事件の後、大正一三年（一九二四）から八年間続いていた政党内閣は終わり、軍部の発言力が一層強化されることになり、選挙で選ばれたわけではない軍人や官僚が首相に任命されるようになります。これにより、大正デモクラシーを代表するスローガンであった「憲政の常道」（衆議院第一党の党首が内閣総理大臣となるなどのルール）は有名無実化していきます。

軍人が共謀してテロを起こし首相を殺害するなど許しがたい暴挙ですが、驚くのは、国民の間で助命嘆願運動が起こったことです。裁判での犯人たちの真摯な心情が報道されると、百万人を超える減刑嘆願書が裁判所に寄せられます。まさに国民運動とも思える動きにより、将校らへの量刑は異常に軽いものとなりました。このことが陸軍将校の反乱である二・二六事件を後押ししたといわれています。

四年後の昭和一一年（一九三六）、陸軍の「皇道派」といわれた一部の青年将校たちが約千四百人の兵士を率いて、首相官邸や警視庁などを襲撃するクーデター事件が起きました。二・二六事件です。これは「五・一五事件」をはるかに上回る規模の事件でした。

青年将校らは高橋是清大蔵大臣や斎藤実内大臣を殺害し（岡田啓介首相は難を逃れた）、国会周辺を占拠しました。高橋は陸軍の予算を削ったことで青年将校の恨みを買っていたのですが、将校らは腐敗した（と彼らが思う）政党や財閥や政府重臣らを取り除き、「天皇親政」という名の軍官僚による独裁政治を目指していました。これは立憲君主制を謳った大日本帝国憲法を否定するものでした。

ところが、侍従武官長は、蹶起した青年将校たちの心情だけでも理解してもらいたいと昭和天皇に上奏します。しかし、大日本帝国憲法を否定するクーデター行為に反発した昭和天皇は、「朕が股肱の老臣を殺戮す、此の如き凶暴な将校等、其精神に於ても何の恕すべきものありや」と怒りをあらわにして一蹴しました。そして軍首脳部に「速やかに鎮圧せよ」と命じたのです。ところが、陸軍首脳部が部下を討つことに躊躇します。すると天皇は自らが近衛兵を率いて鎮圧すると示唆しました。これによりようやく鎮圧部隊が動き、反乱軍は三日後に鎮圧されました。

現代においてもなお、二・二六事件を起こした青年将校らを「理想主義者」と見做す人がいますが、テロリズムの容認は民主国家において絶対にあってはならないことです。したがってこの時の昭和天皇の決断は完全に正しいものと私は考えます。

首謀者らは死刑となりましたが、この事件は、日本の全体主義的傾向に決定的な影響を与えることとなります。この事件を契機に「皇道派」と対立していた「統制派（軍の統制を重視し、軍による国家総動員体制を構築しようとするグループ）」が軍の主導権を握り、官の主導で軍部大臣現役武官制を復活させ、軍が政治を動かす体制を作り上げたからです。

また軍を批判するとテロの標的にされるという恐怖から、政治家は軍を批判できなくなってしまいました。二・二六事件以降、「統制派」が、統制経済、言論の自由弾圧といった全体主義的な政策を推進していく異常事態となったのです。

ファシズムの嵐

日本の政治の主導権を軍の「統制派」が握ったのと同じ頃、ヨーロッパでも全体主義の嵐が吹き荒れていました。ソ連の共産主義とドイツ、イタリアのファシズムです。

三つの国に共通するのは、国家全体を最優先し、個人の自由や意見は完全否定される点でした。そのためにこの三国では、国家による凄まじい粛清が行なわれました(粛清の規模はソ連が圧倒的に大きい)。またソ連にはスターリン、ドイツにはヒトラー、イタリアにはムッソリーニという独裁者が現れ、国家と国民を完全に支配しました。ちなみにファシズムという言葉は、ムッソリーニの政党ファシスタ党から広まったものです。

ここで注意しなければならないのは、暴力革命で政権を強奪したソ連のボルシェビキは別にして、ヒトラーが率いる政党ナチス(国家社会主義ドイツ労働者党)も、ムッソリーニのファシスタ党も、選挙で多数を取っていたということです。両党とも国民の熱狂的支持を得た集団であり、その意味では国民が選んだ党だったのです。戦後、ドイツ国民はすべてをナチスの一派のせいにして、自分たち国民も犠牲者であるとの論理を展開しましたが、これは大いなる欺瞞です。

昭和一〇年(一九三五)、ヒトラーはヴェルサイユ条約を事実上破棄し、再軍備と徴兵制の復活を宣言し、これ以降、軍事大国への道を歩み出します。また反ユダヤを鮮明にし、ユダヤ民族の絶滅を計画しました。政策に反対する国民は裁判なしで収容所に送ったり、人知れず処刑したりしました。
ヨーロッパには、ドイツを中心に再び不穏な空気が漂い始めていました。

ドイツと中華民国の蜜月

ドイツはまた、蔣介石の中国国民党による中華民国と手を結んでいました。当時、国際的に孤立していたドイツは、資源の安定供給を求めて中華民国に接近し、武器を売る代わりに希少金属のタングステンを輸入していたのです。

昭和八年（一九三三）には、ドイツから派遣された元ドイツ参謀総長で軍事顧問のハンス・フォン・ゼークトは、蔣介石に対し、対日戦略をアドバイスしたといわれています。

ドイツが日本を敵視していたのは、第一次世界大戦で日本が参戦し、中国の租借地と北マリアナ諸島、パラオ、マーシャル諸島等を奪われていたからです。ただ、ゼークトはソ連のトロツキストともつながりを持っていた人物でした。これだけを見ても、当時の世界が実に混沌としていたことがわかります。

暗躍するコミンテルンと中国

その中国では「国共内戦」と呼ばれる内乱が続いていました。蔣介石が率いる国民党と中国共産党の争いです。中国共産党を作ったのはソ連のコミンテルンでした。コミンテルンは世界の国々すべてを共産主義国家に変えるという目的のもと、アメリカやヨーロッパに工作員を送り込んでいましたが（日本にも工作員が入り、共産主義者を生み出していた）、革命を起こすほどの組織の構築には至りませんでした。そのため、活動の重要拠点を植民地や、中国大陸に移すという路線変更を行なっていたのです。

大正一〇年（一九二一）、コミンテルンの指導によって結成された中国共産党は、最初は蔣介石の率いる国民党と協力していました（第一次国共合作）が、やがて対立するようになり、昭和六年（一九三一）、江西省瑞金（ずいきん）において、「中華ソヴィエト共和国臨時政府」を建てます。

しかし国民党との争いで劣勢に陥った中国共産党は、蔣介石に対して、「共通の敵である日本を倒すために手を結ぼう」と提案しますが、蔣介石は「国内の共産党を壊滅させてから、日本と戦う」という方針を変えませんでした。

蔣介石は張学良に中国共産党の討伐を命じましたが、昭和一一年（一九三六）、張は蔣介石を裏切って、彼を監禁し（西安事件）、「国民党と共産党が組んで日本と戦う」ことを蔣に約束させます。これを機に第二次国共合作による抗日民族統一戦線が結成されることとなりました。

盧溝橋事件から支那事変

昭和一二年（一九三七）七月七日夜、北京郊外の盧溝橋（ろこうきょう）で演習していた日本軍が、中華民国軍が占領している後方の陣地から射撃を受けたことがきっかけで、日本軍と中華民国軍が戦闘状態となります。ただこれは小競り合いで、四日後の十一日には現地で停戦協定が結ばれました。しかし東京の陸軍本部は派兵を望んでいて、最初は不拡大方針だった近衛文麿（このえふみまろ）首相はそれに押し切られるように、十一日の臨時閣議で派兵を決めます。盧溝橋の発砲事件に関しては、中国共産党が引き起こしたという説もありますが、真相は不明です。

異常な緊張状態の中、その月の二十九日、北京東方で、「通州事件」が起きます。

この事件は、「冀東防共自治政府」（昭和一〇年【一九三五】から昭和一三年【一九三八】まで河北省に存在した自治政府であるが、その実体は日本の傀儡政権であるとされる）の中国人部隊が反乱を起こし（国民党や中国共産党が使嗾【そそのかすこと】したともいわれる）、通州にある日本人居留地を襲い、女性や子供、老人や乳児を含む民間人二百三十三人を虐殺した事件です。その殺害方法は猟奇的ともいうべき残虐なもので、遺体のほとんどが生前に激しく傷つけられた跡があり、女性は子供から老人までほぼ全員が強姦された上、性器を著しく損壊されていました。これらの記録や写真は大量に残っていますが、まともな人間なら正視に耐えないものです。

この事件を知らされた日本国民と軍部は激しく怒り、国内に反中感情が高まりました。また八月に上海の租界で二人の日本の軍人が射殺された（大山事件）こともあり、日本人居留地を守っていた日本軍と中華民国軍が戦闘状態に入りました（第二次上海事変）。このときドイツの指導と武器援助を受けていた中華民国軍は屈強で、日本軍は思わぬ苦戦を強いられます。

当時、上海の租界には約二万八千人の日本人が住んでいましたが、実は大山事件前にも、日本人を標的にした中国人によるテロ事件や挑発的行為が頻発していました。昭和六年（一九三一）、商社や商店、個人が受けた暴行や略奪は二百件以上。通学児童に対する暴行や嫌がらせは約七百件。殺害事件だけでも、昭和七年（一九三二）から昭和一二年（一九三七）までの間に何件も起きています。犠牲者も軍人だけでなく、托鉢僧や商社員、新聞社の記者など民間人が多数含まれていました。

第二次上海事変は中華民国の各地に飛び火し、やがて全国的な戦闘となりました。ただ、日本がこの戦闘を行なったのは、そもそもは自国民に対する暴挙への対抗のためでした。「暴支膺懲（ぼうしようちよう）」というスローガンが示すように「暴れる支那を懲らしめる（膺懲）」という形で行なった戦闘がいつのまにか全面戦争に発展したというのが実情です。

当時、日本は中華民国との戦闘状態を総称して「支那事変」（あるいは「日華事変」）と呼んでいました。支那事変は大東亜戦争が始まるまでの四年間、両国とも宣戦布告を行なわずに戦い続けた奇妙な戦争でした。その理由は、「戦争」となれば、第三国に中立義務が生じ、交戦国との交易が中立義務に反する敵対行為となるからです。したがって両国がともに「事変」扱いとして戦い続けたため、国際的にも「戦争」とは見做されませんでした（実質は戦争）。

装備に優る日本軍はわずか三ヵ月で上海戦線を突破し、その年の十二月には首都南京を占領しました。日本軍は、首都さえ落とせば、中華民国は講和に応じるだろうと見ていたのですが、蔣介石は首都を奥地の重慶に移して抵抗します。中華民国には、ソ連とアメリカが積極的な軍事援助を行なっていて、もはや戦争の早期終結は望めないこととなっていました。

コラム 昭和一二年（一九三七）十二月、日本軍による南京占領の後、「三十万人の大虐殺」が起きたという話がありますが、これはフィクションです。この件は日本と日本人の名誉に関わることですから、やや紙幅を割いて書きます。

「南京大虐殺」は、日本軍の占領直後から、蔣介石が国民党中央宣伝部を使って盛んに宣伝した事件です。たとえば、南京大虐殺を世界に最初に伝えたとされる英紙マンチェスター・ガーディアンの中国特派員であったオーストラリア人記者のハロルド・ティンパーリは、実は月千ドルで雇われていた国民党中央宣伝部顧問であったことが後に判明しています。その著作"*What War Means : The Japanese Terror in China*"（邦訳『外国人の見た日本軍の暴行―実録・南京大虐殺―』）の出版に際しては、国民党からの偽情報の提供や資金援助が行なわれていたことが近年の研究で明らかになっています。

また「南京大虐殺」を世界に先駆けて報じたアメリカ人記者ティルマン・ダーディンも『シカゴ・デイリー・ニューズ』記者のアーチボルド・スティールも南京陥落直後に南京から離れています（つまり伝聞）。

当時、南京には欧米諸国の外交機関も赤十字も存在しており、各国の特派員も大勢いたにもかかわらず、大虐殺があったと世界に報じられてはいません。三十万人の大虐殺となれば、世界中でニュースになったはずです（捕虜の処刑は別）。

また、同じ頃の南京安全区国際委員会の人口調査によれば、占領される直前の南京市民は約二十万人です。もう一つおかしいことは、日本軍が占領した一ヵ月後に南京市民が二十五万人に増えていることです。いずれも公的な記録として残っている数字です。仮に日本軍が一万人も殺していたら、住民は蜘蛛の子を散らすように町から逃げ出していたでしょう。南京市民が増えたのは、町の治安が回復されたからに他なりません。当時の報道カメラマンが撮った写真には、南京市民が日本軍兵士と和気藹々(あいあい)と写っている日常風景が大量にあります。占領後に捕虜の殺害があったことは事実ですが、民間人を大量虐殺した証拠は一切ありません。

二十万人という数字は安全区だけのもので、それ以外の地区は含まれていないという主張もありますが、安全区以外の地域にはほとんど人がいなかったという外国人の証言が多数残っています。

もちろん一部で日本兵による殺人事件や強姦事件はありました。ただ、それをもって大虐殺の証拠とはいえません。

今日、日本は世界でも最も治安のいい国といわれていますが、それでも殺人事件や強姦事件は年間に何千件も起きています（近年の統計によれば、殺人は九百〜一千件、強制性交等はそれ以上）。ちなみにアメリカでは毎年、殺人と強姦が合わせると数十万件も起きています。ましてや当時は警察も法律も機能していなかったことを考えると、平時の南京では起こらないようないたましい事件もあったとは思われます。

また南京においては「便衣兵（べんいへい）」の存在もありました。便衣兵とはわかりやすくいえばゲリラです。軍人が民間人のふりをして日本兵を殺すケースが多々あったため、日本軍は便衣兵を見つけると処刑したのですが、中には便衣兵と間違われて殺された民間人もいたかもしれません。

こうした混乱が起きるのが戦争だともいえます。たとえば戦後の占領下で、アメリカ軍兵士が日本人を殺害したり、日本人女性を強姦したりした事件は何万件もあったといわれます。これらは許されることではありませんが、占領下という特殊な状況において、平時よりも犯罪が増えるのは常です。要するに、南京において個々の犯罪例が百例、二百例あろうと、それをもって大虐殺があったという証拠にはならないのです。

三十万人の大虐殺というからには、それなりの物的証拠が必要です。ドイツが行なったユダヤ人虐殺は夥しい物的証拠（遺体、遺品、ガス室、殺害記録、命令書、写真その他）が多数残っており、今日でもなお、検証が続けられています。しかし「南京大虐殺」は伝聞証拠以外に物的証拠が出てきません。証拠写真の大半は、別事件の写真の盗用ないし合成による捏造であることが証明されています。

そもそも日中戦争は八年も行なわれていたのに、南京市以外での大虐殺の話はありません。八年間の戦争で、わずか二ヵ月間だけ、日本人が狂ったように中国人を虐殺したというのはあまりにも不自然です。とりわけ日本軍は列強の軍隊の中でもきわめて規律正しい軍隊で、それは世界も認めていました。

「南京大虐殺」とは、支那事変以降、アメリカで蔣介石政権が盛んに行なった反日宣伝活動のフェイクニュースでした。日本軍による「残虐行為」があったとアメリカのキリスト教団体とコミンテルンの工作員が盛んに宣伝し、「残虐な日本軍と犠牲者・中国」というイメージを全米に広めたのです。このイメージに基づいて、後年、第二次世界大戦後に開かれた「極東国際軍事裁判」（東京裁判）では、日本軍の悪行を糾弾する材料として「南京大虐殺」が取り上げられることになります。

実は東京裁判でもおかしなことがありました。この裁判では、上官の命令によって一人の捕虜を殺害しただけで絞首刑にされたBC級戦犯が千人もいたのに、三十万人も殺したはずの南京大虐殺では、南京司令官の松井石根（まついいわね）大将一人しか罪に問われていないのです。規模の大きさからすれば、本来は虐殺命令を下した大隊長以下、中隊長、小隊長、さらに直接手を下した下士官や兵などが徹底的に調べ上げられ、何千人も処刑されているはずです。しかし現実には、処刑されたのは松井大将一人だけでした。

東京裁判で亡霊の如く浮かび上がった「南京大虐殺」は、それ以降、再び歴史の中に消えてしまいます。「南京大虐殺」が再び姿を現すのは、東京裁判の四半世紀後のことでした。

昭和四六年（一九七一）、朝日新聞のスター記者だった本多勝一（ほんだかついち）が「中国の旅」という連載を開始しました。その中で本多は、「南京大虐殺」を取り上げ、日本人がいかに残虐なことをしてきたかを、嘘とデタラメを交えて書いたのです。これが再燃のきっかけとなりました。

この時の取材、本多の南京滞在はわずか一泊二日、「南京大虐殺」を語った証言者は中国共産党が用意したわずか四人でした。後に本多自身が「『中国の視点』を紹介することが目的の『旅』であり、その意味では『取材』でさえもない」と語っています。

本多の連載が始まった途端、朝日新聞をはじめとする日本の多くのジャーナリズムが「南京大虐殺」をテーマにして「日本人の罪」を糾弾する記事や特集を組み始めました。そうした日本国内での動きを見た中国政府は、これは外交カードに使えると判断したのでしょう。以降、執拗に日本政府を非難するようになったというわけです。本多勝一の記事が出るまで、毛沢東(もうたくとう)も周恩来も中国政府も、一度たりとも公式の場で言及したことはなく、日本を非難しなかったにもかかわらずです。それ以前は、中国の歴史教科書にも「南京大虐殺」は書かれていませんでした。

「なかったこと」を証明するのは、俗に「悪魔の証明」といわれ、ほぼ不可能なこととされています。つまり、私がここで書いたことも、「なかったこと」の証明にはなりません。ただ、客観的に見れば、組織的および計画的な住民虐殺という意味での『南京大虐殺』はなかった」と考えるのがきわめて自然です。

第十二章

大東亜戦争

第二次世界大戦への流れを眺める時、なぜ人類はこれを止めることができなかったのだろうかと、絶望的な気持ちになります。世界は第一次世界大戦をはるかに上回る規模の大戦争へと突入し、日本もアメリカと戦争を始め、中国と西太平洋が戦場となりました。

日本が戦争への道を進まずに済む方法はなかったのでしょうか――。

私たちが歴史を学ぶ理由は実はここにあります。特に近現代史を見る時には、その視点が不可欠です。歴史を事実を知るだけの学問と捉えるなら、それを学ぶ意味はありません。

「愚者は経験に学び、賢者は歴史に学ぶ」

これはドイツの名宰相オットー・フォン・ビスマルクの言葉です。もっともこれは原文をかなり意訳したもので、正確に訳すと次のような文章になります。

「愚かな者は自分の経験から学ぶと信じているばかりだ。私は最初から自分の過ちを避けるために、他人の経験から学ぶことを好む」

私たちもまた先人の経験から、悲劇を避ける術を学ばなくてはなりません。

全面戦争へ

「支那事変」は確固たる目的がないままに行なわれた戦争でした。乱暴な言い方をすれば、中国人の度重なるテロ行為に、お灸をすえてやるという世論に押される形で戦闘行為に入ったものの、気が付けば全面的な戦いになっていたという計画性も戦略もない愚かなものでした。

名称だけは「事変」となっていましたが、もはや完全な戦争でした。しかもこの戦いは現地の軍の主導で行なわれ、政府がそれを止めることができないでいるという異常なものでもありました。そこには五・一五事件や二・二六事件の影響があるのは明らかです。

支那事変が始まった翌年の昭和一三年（一九三八）には、「国家総動員法」が成立しました。これは「戦時に際して、労働力や物資割り当てなどの統制・運用を、議会の審議を経ずに勅令で行なうことができるようにした法律」です。具体的には、国家は国民を自由に徴用でき、あらゆる物資や価格を統制し、言論を制限しうるといった恐るべき法律でした。ちなみにこの法案の審議中、趣旨説明をした佐藤賢了陸軍中佐のあまりに長い答弁に、衆議院議員たちから抗議の声が上がったところで、佐藤が「黙れ!」と一喝したことがありました。このとき議員たちの脳裏に二年前の二・二六事件が浮かんだことは容易に想像できます。佐藤の恫喝後、誰も異議を挟まなくなり、狂気の法案はわずか一ヵ月で成立しました。

国力のすべてを中国との戦争に注ぎ込もうと考えていた日本はこの年、二年後に東京で開催予定であった「オリンピック」と「万国博覧会」(万博)を返上します。これは、もはや世界の国々と仲良く手を結んでいこうという意思がないことを内外に宣言したに等しい決断でした。

このオリンピックと万博の返上は陸軍の強い希望であったといわれています。

暴れるドイツ

同じ昭和一三年(一九三八)、ヨーロッパではドイツがオーストリアを併合し、チェコスロバキアのズデーテン地方を要求する事態となっていました。チェコは拒否しますが、ヒトラーは戦争をしてでも奪うと宣言します。イギリスとフランスの首相がヒトラーと会談しましたが（ミュンヘン会談）、英仏両国は、チェコを犠牲にすれば戦争は回避できると考え、ヒトラーの要求を全面的に受け入れます。そのためにチェコは自国領土の一部をむざむざとドイツに奪われました。

イギリスとフランスが取った「宥和政策」は当時、ヨーロッパの平和を維持するための現実的で勇気ある判断として大いに評価され、ミュンヘン会談を終えてロンドン郊外のクロイドン空港に降り立ったチェンバレン首相を、イギリス国民は大歓迎しました。

しかしこの「宥和政策」は、結果的にドイツに時間的、資金的な猶予を与えただけのものとなりました。結果論ではありますが、この時、イギリスとフランスが軍備を拡充して敢然とヒトラーに対峙していたならば、第二次世界大戦は避けられたかもしれません。仮に戦争になったとしても、全ヨーロッパが火の海となり、夥しい死者が出る悲惨な状況にはならなかったと思われます。狂気の独裁者に対して宥和政策を取るということは、一見、危険を回避したように見えますが、より大きな危険を招くことにもつながるという一種の教訓です。

ドイツはやすやすとズデーテン地方を奪った後、チェコスロバキアの制圧に乗り出します。スロバキアに独立を宣言させ、チェコをも保護下に置きながら、最終的には昭和一四年（一九三九）三月、軍事侵攻して全土を占領しました。そしてチェコ最大のシュコダ財閥の軍需工場を接収し、兵器を大量に増産すると、ソ連と「独ソ不可侵条約」を結んだ上で、九月一日にポーランドに電撃的に侵攻しました。おぞましいことに、ヒトラーとスターリンは事前にポーランドの分割を話し合っていたのです。

ポーランドと相互援助条約を結んでいたイギリスとフランスは、完全にメンツをつぶされ、二日後、ドイツに宣戦布告しました。ここに第二次世界大戦が幕を開けました。

コラム ドイツのユダヤ人迫害政策は、日本にも影響を与えていました。戦争が始まる前年から、東ヨーロッパのユダヤ人の一部はドイツの迫害から逃れるためにシベリア鉄道を使って上海のアメリカ租界を目指しました。しかし、ルートの途中にある満洲国の外交部が旅券を出さないため、国境近くのオトポール駅（現在のロシア、ザバイカリスク駅）で足止めされました。

それを知った関東軍の樋口季一郎少将（当時）はユダヤ人に食料・衣服・医療品などを支給した上で、上海租界へ移動できるように便宜を図りました。この「ヒグチルート」と呼ばれるルートを通って命を救われたユダヤ人は、明らかになっているだけで四千三百七十人以上（一説には二万人）とされています。

このことを知ったドイツは、日本に対して強く抗議しました。前々年に「日独防共協定」を結び、ドイツと良好な関係を保ちたいと考えていた関東軍内部でも樋口の処分を求める声が高まりました。しかし時の関東軍参謀長、東條英機は樋口の行動を不問とし、ドイツに対して「人道上の当然の配慮である」として、その抗議をはねのけました。

なお樋口は昭和二〇年（一九四五）、北方防衛の第五方面軍司令官として、ポツダム宣言受諾後に、樺太や千島列島に軍事侵攻してきたソ連軍と戦っています。この時、麾下の九十一師団が占守島の戦いでソ連軍に痛撃を与え、彼らを足止めしたことによって、北海道侵攻を食い止めたといわれています。戦後、ソ連は樋口を戦犯として起訴しようとしますが、それを知った世界ユダヤ人会議をはじめとするユダヤ人たちが様々なネットワークを使って樋口の助命嘆願を行ない、戦犯リストから外させました。

樋口と陸軍士官学校の同期であった安江仙弘陸軍大佐もユダヤ人救出に尽力した軍人でした（戦後、ソ連軍に逮捕されシベリアの収容所で病死）。

また、昭和一五年（一九四〇）、リトアニアの日本領事館に勤めていた杉原千畝は、ユダヤ人難民に日本へ入国するためのビザを発行して、約六千人のユダヤ人を救いました。この時、杉原が日本政府（外務省）の命令に反してビザを発行したと書かれている本もありますが、いかにビザがあっても政府が拒否すればユダヤ人は日本に入国できません。つまりユダヤ人亡命は、時の日本政府が黙認していたということです。これらのエピソードから、当時の日本政府にも陸軍にも民族差別の意識がなかったこと、そして人道主義の立場を取っていたことがうかがえます。

樋口が多くのユダヤ人を救ったエピソードは現代のユダヤ人コミュニティでも広く知られており、イスラエルでは、建国に功労のあった人物の名を刻む「ゴールデンブック」に、樋口季一郎の名が刻まれています。

第二次世界大戦

第二次世界大戦の始まりは奇妙なものでした。イギリスとフランスはドイツに対して宣戦布告したものの、実際にドイツに攻め込むことはしなかったからです。大西洋でのドイツ潜水艦による通商破壊戦の攻防はありましたが、八ヵ月間、陸上での戦いはほとんどありませんでした。そのためイギリスでは「まやかし戦争」(Phoney War)、フランスでは「奇妙な戦争」(Drôle de guerre) と呼ばれました。つまりイギリスもフランスも、建前上、ドイツに宣戦布告したものの、本心は戦争をする気などなかったのです。イギリス国民の多くは、その年の暮れには戦争は終わるだろうと考えていました。

当時、ドイツ軍は主力を東部戦線に移しており、イギリス軍とフランス軍が一挙に攻め込めば、ドイツ軍は総崩れになったであろうといわれています。ドイツ軍首脳は、フランスとの国境線に大軍を配備しておくべきと主張しましたが、英仏のそれまでの宥和的態度から、戦う意思がないと見抜いていたヒトラーは、西部戦線をがら空きにして主力をポーランドに集中させます。

　ドイツはポーランドを完全に制圧すると、今度は主力を西部戦線に移し、昭和一五年（一九四〇）五月、英仏軍に一気に襲いかかりました。両国軍はあっという間に撃破され、イギリス軍はヨーロッパ大陸から駆逐され、フランスは首都パリと国土の五分の三を占領されました。ドイツ軍の破竹の進撃を見たイタリアもイギリス、フランスに宣戦布告しました。

　驚異的な軍事力によってあっという間に西ヨーロッパを席巻したドイツの勢いを目の当たりにした日本陸軍内に、「バスに乗り遅れるな」という声が生まれ、一種の流行語となりました。このことを深く憂慮した昭和天皇は、親英米派で日独伊三国同盟には反対の立場を取っていた海軍大将米内光政を内閣総理大臣に推挙しました（形式上は湯浅倉平内大臣の推挙）。昭和天皇が個人名を挙げて首相に推挙するのは例のないことです。いかに昭和天皇がドイツやイタリアとの同盟に反対していたかの証左です。

　しかし昭和一五年（一九四〇）六月にドイツがフランスを降伏させると、陸軍は倒閣運動を行ない、同年七月に米内内閣を総辞職に追い込みました。新たに誕生した第二次近衛文麿内閣は同年九月に「日独伊三国同盟」を締結します。朝日新聞は、これを一大慶事のように報じました。しかしこの同盟は、実質的には日本に特段のメリットはなく、アメリカとの関係を決定的に悪くしただけの、実に愚かな選択だったといわざるを得ません。

もっともアメリカのルーズベルト民主党政権はこれ以前から、日本を敵視し、様々な圧力をかけていました。前年の昭和一四年（一九三九）には、日米通商航海条約破棄を通告し、航空機用ガソリン製造設備と技術の輸出を禁止していました。

また、アメリカやイギリスは、日本と戦闘状態にあった中華民国を支援しており、「援蔣ルート」を使って軍需物資などを送り続けていました。「援蔣ルート」は主に四つありましたが、最大は「仏印（フランス領インドシナ）ルート」と呼ばれたもので、ハノイと昆明を結んでいました。

日本は仏印ルートの遮断を目的として、昭和一五年（一九四〇）、北部仏印（現在のベトナム北部）に軍を進出させました。これはフランスのヴィシー政権（昭和一五年【一九四〇】にドイツに降伏した後、中部フランスの町ヴィシーに成立させた政府）と条約を結んで行なったものでしたが、アメリカとイギリスは、ヴィシー政権はドイツの傀儡であり日本との条約は無効だと抗議しました。しかし日本はそれを無視して駐留を続けたのです。

「援蔣ルート」をつぶされたアメリカは、日本への敵意をあらわにし、同年、特殊工作機械と石油製品の輸出を制限、さらに航空機用ガソリンと屑鉄の輸出を全面禁止しました。

アメリカから「対日経済制裁」の宣告を受けた日本は、石油が禁輸された場合を考え、オランダ領インドネシアの油田権益の獲得を目論みます。当時、オランダ本国はすでにドイツに占領されていましたが、植民地のインドネシアはロンドンのオランダ亡命政府の統治下にありました。

翌昭和一六年（一九四一）、日本軍はさらに南部仏印（現在のベトナム南部）へと進出しました。アメリカのルーズベルト政権はこれを対米戦争の準備行動と見做し、在米日本資産凍結令を発布します。イギリスとオランダもこれに倣いました。そして同年八月、アメリカはついに日本への石油輸出を全面的に禁止したのです。

当時、日本は石油消費量の約八割をアメリカから輸入していました。それを止められるということは、息の根を止められるのに等しいことでした。日本はオランダ領のインドネシアから石油を輸入しようとしましたが、オランダ亡命政府（当時はイギリスからカナダに拠点を移していた）は、アメリカとイギリスの意向を汲んで日本には石油を売りませんでした。

この時、日本の石油備蓄は約半年分だったといわれています。つまり半年後に日本は軍艦も飛行機も満足に動かせない状況に陥るということでした。もちろん国民生活も成り立たなくなります。まさに国家と国民の死活問題でした。

日本は必死で戦争回避の道を探りますが、ルーズベルト政権には妥協するつもりはありませんでした。それどころかルーズベルト政権は日本を戦争に引きずり込みたいと考えていたと指摘する歴史家もいます。

アメリカがいつから日本を仮想敵国としたのかは、判然としませんが、大正一〇～一一年（一九二一～一九二二）のワシントン会議の席で、強引に日英同盟を破棄させた頃には、いずれ日本と戦うことを想定していたと考えられます。その底意を見抜けず、日英同盟を破棄して、お飾りだけの平和を謳った「四ヵ国条約」を締結してよしとした日本政府の行動は、国際感覚が致命的に欠如していたとしかいいようがありません。

それから約二十年後の昭和一四年（一九三九）には、アメリカははっきりと日米開戦を想定していたといえます。ただルーズベルト大統領は、第二次世界大戦が始まっていた昭和一五年（一九四〇）の大統領選（慣例を破っての三期目の選挙）で、「自分が選ばれれば、外国との戦争はしない」という公約を掲げて当選していただけに、自分から戦争を始めるわけにはいかなかったのです。彼は「日本から戦争を仕掛けさせる方法」を探っていたはずで、日本への石油の全面禁輸はそのための策の一つだったのでしょう。

開戦前夜

日本はそれでもアメリカとの戦争を何とか回避しようと画策しました。アメリカと戦って勝てないことは政府も軍もわかっていたからです。

しかし日本の新聞各紙は政府の弱腰を激しく非難しました。満洲事変以来、新聞では戦争を煽る記事や社説、あるいは兵士の勇ましい戦いぶりを報じる記事が紙面を賑わすことが常となっていました。なかには荒唐無稽な創作記事も数多くありました。東京日日新聞（現在の毎日新聞）の「百人斬り」の記事などはその典型です。これは支那事変で陸軍の二人の少尉が、「どちらが先に敵を百人斬るかという競争をした」という事実誤認に満ちた根拠薄弱な内容でした。しかし戦後、この記事が原因で、二人の少尉は南京軍事法廷で死刑判決を受け、銃殺刑に処されています（毎日新聞は現在も記事の内容は真実であったと主張している）。ちなみに「日独伊三国同盟」を積極的に推したのも新聞社でした。

そんな中、昭和一六年（一九四一）十一月二十七日、アメリカのルーズベルト政権はそれまでの交渉を無視するかのように、日本に対して強硬な文書を突き付けてきました。この文書は当時の国務長官コーデル・ハルの名前をとって「ハル・ノート」と呼ばれていますが、最も重要な部分は、「日本が仏印と中国から全面撤退する」という項目でした。これは日本としては絶対に呑めない条件でした。この時点で、日米開戦は不可避になったといえます。

実はこのハル・ノートを見た日本軍首脳部の開戦派は、「天祐」と言ったとされています。つまり「戦争をするしかない」状況になったからです。それまで戦争を回避したいと考えていた閣僚らも開戦に強く反対しなくなり、アメリカとの戦争には消極的な立場を取っていた海軍もここで開戦の決意を固めたといわれています。

とはいっても、ハル・ノート受領の前日には、択捉島の単冠湾から聯合艦隊の空母部隊がハワイに向けて出撃しています（攻撃決定は十二月二日）。艦隊が単冠湾に集結したのが十一月二十二日、真珠湾攻撃のための猛訓練を始めたのが同年五月であったことを見れば、日本政府が戦争回避を試みる一方、軍は戦争開始の準備を着々と進めていたことがわかります。

ただし、ハル・ノートの解釈については後年議論の的になっている点があります。「日本が中国から撤退」という要求の文章の「中国」についてです。原文は「China」となっていますが、この「China」が中華民国を指すのか、それとも満洲まで含めた地域を指すのかが明確にされていなかったのです。日本側は「満洲」を含めた地域と解釈しましたが、実はアメリカ側は、満洲は考慮に入れていなかったともいわれています。

戦後、この経緯を調べたピューリッツァー賞受賞作家のジョン・トーランドは、当時の日本の閣僚らに、もし満洲を含まないと知っていたら開戦していたかと訊ねています。すると多くの人は、「それならハル・ノートを受諾した」「開戦を急がなかったであろう」と答えています。もっとも、何としても日本を戦争に引きずり込みたいと考えていたルーズベルトは、別の手段で日本を追い込んだに違いありません。
とまれ賽は投げられました。

真珠湾攻撃

昭和一六年（一九四一）十二月八日未明、聯合艦隊の空母から飛び立った日本海軍の航空隊はハワイの真珠湾に停泊するアメリカ艦隊を攻撃しました。日本軍は戦艦四隻を撃沈し、基地航空部隊をほぼ全滅させます。ただ、この時、在アメリカ日本大使館員の不手際で宣戦布告が攻撃後になってしまいました。

同日、台湾から海軍の航空隊が出撃し、フィリピンのクラーク基地のアメリカ航空部隊を全滅させています。さらに同日、日本陸軍はマレー半島に上陸し、イギリス軍をも打ち破っています。日本がアメリカとイギリスに対して同時に開戦したのは、オランダ領インドネシアの石油を奪うためでした。そのためにはシンガポールのイギリス軍を撃破しなければならず、また手に入れた石油を日本に送るのに東シナ海を通るため、その航路を遮る位置にあるアメリカのクラーク基地を無力化する必要がありました。真珠湾のアメリカ艦隊を叩いたのも同じ理由からです。

同日、日本はアメリカとイギリスに対して宣戦布告を行ないました。同時に支那事変も正式に戦争となりました。ここに至りインドシナ半島や太平洋を含めた史上最大規模の大戦争の火蓋が切られたのです。

日本軍は緒戦だけは用意周到に作戦を練っていましたが、大局的な見通しはまったくありませんでした。そもそも工業力が十倍以上も違うアメリカとの長期戦では一〇〇パーセント勝ち目はありません。しかしハル・ノートを受け入れれば、日本は座して死を待つことになりかねません。そうなれば、七十年前の幕末の悪夢が再びやってくる恐れがありました。欧米の植民地にされてしまうという恐怖です。

当時の世界は、現代とは比べものにならないほど、露骨な弱肉強食の原理で動いていました。アジア、アフリカ、南米に有色人種の独立国はほとんどなく、多くの有色人種たちがひたすら搾取され、奴隷のような扱いを受けていました。ヨーロッパの白人種の国でも弱小国はソ連やドイツに次々に解体されていきました。

何しろ国際連盟で「人種差別撤廃」の規約が否決された時代です。国力を失った有色人種の極東の島国の運命は暗澹たるものになると、日本の政府や軍人たちが危惧したのも無理はありません。

後の話になりますが、戦後、アメリカ軍の南西太平洋司令長官であり、日本占領軍の最高司令官でもあったダグラス・マッカーサーは、昭和二六年（一九五一）、アメリカ上院軍事外交合同委員会の場において、「日本が戦争に飛び込んでいった動機は、大部分が安全保障の必要に迫られてのものだった」と述べています。つまり敵将さえもが、先の大戦は日本の侵略ではなく自衛のための戦争であったと明言したのです。

日本の真珠湾攻撃はルーズベルト大統領にとっては願ったり叶ったりでした。彼は「日本軍は宣戦布告なしの卑怯な攻撃を行なった」と、アメリカ国民に強く訴えます。ここで戦争反対だったアメリカの世論が一夜にして「リメンバー・パール・ハーバー」の合言葉とともに変じ、一気に戦争へと向かっていったのです。

ところで、現代のアメリカ人の中にも、広島・長崎への原爆投下と東京大空襲は日本の汚い攻撃に対する報復だと言う人は少なくありませんし、日本人の中にも真珠湾攻撃は騙し討ちだったと言う人がいます。

しかし有史以来、宣戦布告をしてから戦争を行なったケースは実はほとんどないのです。第一次世界大戦と第二次世界大戦がむしろ例外的といっていいでしょう。当のアメリカも幾度も戦争をしていますが、そのほとんどの場合、宣戦布告なしに攻撃を行なっています。つまり真珠湾攻撃を卑怯なやり口と言い募ったのは、完全なプロパガンダなのです。ちなみに戦争終結間際にソ連は「日ソ中立条約」を一方的に破棄して、日本に対して戦闘を開始しましたが、モスクワの駐ソ大使に宣戦布告文を手渡したのは攻撃の一時間前でした。しかも駐ソ大使から日本本国への電報はソ連の電信局が送信しなかったため、実質的には奇襲攻撃となっています。

ただ残念なのは、そうした事態になることを恐れた聯合艦隊司令長官の山本五十六（やまもといそろく）が、くれぐれも真珠湾攻撃の前に宣戦布告文書をアメリカに手渡すようにと言っていたにもかかわらず、ワシントンの日本大使館員らがそのことを重く受け止めていなかったことです。

日本の攻撃を喜んだ人物がもう一人いました。イギリス首相のウィンストン・チャーチルです。日米開戦の報告を受けたチャーチルは大喜びし、すぐにルーズベルトに電話しました。ルーズベルトの「いまやわれわれは同じ船に乗ったわけです」という言葉を聞いたチャーチルは、これで戦争に勝てると確信しました。

彼はこの時の興奮と喜びを後に回顧録『第二次大戦』で次のように書いています。

「感激と興奮とに満たされ、満足して私は床につき、救われた気持で感謝しながら眠りについた」

さらにこうも書いています。

「ヒトラーの運命は決まった。ムッソリーニの運命も決まったのだ。日本人についていうなら、彼らはこなごなに打ちくだかれるだろう」

ドイツとイタリアに関しては個人の滅亡にのみ言及していますが、日本に対しては民族全体の運命に言及しています。たまたまの表現なのかもしれませんが、私はチャーチルの白人種以外への差別意識が表われたと見ています。ちなみに彼は昭和二八年（一九五三）にこの回顧録でノーベル文学賞を受賞しています。

戦争目的を失った日本

開戦四日後の昭和一六年（一九四一）十二月十二日、日本はこの戦争を「大東亜戦争」と名付けると閣議決定しました。したがって、この戦争の正式名称は「大東亜戦争」です。現代、一般に使われている「太平洋戦争」という名称は、実は戦後に占領軍が強制したものなのです。

「大東亜戦争」は前述したように緒戦は日本軍の連戦連勝でした。開戦と同時にアメリカの真珠湾とフィリピンのクラーク基地を叩き、三日目にはイギリスの東洋艦隊のプリンス・オブ・ウェールズとレパルスという二隻の戦艦を航空攻撃で沈めました。さらに難攻不落といわれていたイギリスのシンガポール要塞を陥落させました。

そしてこの戦争の主目的であったオランダ領インドネシアの石油施設を奪うことに成功します。日本軍がパレンバンの油田を占領したと聞いた東條英機首相は、「これで石油問題は解決した」と言いましたが、彼も政府（そして軍）も、油田を占領することと石油を手に入れることは同じではないということに気付いていませんでした。結論をいえば、日本はせっかく奪った油田から、多くの石油を国内に輸送することができなかったのです。

開戦前、日本政府はインドネシアの石油やボーキサイト（アルミニウムの原料）を日本に送り届けるための輸送船を民間から徴用することに決めていました。しかし軍が必要とするだけの数を徴用すると、国内の流通に支障をきたすため、軍は「半年だけ」という条件で無理矢理に民間船を徴用したのです。

ところが、インドネシアからの石油などの物資を運ぶ輸送船や油槽船が、アメリカの潜水艦によって次々と沈められる事態となります。それでも海軍は、輸送船の護衛など一顧だにせず、聯合艦隊の誇る優秀な駆逐艦が護衛に付くことは一切ありませんでした。「聯合艦隊はアメリカの太平洋艦隊を撃破するためのもので、鈍足の輸送船を護衛するためのものではない」というのが上層部の考えだったからです。

海軍は、かつて日本海海戦でバルチック艦隊を壊滅させて日露戦争に勝利したように、大東亜戦争もアメリカの太平洋艦隊を壊滅させれば終結すると考えていました。そのため艦隊決戦こそが何よりも優先されるという思い込みを持っており、輸送船の護衛などは考えもしなかったのです。海軍では船舶の護衛任務を「くされ士官の捨て所」と呼んで軽侮していましたし、陸軍にも「輜重輪卒（物資の輸送をする兵）が兵隊ならば蝶々トンボも鳥のうち」と輜重兵を馬鹿にしたざれ歌がありました。戦争が、輸送や生産も含めた総力戦であるという理解が欠如していたのです。

身を守る手段のない輸送船は大量に撃沈されました。それで「半年だけ」という約束は反故にされ、軍はさらに民間船を徴用することになります。そのため戦場では勝利を収めながらも、国内経済は行き詰まっていくという矛盾した状況に陥りました。

石油を含む物資の不足が、工業生産力の低下を招き、戦争継続が困難な状況になったにもかかわらず、軍はそのあたりをまったく把握・理解できていませんでした。

驚くべきデータがあります。公益財団法人「日本殉職船員顕彰会」の調べによれば、大東亜戦争で失われた徴用船は、商船三千五百七十五隻、機帆船二千七十隻、漁船千五百九十五隻、戦没した船員と漁民は六万人以上にのぼります。その損耗率は何と約四三パーセントです。これは陸軍兵士の損耗率約二〇パーセント、海軍兵士の損耗率約一六パーセントをはるかに超えています。

彼ら民間の船員たちは、海外から石油を含む貴重な物資を命懸けで運んだにもかかわらず、石油は軍に優先的に回され、国民には満足に行き渡りませんでした。それでも軍需物資の不足に悩む政府は、昭和十七年（一九四二）五月に、金属類回収令を発動し、寺の梵鐘（ぼんしょう）、橋の欄干、銅像、さらに一般家庭にある余った鍋釜や鉄瓶、火箸に至るまで強制的に供出させたのです。これにより国民生活は一層逼迫しました。この時点で、戦争継続は不可能な状況といえました。

コラム 「大東亜戦争は東南アジア諸国への侵略戦争だった」と言う人がいますが、

この見方は誤りです。というより、正確な意味での侵略ではありません。日本は中国以外のアジア諸国とは戦争をしていないからです。日本が戦った相手は、フィリピンを植民地としていたアメリカであり、ベトナムとカンボジアとラオスを植民地としていたフランスであり、インドネシアを植民地としていたオランダであり、マレーシアとシンガポールとビルマを植民地としていたイギリスでした。日本は東南アジアを植民地支配していた列強四ヵ国と戦って、彼らを駆逐したのです。

日本が「大東亜共栄圏」という理想を抱いていたのはたしかです。「大東亜共栄圏」とは、日本を指導者として、欧米諸国をアジアから排斥し、中華民国、満洲、ベトナム、タイ、マレーシア、フィリピン、インドネシア、ビルマ、インドを含む広域の政治的・経済的な共存共栄を図る政策でした。昭和一八年（一九四三）には東京で、中華民国、満洲国、インド、フィリピン、タイ、ビルマの国家的有力者を招いて「大東亜会議」を開催しています。また同年八月一日にビルマを、十月十四日にフィリピンの独立を承認しています（ただし、アメリカとイギリスは認めなかった）。

残念ながら日本の敗戦により、「大東亜共栄圏」が実現されることはありませんでしたが、戦後、アメリカやイギリスなど旧宗主国は再びアジアの国々を支配することはできず、アジア諸国の多くが独立を果たしました。この世界史上における画期的な事実を踏まえることなく、短絡的に「日本はアジアを侵略した」というのは典型的な自虐史観による見方です。

ミッドウェー海戦と言霊主義

昭和一七年（一九四二）六月、聯合艦隊はミッドウェー海戦で、主力空母四隻を失うという致命的な大敗を喫しました。この戦いは運に見放された面もありましたが、日本海軍の驕りと油断が多分にあったことも確かです。

たとえば開戦前のシミュレーションの際、日本の空母に爆弾が命中して攻撃能力を失う事態に陥った時、参謀の一人が空母の被害を低めに修正させて図上演習を続けています。また作戦前に「もし敵空母がやってきたら」と問われた航空参謀は、「鎧袖一触です」とこともなげに答えていたという話もあります。「鎧袖一触」とは「刀を抜くまでもなく、鎧の袖を当てただけで相手を倒してしまう」という意味の言葉です。ここには具体的な対策案はありません。単なる思い込みです。その発言が事実であったかどうかは不明ですが、ミッドウェー海戦全体をあらためて眺めると、そこには上層部の油断や傲慢が随所に見られます。

そして私はここに「言霊主義」の悪しき面を見ます。つまり「悪い結果は口にしないし、想定もしない」で、「いいことだけを言う」という日本人に特有の精神です。この後も、日本軍は「言霊主義」に囚われ、太平洋の各戦場でひとりよがりの作戦を立てて敗北を重ねていきます。

もう一つ日本軍の大きな欠点は情報を軽視したことです。その典型が昭和一七年（一九四二）八月に始まったガダルカナル島攻防戦でした。

この島をアメリカ軍に奪われたと聞いた大本営はただちに奪回を試みますが、アメリカ軍の兵力を二千人くらいと根拠もなく見積もり、それなら九百人ほどで勝てるだろうと一木支隊を送り込みました。敵の半分の兵力で勝てると考えるのも大いに問題ですが、実際にはアメリカ軍は一万三千人もいたのです。また日本軍が持っていない重砲などを装備していました。

アメリカ軍陣地に突撃した八百人の兵士のうち七百七十七人が一夜にして死亡しました。その報を受けた大本営は、それではと今度は五千人を送り込みます。しかしアメリカ軍はさらに一万八千人まで増強していました。

結局、ガダルカナル島をめぐる攻防戦は半年近くにわたって行なわれ、日本軍は夥しい人的被害を出し大量の航空機と艦艇を失って敗退します。しかもガダルカナル島で亡くなった陸軍兵の多くは餓死でした。この戦いでは、日本の誇る世界最強の戦艦である大和と武蔵は一度も出撃していません。兵力を温存したかったという理由もありますが、石油不足のために動かせなかった（大和型戦艦は大量に重油を消費する）という面もありました。輸送船を護衛しなかったツケが開戦後一年も経たないうちにまわってきたのです。

コラム　大東亜戦争を研究すると、参謀本部（陸軍の総司令部）も軍令部（海軍の総司令部）も「戦争は国を挙げての総力戦である」ということをまったく理解していなかったのではないかと思えます。国民に鍋や釜まで供出させながら、一方で夥しい無駄を放置しているからです。たとえば前述の輸送船問題にどう対応したかといえば、どうせすぐに沈められるのだからと適当な設計で「戦時標準船」という名前の粗製濫造ともいえる船を作り、実際に次々に沈められています。

無駄といえば、零戦の製作にもありました。三菱零式艦上戦闘機は日本海軍の主力戦闘機ですが、その製造の実態を知れば多くの人は耳を疑うでしょう。零戦は名古屋の三菱工場で作られましたが、工場の近くには飛行場がありませんでした。そのため完成した零戦をいったんバラバラにして、牛が引く荷車三台に載せて、約四〇キロ離れた岐阜の各務原（かかみがはら）飛行場まで一昼夜かけて運び、そこであらためて組み立ててから全国の基地に向けて飛ばしたのです。

なぜ馬ではなく牛を使ったのかといえば、「名古屋―各務原」間は道路が舗装されておらず、スピードが出る馬車だとせっかく作った零戦が壊れるからです。同様の理由でトラックも使えませんでした。当時、飛行機といえば世界最高のテクノロジー兵器であり、零戦の性能は世界標準の素晴らしいものでした。その兵器を牛で運んでいたのです。普通なら工場の横に飛行場を作るか、その逆か、あるいは道路を広げて舗装するかという話になるはずですが、それぞれの管轄が別という縦割り行政のせいで、この冗談かと思うほど非効率な状況は終戦まで改善されませんでした。さらに、戦争が激化すると、工場の熟練工も召集され戦場へ送られました。代わりに中学生や女学生を勤労学生として工場に送り込みましたが、当然一流の職工の代わりになるはずもなく、零戦の不良品が相次ぐこととなります。

アメリカではもとより兵器は大量生産しやすいように設計され、熟練工でなくても作れる工程が組まれていました。日本の同盟国ドイツでは軍需大臣のアルベルト・シュペーアが徴兵の権限まで持っていたため、一流の職人や工場労働者は戦場に送りませんでした。したがって戦争末期まで工業生産力が低下しなかったのです。またドイツは敗戦の前年でも国民一人当たりのカロリー摂取量は戦前と同じレベルを保っていました（同時期の日本はドイツの三分の二しかない）。アメリカもドイツも、戦争は総合力であるということを知っていたのです。ただ、それは第一次世界大戦の厳しい体験を通じて学んだ部分が大きかったといえます。

一方、日本はそれを学ぶ機会がありませんでした。日本にとって直近の大戦争は日露戦争であり、戦争は局地戦で勝利すれば勝てるという誤った教訓を身に付けてしまったのです。

海軍と陸軍の対立もひどいものでした。一例を挙げると、銃や弾丸の規格と仕様さえも違っていたのです。世界の軍隊でこんな例はありません。

似た話としては、インドネシアの石油施設を多く取ったのは陸軍でしたが、実は陸軍は海軍ほど石油を使いません。それなのに現地で余った石油を海軍には回しませんでした。そのため海軍は常に重油不足で、聯合艦隊の行動に制限がかけられていました。見るに見かねた陸軍の士官が海軍に石油を回したことがありましたが、彼は軍から厳しい叱責を受けています。そもそも石油を確保するために始めた戦争であったにもかかわらず、完全にその目的を見失っていたのです。

別の例を挙げると、軍用機メーカーの中島飛行機は海軍と陸軍の飛行機を作っていましたが、同じ会社の敷地内に別々の建物を作り、お互いに徹底した秘密主義で建物に囲いまで作って互いの設計図や工程を見せないようにしていました。共同で開発していこうなどという気は皆無だったのです。

海軍と陸軍の国益に反する対立は枚挙にいとまがありませんが、こうしたことを見ると、はたして当時の日本陸軍と海軍は、本気で戦争に勝つ気があったのだろうかとさえ思えてきます。

私が最も腹立たしく思うのは、当時の日本軍上層部が失敗の責任を取らなかったことです。将官クラス（大将、中将、少将）はどんなひどい作戦ミス、判断ミスをしても、そのことで責任を取らされることは一切ありませんでした。そのため大戦中に同じ失敗を繰り返していたのです。

信賞必罰ではなく、出世は陸軍士官学校と海軍兵学校（および陸軍大学校と海軍大学校）の卒業年次と成績で決められていました。個々人の能力はほとんど考慮されず、いくら能力が高くても、上の人間を追い越すことはできませんでした。士官学校や兵学校の成績というのはほとんどペーパーテストです。つまり答えが決まっている問題を解く能力が問われるにすぎません。これに対し、実際の戦場には答えがありません。前例のない問題が常に繰り出されるような状態、つまりペーパーテストに強いマニュアル人間が最も苦手とする分野といえるでしょう。この頃の軍人は、戊辰戦争や西南戦争を経験した日清戦争や日露戦争の司令官クラスとはまるで違っていたのです。

敢えていえば、大戦中の日本軍の指揮官クラスは現代の官僚に似ていると思います。いや、現代の官僚が当時の軍人に似ているというべきでしょうか。いずれも答えのある問題には強いですが、前例のない事態への対応力は格段に落ちます。そして失敗の責任を取らされることはありません――。

余談ですが、宣戦布告の文書を、不手際でハル国務長官に手渡すのが遅れた日本大使館員のキャリア外交官たちは、何一つ責任を取らされないばかりか、戦後は、GHQによって公職追放された来栖三郎（くるすさぶろう）以外は、ほとんどが出世しています。これでは、宣戦布告の遅れを国が黙認していたと、アメリカに受け取られても仕方がありません。

ところで、アメリカ海軍の強さはその能力主義と柔軟な人事にありました。チェスター・ニミッツは、その実戦能力を認められ、日米開戦となった時は序列二十八番目の少将から中将を飛ばして大将に昇進し、太平洋艦隊司令長官に就任しています。

一方、失敗の責任は厳しく追及されました。ハズバンド・キンメル海軍大将は日本の真珠湾攻撃で戦艦四隻を失った責任を問われ解任されています。ちなみにキンメルの死後、平成一一年（一九九九）、キンメルの名誉回復が上院で採択され、翌平成一二年（二〇〇〇）、下院でも採択されましたが、時の大統領ビル・

＝クリントンも、次の大統領のジョージ・W・ブッシュも署名を拒否しています。＝

無意味な戦い

昭和一八年（一九四三）の時点で、日本の国内経済はすでにガタガタになっており、生産力は著しく低下していました。アメリカとの戦争継続の見通しはかなり厳しくなっていましたが、アメリカの本格的な反攻がなかったためか、講和の画策をした形跡がありません。一方、中国大陸に限っては戦いを有利に進めていました。

ただアメリカはその一年間休んでいたわけでは決してありませんでした。ヨーロッパ戦線を戦いながら、日本への反攻準備を着々と整えていたのです。

一番の武器は大型空母でした。真珠湾攻撃を見て空母の有効性を確認したアメリカは、大型空母（エセックス級と呼ばれるもので、第二次世界大戦中の最強の空母）の建造隻数を大幅に増やしたのです。その結果アメリカが終戦までの間に十八隻ものエセックス級空母を就役させたのに対し、日本が戦争中に就役させて実戦に投入できた正規空母は一隻のみでした。ちなみに開戦時、アメリカが保有していた中型以上の空母は七隻、日本は六隻でしたが、アメリカは大西洋にも空母を展開していたので、太平洋側では日本が優勢でした。しかしわずか三年で大逆転しました。

昭和一九年（一九四四）六月に行なわれたマリアナ沖海戦で、新型空母をずらりと揃えたアメリカの機動部隊の前に、日本の聯合艦隊は完敗を喫します。その戦力差はもはや圧倒的といえるほど開いていました。

この戦いで大本営が掲げていた絶対国防圏が破られ、サイパン島が奪われました。これは日本の命運を握られたともいえる事態でした。というのも、サイパンからは大型爆撃機B－29が直接日本を空襲することが可能だったからです。

この時、国務大臣でもあった岸信介（きしのぶすけ）（戦後、首相になる）らは「本土爆撃が繰り返されれば必要な軍需を生産できず、軍需次官としての責任を全うできないから講和すべし」と首相の東條英機に進言しました。東條は「ならば辞職せよ」と言いましたが、岸は断固拒絶しました。東條の腹心だった東京憲兵隊長が岸の私邸を訪れ、軍刀をがちゃつかせて恫喝しても岸は動じませんでした。結果、閣内不一致となり、同年七月、東條内閣はサイパン失陥の責任を取る形で総辞職となります。

現代でもメディアや文化人などが、東條英機をヒトラーやムッソリーニなどの独裁者と同列に並べることがありますが、この一事を見てもそうではないことがわかります。日本は戦争中であっても議院内閣制を堅持していたのです。

後の評論家の多くは、この時に不利な条件でも講和すべきだったと言いますが、すでにこの時点ではアメリカは無条件降伏に近いものしか認めなかったでしょうし、大本営と陸軍がそれを呑んだとは考えられません。つまるところ、行き着くところまで行く運命にあったといえるのです。

神風特攻隊

前述のように、日本は中国大陸での戦いでは常に優勢でしたが、昭和一九年（一九四四）秋の時点で、アメリカを相手にした太平洋での戦いはもはや絶望的でした。聯合艦隊はほとんどの空母を失っており、強大な空母部隊を擁するアメリカ艦隊に対抗できる力などあるはずもなかったのですが、それでも降伏しない限りは戦い続けなくてはなりませんでした。

同年十月、日本はフィリピンでアメリカ軍を迎え撃ちます。追い詰められた日本海軍は、人類史上初めて航空機による自爆攻撃を作戦として行ないました。神風特攻隊です。神風特攻隊は最初はフィリピンでの戦いの限定的作戦でしたが、予想外の戦果を挙げたことから、なし崩し的に通常作戦の中に組み入れられました。

しかし陸海軍の必死の攻撃の甲斐もなく、フィリピンはアメリカに奪われ、日本陸海軍兵士五十一万八千人が戦病死します。フィリピンを奪われたことで、南方と日本をつなぐシーレーンは完全に途絶え、ついに石油は一滴も入ってこない状態となりました。

もっともその前から護衛のない日本の油槽船はアメリカ潜水艦の餌食となっていて、昭和一九年（一九四四）には、インドネシアから国内へ送られた原油はわずか七九万リットルでした（戦前、アメリカから輸入していた原油は年間五〇〇〇万リットル）。もはや戦争どころか国民生活さえ維持できない状況となっていたのです。

翌昭和二〇年（一九四五）、アメリカ軍はついに沖縄にやってきました。日本軍は沖縄を守るために、沖縄本島を中心とした南西諸島に七万以上の兵士を配置しました。さらに陸軍と海軍合わせて約二千機の特攻機が出撃しました。また聯合艦隊で唯一残った戦力といえる戦艦大和も出撃しましたが、のべ四百機近いアメリカ空母艦載機の攻撃により、坊ノ岬沖であえなく沈められました。

戦後の今日、「日本は沖縄を捨て石にした」と言う人がいますが、これは完全な誤りです。日本は、沖縄を守るために最後の力をふり絞って戦ったのです。もし捨て石にするつもりだったなら、飛行機も大和もガソリンも重油も本土防空および本土決戦のために温存したでしょう。

沖縄は不幸なことに地上戦となり、約九万四千人もの民間人が亡くなりました。沖縄出身の兵士は二万八千人以上が亡くなっていますが、沖縄以外の出身の兵士も約六万六千人が亡くなっています。決して沖縄を捨て石になどしていなかったのです。

悪魔の如きアメリカ軍

アメリカ軍は沖縄を攻略する前に、昭和二〇年（一九四五）三月に東京大空襲を行なっています。これはアメリカが日本の戦意を挫くために、一般市民の大量殺戮を狙って行なわれたものでした。

この作戦を成功させるために、アメリカ軍は関東大震災や江戸時代の明暦（めいれき）の大火についてまで調べ、どこを燃やせば日本人を効果的に焼き殺せるかを事前に研究し尽くして、空襲場所を浅草区、深川区、本所区などを中心とする民家密集地帯に決めました。またどのような焼夷弾が有効かを確かめるために、ユタ州の砂漠に日本の民家を建てて街を作り、実験まで行なっています。その家の中には、ハワイから呼び寄せた日系人の職人に、布団、畳、障子、卓袱台（ちゃぶだい）までしつらえさせるという徹底ぶりでした。

そしてサイパン基地から三百機のB－29に爆弾を積めるだけ積んで出撃し（そのために機銃まで降ろしていた）、三月九日の深夜から十日の未明にかけて、二〇〇〇メートルという低空から東京都民に爆弾の雨を降らせたのです。その結果、一夜にして老人、女性、子供などの非戦闘員が十万人以上殺されました。これはハーグ陸戦条約に違反した明白な戦争犯罪行為です。

五月にドイツが無条件降伏し、世界を相手に戦っているのは日本のみとなりました。

東京はその後も何度か大空襲に遭い、全土が焼け野原となりました。アメリカ軍はその年の五月に東京を爆撃目標リストから外したほどです。被害に遭ったのは東京だけではありません。大阪、名古屋、福岡など、日本の主要都市は軒並み焦土にされ、全国の道府県、四百三十の市町村が空襲に遭いました。アメリカ軍の戦闘機は逃げ惑う市民を、動物をハンティングするように銃撃しました。空襲による死者数は、調査によってばらつきがありますが、数十万人といわれています。

アメリカ軍による最も残虐な空襲は、同じ年の八月に、広島と長崎に落とした二発の原子爆弾（原爆）でした。これも無辜の一般市民の大量虐殺を意図したもので、明白な戦争犯罪です。この時点で日本の降伏は目前だったにもかかわらず、人類史上最悪の非道な行為に及んだことは許しがたいものがあります。

しかし今もアメリカ人の多くは「原爆投下は正しかった」と考えています。その理由は原爆のお陰で戦争が早期に終結し、多くのアメリカ兵の命が救われたからというものです。実に利己的な考え方ですが、広島と長崎に原爆を投下した本当の目的はそれではありません。もし原爆の威力を見せつけることで日本に戦争終結を迫りたいなら、人口密集地に投下しなくてもよかったはずですし、仮に都市に投下するなら事前に告知して住民が退避する時間を与えるということもできたはずです。これは何も私の考えではありません。実際に、アメリカ国内で原爆の関係者（原爆に関する諮問機関である暫定委員会のメンバー）が政府に提言していた内容です。しかし残念なことに、それらの提言は取り上げられることはなく、広島と長崎に原爆は投下されました

（長崎は当初の目的地である小倉上空が雲で覆われていたため、第二候補地であった長崎に投下された）。

　原爆投下の目的の第一は、原爆の効果を知るためであったといっていいでしょう。その根拠は、原爆投下候補地には通常の空爆を行なっていなかったことが挙げられます。ちなみに京都がほとんど空襲されなかったのも候補地の一つであったからです。アメリカ軍が文化財を守るため、京都、奈良などの古都を空爆しなかったという話がありますが、これは完全な誤りです。この誤解に便乗し、中国人の建築家がアメリカに対して「京都、奈良を空爆しないよう進言した」という話がありますが、これは悪質な捏造です。

　何より忘れてはならないのは、原爆投下には有色人種に対する差別が根底に見えるということです。仮にドイツが徹底抗戦していたとしても、アメリカはドイツには落とさなかったでしょう。大東亜戦争が始まった途端、アメリカは約8割の日系アメリカ人（アメリカ市民）の財産を剝奪し、強制キャンプに送りましたが、大戦中もドイツ系アメリカ人に対しては特に制約をしていません（ナチスへの協力者は除く）。昭和一九年（一九四四）九月にニューヨークのハイドパークで行なわれたルーズベルト米大統領とチャーチル英首相の「核に関する秘密協定」において、原爆はドイツではなく、日本へ投下することを確認し合ってもいます。

原爆投下のもう一つの目的は、ソ連に対しての示威行為です。アメリカは戦後の対ソ外交を有利に運ぶために原爆投下を昭和二〇年（一九四五）の五月には決定していました。原爆はソ連に対して何よりの軍事的威圧になると見ていたからです。

二発目の原爆が落とされた八月九日、前述したようにソ連が「日ソ中立条約」を破って参戦しました。もはや日本が戦争を継続するのは不可能でした。五日後の八月十四日、日本は「ポツダム宣言」を受諾すると連合軍に通達します。ここに日本が三年九ヵ月戦った大東亜戦争の終わりが決定しました(同時に八年続いた支那事変も終結)。

古代以来、一度も敗れることがなかった日本にとって初めての敗北でした。同時に、十六世紀より続いていた欧米列強による植民地支配を撥ね返し、唯一独立を保った最後の有色人種が、ついに白人種に屈した瞬間でもありました。

コラム　「ポツダム宣言受諾」は、昭和二〇年（一九四五）八月九日の御前会議で決定されました。

場所は宮中御文庫附属庫の地下一〇メートルの防空壕内の十五坪ほどの一室でした。時刻は午後十一時五十分。列席者は鈴木貫太郎首相、外務大臣、陸軍大臣、海軍大臣、陸軍参謀総長、海軍軍令部総長、枢密院議長の七人でした（他に陪席四人）。

司会の首相を除く六人は、「ポツダム宣言受諾派」（外務大臣・海軍大臣・枢密院議長）と「徹底抗戦派」（陸軍大臣・陸軍参謀総長・海軍軍令部総長）の真っ二つに分かれました。

日本政府が「ポツダム宣言」を受諾すれば、天皇は戦犯として処刑される可能性もありましたが、会議中、一切発言しませんでした。時に昭和天皇は四十四歳でした。

昭和天皇は、その生涯にわたって、「君臨すれども親裁せず」という姿勢を貫いていました。「親裁」とは、君主自らが政治的な裁決を下すことです。したがって国民が選んだ内閣の決定には口を挟まないという原則を自らに課していたのです。それを行なえば専制君主となり、日本は立憲国ではなくなるという考えを持っていたからです。前述したように昭和三年（一九二八）の「張作霖爆殺」に関する田中義一首相の報告に対して不満を述べたことで内閣が総辞職したことを反省し、以後は「拒否権」も含めて、「親裁」は行ないませんでした。唯一の例外が、軍事クーデターである「二・二六事件」の際に制圧せよと命じたときです。

大東亜戦争の開戦には反対だったにもかかわらず（開戦回避のため、水面下で努力していた）、開戦が決まった御前会議においては、内閣の決定に対して一言も異議を唱えませんでした。

「ポツダム宣言」をめぐっての会議は「徹底抗戦派」と「ポツダム宣言受諾派」がともに譲らず、完全に膠着状態になりました。

日付が変わって十日の午前二時を過ぎた頃、司会の鈴木貫太郎首相が、「事態は一刻の遷延も許されません。誠に畏れ多いことながら、陛下の思し召しをお伺いして、意見をまとめたいと思います」と言いました。

ずっと沈黙を守っていた昭和天皇は、「それならば、自分の意見を言おう」と、初めて口を開きました。

一同が緊張して見守る中、天皇は言いました。

「自分は外務大臣の意見に賛成である」

日本の敗戦が決まった瞬間でした。

恐ろしいまでの静寂の後、部屋にいた全員がすすり泣き、やがてそれは号泣に変わりました。

薄暗い地下壕で、十一人の男たちが号泣する中、昭和天皇は絞り出すような声で言いました。

「大東亜戦争が始まってから陸海軍のしてきたことを見ると、予定と結果が大いに違う。今も陸軍大臣、陸軍参謀総長と海軍軍令部総長は本土決戦で勝つ自信があると言っているが、自分は心配している。本土決戦を行なえば、日本民族は滅びてしまうのではないか。そうなれば、どうしてこの日本という国を子孫に伝えることが出来ようか。自分の任務は祖先から受けついだこの日本を子孫に伝えることである。今日となっては、一人でも多くの日本人に生き残っていてもらい、その人たちが将来再び起ち上がってもらう以外に、この日本を子孫に伝える方法はないと思う。そのためなら、自分はどうなっても構わない」

この時の御前会議の様子は、陪席した迫水久常（さこみずひさつね）内閣書記官長（現在の内閣官房長官）が戦後に詳細を語ったテープが残っています（国立国会図書館所蔵）。この録音を文字起こしした文章を読めば、当夜の異様な緊迫感がこれ以上はないくらいの臨場感をもって迫ってきます。

日本政府はその日の朝、連合国軍に「ポツダム宣言受諾」を伝えますが、この時、「国体護持」(天皇を中心とした秩序【政体】の護持)を条件に付けました。連合国からの回答は十三日に来ましたが、その中に「国体護持」を保証する文言がなかったため(天皇の処刑の可能性もあった)、政府は十四日正午に再び御前会議を開きます。この時の列席者は、九日の時の七人に加え、全閣僚を含む計二十三人でした。

この席上で、「(陛下を守れないなら)本土決戦やむなし」という声が上がりますが、昭和天皇は静かに立ち上がって言いました。

「私の意見は変わらない。私自身は如何になろうとも、国民の生命を助けたいと思う」

もはや列席者一同は慟哭するのみでした。

そして昭和天皇は最後にこう言いました。

「これから日本は再建しなくてはならない。それは難しいことであり、時間も長くかかるだろうが、国民が皆一つの家の者の心持になって努力すれば必ず出来るであろう。自分も国民と共に努力する」(迫水久常内閣書記官長の証言録より)

同日、「ポツダム宣言受諾」は閣議決定され、午後十一時、連合国側へ通達されました。こうして大東亜戦争は終結しました。

この歴史的な出来事の経緯と昭和天皇のお言葉が、今日、文科省が選定したどの歴史教科書にも書かれていないのは不可解としか言いようがありません。したがってこのことを知っている日本人はほとんどいないのが実情です。しかし、日本人であるならば、このことは永久に忘れてはならないことだと思います。

第十三章

敗戦と占領

大東亜戦争は日本の敗戦で終結しました。

日本という国の二千年余の歴史の中でも、未曽有の大敗北であったばかりか、外国の軍隊に国土を占領され、主権も外交権も奪われるという屈辱そのものというべき結果となりました。

戦争と敗戦が日本人に与えた悲しみと苦しみは計り知れません。人的被害や物的損害は甚大なものでした。多くの国民の命が奪われ、明治維新以来、七十七年の間に、日本人が死に物狂いで築き上げてきた多くのインフラ施設のほとんどが灰燼（かいじん）に帰したのです。同時に未来への希望も打ち砕かれたといっても過言ではありません。

しかし本当の意味で日本人を打ちのめしたのは、敗戦自体よりも、その後になされた占領でした。日本を占領した連合国軍の政策は苛烈そのものでした。占領軍は、かつて有色人種に対して行なったように、日本の伝統と国柄を破壊しようとしたのです。幸いにしてそれらは不首尾に終わりましたが、日本人の精神を粉砕することには成功したといえます。

本書の中で、これほど書くのが辛い章はありません。おそらく読者も同じだと思いますが、それだけにこの章は避けて通れないのです。

連合国軍による統治

「ポツダム宣言」はアメリカ人統領・イギリス首相・中華民国主席の名において、日本に向けて発令された十三項から成る宣言で（「米英支三国共同宣言」とも呼ばれている。ソ連は対日宣戦布告後に火事場泥棒のように加わった）、日本「軍」に無条件降伏を迫る文書でした。

「ポツダム宣言」の第十三項には「我々は日本政府が全日本軍の即時無条件降伏を宣言し」とあります。つまり無条件降伏の対象はあくまで「日本軍」であって、日本国とはなっていないのです。したがって「ポツダム宣言」受諾は「有条件降伏である」と捉えるべきでしょう。

ともあれ日本はこれを受諾して、三年九ヵ月にわたる大東亜戦争が終結し、同時に第二次世界大戦も終結しました。

日本はこの戦争で甚大な犠牲を払いました。約七千三百万の人口のうち約三百十万人の尊い命が失われました（内訳は民間人が約八十万人、兵士が約二百三十万人である)。また南樺太、台湾、朝鮮半島の領土を失い、満洲、中国、東南アジアにおける公民含めたすべての資産・施設は没収されました。

全国で二百以上の都市が空襲に遭い、東京、大阪、名古屋、福岡をはじめとする主要都市は軒並み焼き尽くされ、多くの公共施設、それに民間の会社、工場、ビルなどが焼失しました。民家も約二百二十三万戸が焼かれ、夥しい人が家を失いました。政府も自治体も一戸の仮設住宅さえ作ることができず、焼け出された人々はトタンや焼け残った木材で雨露をしのぐバラックを建てて生活しました。

日本はこの敗戦によって、立ち直れないほどの大きなダメージを蒙りました。もはや世界五大国の面影は跡形もありませんでした。その上アメリカ政府は、日本の基礎工業の七五パーセント、電力生産の五〇パーセントを削減するという過酷な政策を考えていたのです。

日本と日本国民の未来は暗澹たるものでした。

日本国憲法

昭和二〇年（一九四五）八月、アメリカ軍を主力とする連合国軍が日本の占領を開始しました。連合国軍とはいっても実質的にはアメリカ軍による単独占領で、ダグラス・マッカーサーを最高司令官とする連合国軍最高司令官総司令部（General Headquarters。以下GHQと表記）が東京に置かれました。

占領政策は狡猾で、表向きはGHQの指令・勧告によって日本政府が政治を行なう間接統治の形式をとりましたが、重要な事項に関する権限はほとんど与えませんでした。

GHQの最大目的は、日本を二度とアメリカに歯向かえない国に改造することでした。そこで、明治以降、日本人が苦心して作り上げた政治の仕組みを解体し、憲法を作り替えることに着手しました。

同年十月、GHQは日本政府に対し、大日本帝国憲法を改正して新憲法を作るように指示します。これは実質的には帝国憲法破棄の命令に近いものでした。幣原喜重郎内閣は改正の草案を作りましたが、発表前に毎日新聞社に内容をスクープされてしまいます。草案の中に「天皇の統治権」を認める条文があるのを見たマッカーサーは不快感を示し、GHQの民政局に独自の憲法草案の作成を命じました。もちろんこの時、

「戦争放棄条項」がマッカーサーの念頭にあったことはいうまでもありません。

ハリー・S・トルーマン政権の方針に基づいて民政局のメンバー二十五人が都内の図書館で、アメリカの独立宣言文やドイツのワイマール憲法、ソ連のスターリン憲法などを参考にして草案をまとめあげました。中にはほとんど丸写しという文章もありました。メンバーの中に憲法学を修めた者は一人もいませんでした。しかし驚いたことに、そんな彼らが一国の憲法の草案をわずか九日で作ったのです（日数に関しては諸説あり、最短六日という説もある）。

本来、憲法というものは、その国の持つ伝統、国家観、歴史観、宗教観を含む多くの価値観が色濃く反映されたものであって然るべきです。ところが日本国憲法には、第一条に「天皇」のことが書かれている以外、日本らしさを感じさせる条文はほぼありません。

しかもこのようにして作られた憲法には、今日まで議論の的になっている条項、いわゆる「九条」があります。それは次の二項から成っています。

「（1）日本国民は、正義と秩序を基調とする国際平和を誠実に希求し、国権の発動たる戦争と、武力による威嚇又は武力の行使は、国際紛争を解決する手段としては、永久にこれを放棄する。
（2）前項の目的を達するため、陸海空軍その他の戦力は、これを保持しない。国の交戦権は、これを認めない」

いわゆる「戦争放棄」として知られるこの条項は、マッカーサーの強い意向で盛り込まれたものでしたが、さすがに民政局のメンバーからも、「憲法にこんな条項があれば、他国に攻められた時、自衛の手段がないではないか」と反対する声が上がったといわれています。そのため、「前項の目的を達するため」という文言が追加され（芦田修正）、自衛のために戦力を保持することができるという解釈を可能とする条文に修正されましたが、日本人の自衛の権利すら封じる旨を謳っていることには変わりがありませんでした。

ＧＨＱはこの憲法草案を強引に日本側に押し付けました。内閣は大いに動揺しますが、草案を呑まなければ天皇の戦争責任追及に及ぶであろうことは誰もが容易に推測できました。

現代においても、日本国憲法はＧＨＱから押し付けられたものではないと主張する日本の野党政治家およびリベラルの学者や文化人は少なくありませんが、ＧＨＱが残した多くの資料がそれを否定しています。たとえば、江藤淳（えとうじゅん）はメリーランド州スートランドにあるアメリカ国立公文書館分室から、ＧＨＱのＧ－２（参謀第二部）の指揮下にあったＣＣＤ（民間検閲支隊）が昭和二一年（一九四六）十一月二十五日に出した検閲指針（A Brief Explanation of the Categories of Deletions and Suppressions, dated 25 November, 1946, The National Records Center, 資料番号 RG 331, Box No. 8568.）を見つけています。それはＧＨＱが新聞や映画などで削除または発行禁止処分の対象となる項目を略説したものですが、その中の（三）に、以下の文章があります。

「ＳＣＡＰ（Supreme Commander for the Allied Powers：連合国軍最高司令官つまりマッカーサー）が憲法を起草したことに対する批判」

つまりＧＨＱ自らが、日本国憲法を起草したのはマッカーサー（および部下たち）であるとはっきりと書いているのです。しかもそのことに対する批判は削除または発行禁止処分になるとまで言っています。

後にマッカーサーは「九条を提案したのは幣原喜重郎首相だ」と言い出し、幣原自身も「戦争放棄九条をマッカーサーに進言した」という意味のことを言っています。つまり九条はマッカーサーと幣原の秘密会談で生まれたということですが、それは有り得ません。なぜなら、日本の非武装はトルーマン政権及びマッカーサーの断固とした意思であり、「戦争放棄」についてはマッカーサーが民政局長に手渡したとされる指示ノートに残されています。

マッカーサーは昭和二八年（一九五三）の談話の中で次のように語っています。

「占領軍が撤退し、日本人の思い通りになる状況が生まれたとたんに、彼らは押しつけられた諸観念から独立し、自己を主張したいという目的だけのためにも、無理強いされた憲法を捨て去ろうとするだろう。これほど確かなことはない」（ジョージ・H・ブレイクスリー『極東委員会―国際協力の研究』より）

つまりマッカーサーは日本人に「憲法九条は押しつけられたものではない」というイメージを植え付けておくことが大事だったのです。

ただ、幣原がマッカーサーに九条のアイデアを語った可能性はあります。昭和二六年（一九五一）に、幣原の元秘書官で当時衆議院議員だった平野三郎（ひらのさぶろう）の質問に答えて語っている中に、戦争放棄に関する狂信的ともいえる考えが吐露されているからです。

その一部を紹介しましょう。

「非武装宣言ということは、従来の観念からすれば全く狂気の沙汰である。（中略）

要するに世界は今一人の狂人を必要としているということである。何人かが自ら買って出て狂人とならない限り、世界は軍拡競争の蟻地獄から抜け出すことができないのである。これは素晴らしい狂人である。世界史の扉を開く狂人である。その歴史的使命を日本が果たすのだ」(『平野文書』より)

幣原の言葉は、憲法九条が絶対的正義であるとする現代の護憲派の人たちの考え方と酷似しています。このとき、平野が「軍隊のない丸裸のところへ敵が攻めてきたら、どうするという訳なのですか」と訊いていますが、幣原の答えは「死中に活」というものでした。意味がわからない平野が重ねて問うと、幣原はこう答えています。

「戦争をやめるには武器を持たないことが一番の保証になる」

ここにはすでに論理はありません。敢えて言うならば、宗教的な妄想に近い考えになっています。侵略国家に対して、自衛の力を持たない国家や民族がどのような悲惨な運命を辿ってきたかは、世界史を繙けば一目瞭然です。

そもそも幣原喜重郎という人物は、かつてワシントン会議においてアメリカの策略に乗って日英同盟を破棄して名ばかりの「四ヵ国条約」を締結した張本人であり、満洲や中国で日本人居留民が中国人からたびたび嫌がらせを受けても、「自重するように」と言い続けた外相（当時）です。おそらく若い頃から、戦争を忌避すれば平和が訪れるという思想の持ち主だったのかもしれません。それで前述したようにマッカーサーとの会談で、そうした話をした可能性はあります。しかし繰り返しますが、日本の戦争放棄はアメリカの既定路線でした。

新憲法は、手続き上は大日本帝国憲法を改正する形式を取り、衆議院と貴族院で修正可決された後、日本国憲法として昭和二一年（一九四六）十一月三日に公布され、翌年五月三日に施行されました。

ここで、読者に絶対に知っておいていただきたいことがあります。

アメリカを含む世界四十四ヵ国が調印している「ハーグ陸戦条約」には、「占領国は占領地の現行法を尊重する」と書かれています。つまり、GHQが日本の憲法草案を作ったというこの行為自体が、明確に国際条約違反なのです。

ちなみに西ドイツも日本と同じように連合国によって強引に憲法を押し付けられています。しかしそこには決定的ともいえる違いがあります。ドイツへ押し付けた憲法には「交戦権」を奪っていないことです。そこには日本あるいは有色人種に対する明確な差別意識が窺えます。第二次世界大戦中も、アメリカは日系移民（国籍はアメリカ市民）の私有財産を奪った上、強制収容所に送りましたが、ドイツ系やイタリア系の移民に対してはそんなことは一切行っていません。

この時、日系移民の若者（男子）たちは、アメリカに対する忠誠を誓うため、軍に志願してヨーロッパ戦線で戦いました。日系アメリカ人二世が主力の「442連隊戦闘団」は連合国軍の中で最も勇敢な部隊として知られ、アメリカ合衆国史上最も多くの勲章を受けました。しかしその死傷率は三〇〇パーセントを超えるものでした（連隊の定員の三倍以上の死傷者を生んだ）。その凄まじい数字を見ただけで、彼らの戦いぶりがどれほど勇猛果敢であったかがわかります。彼らの多くはアメリカで生まれ育ちましたが、日本の侍の心を持った男たちでした。そして彼らはその合言葉「Go for broke!」（当たって砕けろ！）とともに、文字通りその命を懸けて、アメリカに日本人の素晴らしさを示したのです。

後にトルーマン大統領が「諸君は敵のみならず、偏見とも戦って、勝利した」という言葉を贈りましたが、もって瞑すべしと思います。

コラム　前述したように「日本国憲法」はGHQの恫喝によって押し付けられまし

た。当時の日本政府には、これを拒否する力はありませんでした。

具体的に言えば、その日は昭和二一年（一九四六）二月十三日です。この日の午前十時、外務大臣官邸を訪れたGHQ民生局のホイットニー准将らが外務大臣の吉田茂と国務大臣の松本烝治と終戦連絡事務局参与の白洲次郎らに、「日本国憲法」と題された草案を渡し、「これはマッカーサーが日本の事情が必要としている諸原理を具現すべきものとしている」と言いました。そして「君たちが草案を読んでいる間、我々は退席する」と言って部屋を出ました。三人はGHQが憲法草案を作っていたことにも驚きましたが、その内容を読んで愕然とします。そこには「戦力の保持は認めない」「土地は国有とする」「議会は一院制にする」といった衝撃の内容が数々含まれていたからです（「土地の国有化」や「一院制」に関しては日本側の要望で削除されたが、それらはGHQも織り込み済みで、敢えていくつかそうした取引材料を入れていたとされる）。

この時、白洲次郎が庭に出ていたホイットニー准将をつかまえると、彼は白洲に向かってこう言いました。

「原子力（アトミック・エナジー）の暖かさをエンジョイしていたよ」（We

have been enjoying your atomic sunshine.)

太陽の熱をわざと原子力（atomic）と表現したのは、白洲に原子力爆弾を連想させる意図に他なりません。さらにこの時間帯に合わせて、東京上空に爆撃機B－25を飛ばせていたのです。これはあまりにもあからさまな恫喝です。白洲は「血が逆流する思いであった」と述べています。

部屋に戻ったホイットニーは、吉田らに対して「この草案が受け入れられれば、天皇の地位は安泰になるだろう」と言いました。つまり言い換えれば、拒否すれば天皇の命も保証できないというものです。日本は草案を呑む以外に道はありませんでした。これは屈辱の歴史です。

ところがその憲法を私たちは七十年以上経った今も改正していませんが、実はこれは世界の中でもきわめて異常なことなのです。憲法は絶対不変なものではなく、時代に合わせて必要なものを付け加え、不要なものは削除するというのは世界の常識です。ちなみに第二次世界大戦後、令和二年（二〇二〇）の時点で、アメリカは六回、フランスは二十七回、イタリアは十六回、韓国は九回、憲法を改正しています。ソ連や中国といった共産主義国でさえ何度も改正しています。日本と同じく連合国軍によって憲法を押し付けられたドイツは六十五回も改正しています。

しかし日本は押し付けられた憲法をまるで聖典のように扱い、一字一句変えることなく現代にいたっているのです。もはや非占領国ではなく、連合国軍が統治する国ではないにもかかわらずです。その理由はまた後ほど語りましょう。

極東国際軍事裁判

連合国軍は占領と同時に日本に対して様々な報復措置を行ないましたが、その最初が「極東国際軍事裁判」（東京裁判）でした。

これは裁判という名前こそ付されてはいましたが、「罪刑法定主義」という近代刑法の大原則に反する論外なものでした。わかりやすくいえば、東京裁判では、過去の日本の行為を、後から新たに国際法らしきものをでっちあげて裁いたのです（「事後法」による判決）。これは「法律不遡及の原則」に反する行為で、近代国家では認められていません。正確にいうと、東京裁判の根拠となったものは、極東国際軍事裁判所条例といって連合国軍最高司令官ダグラス・マッカーサーが出した「一般命令第一号」という行政命令にすぎず、実は「事後法」以前の問題だったのです。

連合国軍は、戦争犯罪人（戦犯）をA、B、Cという三つのジャンル（等級ではない）に分けて裁きました。B、C項目の罪状は主に捕虜の殺害や虐待に関するもので、約千人の元軍人や軍属が死刑になりました。その中には実際には無実であるにもかかわらず誤審によって死刑となった者も少なくありませんでした。

Aの罪状は「平和に対する罪」というもので、二十八人が昭和二一年（一九四六）四月二十九日に起訴されました。昭和天皇の誕生日であるこの日を選んだことが、連合国軍の嫌がらせなのは明らかでした。このうち、一人は精神障碍で訴追免除、二人は判決前に病死し、実際に判決を受けたのは二十五人でした。うち七人が死刑判決を受けましたが（全員がBCの項目での戦犯でもあった）、いずれも事後法による判決です。

ただし、この裁判の判事の中で国際法の専門家であったインドのラダ・ビノード・パール判事は、戦勝国によって作られた事後法で裁くことは国際法に反するという理由などで、被告人全員の無罪を主張しています。

死刑判決を受けた七人の「A級戦犯」は、昭和二三年（一九四八）十二月二十三日、絞首刑で処刑されました。この日は皇太子（現在の上皇）の誕生日でしたが、この日を処刑の日に選んだところにも、連合国軍の根深く陰湿な悪意がうかがえます。

コラム 日本兵は国外でも、悲惨な目に遭いました。

東南アジアでは、約一万人の日本軍兵士が戦犯容疑で連合国軍（アメリカ軍、イギリス軍、フランス軍、オランダ軍）に逮捕され、連日、筆舌に尽くしがたい（本当に文字にするのが憚(はばか)られるほどの）激しい拷問と虐待を受け、多くの者が亡くなったり自決したりしました。彼らは戦後に処刑された戦犯リストにも入っていません。

満洲では、ソ連軍が武装解除した日本軍兵士を五十七万五千人も捕虜とし、厳寒のシベリアで何年にもわたって、満足な食事も休養も与えずに奴隷的労働をさせました。その結果、約五万五千人の兵士が命を落としています。

近代になって、戦勝国が敗戦国の兵士にこれほど残虐な仕打ちをした例はありません。そこには白人種の黄色人種への差別意識に加えて、緒戦において日本軍に完膚なきまでに打ち破られたことへの報復という意味合いもありました。

悲惨な目に遭ったのは兵士だけではありません。満洲や朝鮮半島にいた日本の民間人は、現地人に財産を奪われただけでなく、虐殺、暴行、強制連行などに遭い、祖国の地を踏めない者も少なくありませんでした。最も残酷な目に遭ったのは女性たちで、現地人やソ連兵らによる度重なる強姦を受け、そのために自殺した女性も数多くいました。

戦後、朝鮮半島を経由して帰国した女性の多くが強姦によって妊娠あるいは性病感染させられていました。そのため日本政府は、昭和二一年（一九四六）三月に福岡県筑紫(ちくし)郡二日市町（現在の筑紫野市）に二日市保養所を設置し、引き揚げ女性の堕胎手術や性病治療を行ないました。二日市保養所は翌年秋に閉鎖されましたが、その間に、五百人以上の女性が堕胎手術を受けたといわれています（公にできない手術のため、詳細な記録は残されていない）。なお聞き取り調査によると、女性らを強姦して妊娠させた加害者で圧倒的に多かったのは朝鮮人でした。

今日、二日市保養所の話は歴史の闇に葬り去られていますが、忘れてはならない史実です。これもまた戦争のもう一つの顔といえるでしょう。残された記録や関係者らの証言、文章は、時空を超えて読む者の胸を抉ります。

生き残った靖國神社

日本から戦争に関わるすべてのものを消し去りたいと考えていたアメリカ政府は、大東亜戦争で亡くなった日本人兵士が祀られている靖國神社を焼却する意図を持っていました（跡地をドッグレース場にする計画があったという話は風聞で事実ではない）。しかし焼却案にはGHQ内にも反対意見があり、マッカーサーは、日本にいたカソリック神父らに意見を求めました。

ローマ・カソリック教皇使節代行のブルーノ・ビッテル神父はローマ・カソリック管区長のパトリック・バーン神父らと意見を交わした後、マッカーサーに次のように進言したと伝えられています。

「いかなる国家も、その国家のために死んだ人々に対して、敬意をはらう権利と義務があるといえる。それは、戦勝国か、敗戦国かを問わず、平等の真理でなければならない。（中略）もし、靖國神社を焼き払ったとすれば、その行為は、米軍の歴史にとって不名誉きわまる汚点となって残るであろう。歴史はそのような行為を理解しないにちがいない」(『マッカーサーの涙　ブルノー・ビッテル神父にきく』より)

またローマ教皇庁も「(靖國神社は)市民的儀礼の場所であり、宗教的崇拝の場ではない」という公式見解を示しました。

マッカーサーは靖國神社の焼却を取り止めますが、巷間伝わっている、二人の神父に説得されて考えを改めたという逸話は誤解ともいわれています。靖國神社の存廃は高度に政治的な判断でした。ただ二人の神父がマッカーサーに対して、靖國神社を存続させるよう進言したことは事実です。

今日、靖國神社の存在を認めない日本人が一部にいますが、そういう人たちにはビッテル神父の言葉を嚙みしめてもらいたいものです。また戦後四十年も経ってから、中国と韓国が、日本国首相の靖國神社参拝を非難・反対することを外交カードとし始めましたが、これは明らかな内政干渉です。にもかかわらず、日本国内に中国と韓国に同調するマスメディアや団体が少なくないのは情けないことです。

「国のために戦って亡くなった兵士を弔う」行為は、どの国にもありますが、日本人は昔から敵国の兵士をも弔っているのです。古くは「蒙古襲来」の後、北条時宗(ほうじょうときむね)は鎌倉に円覚寺を建て、亡くなった蒙古軍兵士のために千体の地蔵尊を作って奉納しています。豊臣秀吉の「朝鮮出兵」の折も、武将たちは各地で死んだ敵兵の屍を埋葬して弔いました。

近代に入って日露戦争後も、日本政府は戦死したロシア兵士を弔うために旅順近くの山に礼拝堂を建てています。除幕式に出席したロシア士官や牧師らが「このような行為は史上例がない」と言ったとも伝えられています。

昭和二三年（一九四八）、東京裁判で浮上した「南京事件」の責任を問われ、戦犯として処刑された中支那方面軍司令官の松井石根大将は、支那事変から帰国すると、昭和一五年（一九四〇）、静岡県熱海市に興亜観音を造立して、日中両国の戦争犠牲者を弔っています。

ここには、「亡くなった者には、もはや敵味方の区別はない。死者はすべて成仏する」という仏教的精神と、「死者を鞭打たない」という日本人特有の心理があります。対照的に、敵の死体にさえも凌辱を加える（時には墓から引きずり出してまで）という他国の人々に、靖國神社を非難などされたくはありません。

コラム　戦後、昭和天皇の戦争責任について様々な意見が出されてきました。もちろん法的には責任は発生しませんが、この問題を語る前に、昭和天皇の政治に対するモットーについて述べたいと思います。

大日本帝国憲法の基本原則は、統治権は天皇が総攬（そうらん）するが、実際の政治は政府が行なうというものでした。よって昭和天皇は、「君臨すれども親裁せず」という政治姿勢を貫いていました。つまり昭和天皇は立憲君主であって、専制君主ではなかったのです。

前章で述べたように、昭和天皇は御前会議の場でも基本的に閣僚たちの意見を聞いているだけで、自らの意見を口にすることはありませんでした。そして内閣の決めたことに異議を挟むこともしませんでした。戦争中も、軍部が天皇大権である「統帥権」を盾に、すべては天皇陛下の命令であるという体（てい）で国民を動かして戦争に突き進んだというのが実態でした。

昭和天皇がその生涯において、政治的な決断（親裁）を下したのは、二・二六事件と終戦の時だけでした。厳密に言えば、前述したように昭和三年（一九二八）の「張作霖爆殺事件」に対して不快感をあらわにしたケースがありましたが、そのことで内閣が総辞職した結果を見て、昭和天皇は内閣の決定には拒否権を発動しない旨を自らに課していました（その後の昭和一一年【一九三六】の「二・二六事件」は軍の統帥権者として反乱軍の鎮圧を命じたもの）。

昭和二〇年（一九四五）九月二十七日、昭和天皇がアメリカ大使館でマッカーサーと初めて会談した時、マッカーサーは昭和天皇が命乞いをしに来たと思っていました。ところが、そうではありませんでした。昭和天皇はマッカーサーにこう言ったのです。

「私は、国民が戦争遂行にあたって政治、軍事両面で行ったすべての決定と行動に対する全責任を負う者として、私自身をあなたの代表する諸国の裁決にゆだねるためおたずねした」（『マッカーサー大戦回顧録』より）

この時、同行していた通訳がまとめた昭和天皇の発言のメモに、後日、藤田尚徳(ふじたひさのり)侍従長が目を通し、回想録に次のように記しています。

「陛下は次の意味のことをマ元帥に伝えられている。

『敗戦に至った戦争の、いろいろの責任が追及されているが、責任はすべて私にある。文武百官は、私の任命する所だから、彼等には責任はない。

私の一身は、どうなろうと構わない。私はあなたにお委せする。この上は、どうか国民が生活に困らぬよう、連合国の援助をお願いしたい』」（『侍従長の回想』）

マッカーサーは昭和天皇のこの言葉に深い感銘を受けます。

「死をともなうほどの責任、それも私の知り尽している諸事実に照らして、明らかに天皇に帰すべきではない責任を引受けようとする、この勇気に満ちた態度は、私の骨の髄までもゆり動かした。私はその瞬間、私の前にいる天皇が、個人の資格においても日本の最上の紳士であることを感じとったのである」（『マッカーサー大戦回顧録』より）

この時の会談の際、車で訪問した昭和天皇をマッカーサーは出迎えませんでした。天皇は戦犯候補に挙げられていたので、これは当然でした。しかし帰る時にはマッカーサーは玄関まで見送りに出ています。おそらく会談中に昭和天皇の人柄に感服したためだと思われます。

「君臨すれども親裁せず」という存在でありながら、同時に日本の「統治権の総攬者」であった昭和天皇の戦争責任というテーマは、イデオロギーや政治的な立ち位置によって見方が変わり、また永久に結論が出ない問題ではあります。

「ご聖断」が遅すぎたという声もあります。しかし、仮に半年前に天皇が終戦を決断したとしても、連合国、特にアメリカ政府がそれに同意する保証はなく、日本の陸軍がそれを呑むこともなかったと思われます。八月十四日の時点でさえ、陸軍の中には、さらなる犠牲を出しても本土決戦をすべきと主張する者が何人もいたのです。

余談ですが、戦争中、天皇は一度も皇居から離れませんでした。東京は何度もアメリカ軍の大空襲を受けており、周囲の者は疎開を勧めましたが、天皇は「目の前で君臣が次々と死んでいくのに、なぜ朕だけが疎開などできようか」と言い、頑として拒否しました。昭和天皇は死を覚悟していたのです。

ウォー・ギルト・インフォメーション・プログラム

もう一つ、GHQが行なった対日占領政策の中で問題にしたいのが、日本国民に「戦争責任」を徹底的に伝える「ウォー・ギルト・インフォメーション・プログラム」（WGIP：War Guilt Information Program）でした。わかりやすくいえば、「戦争についての罪悪感を、日本人の心に植え付けるための宣伝計画」です。

これは日本人の精神を粉々にし、二度とアメリカに戦いを挑んでこないようにするためのものでした。「極東軍事裁判」（東京裁判）もその一つといえます。そして、これらの施策は結果的に日本人の精神を見事に破壊しました。

「ウォー・ギルト・インフォーメーション・プログラム」という言葉は、文芸評論家の江藤淳が昭和五八年（一九八三）から月刊誌「諸君！」に連載した『閉された言語空間』で使った呼称ですが、彼はGHQの内部文書から、占領軍がそうした意図を持っていたことを明らかにしました。同連載は平成元年（一九八九）に書籍化されましたが、言論史を塗り変える画期的な本となりました。その後、教育学者の髙橋史朗（たかはししろう）や翻訳家の関野通夫（せきのみちお）らが多くの一次史料を発掘し、江藤の説を裏付けています。

同書が明らかにしたことはまぎれもない事実で、実際、昭和二〇年（一九四五）十月二日に発せられたGHQの一般命令書の中に、「各層の日本人に、彼らの敗北と戦争に関する罪、現在および将来の日本の苦難と窮乏に対する軍国主義者の責任、連合国の軍事占領の理由と目的を、周知徹底せしめること」と明記されています。

GHQはその方針に従って、自分たちの意に沿わぬ新聞や書物を発行した新聞社や出版社を厳しく処罰しました。江藤がアメリカ国立公文書館分室で見つけた前述の文書には、禁止項目は全部で三十もありました。

禁止事項の第一は「GHQ／SCAP（連合国軍最高司令官総司令部および最高司令官）に対する批判」です。二番目は「東京裁判に対する批判」、三番目は前に述べた「GHQが日本国憲法を起草したことに対する批判」でした。アメリカ、イギリス、ソ連、フランス、中華民国、その他の連合国に対する批判も禁じられました。さらになぜか朝鮮人に対する批判も禁止事項に含まれていました。占領軍兵士による犯罪の報道も禁じられ、またナショナリズムや大東亜共栄圏を評価すること、日本の戦争や戦犯を擁護することも禁じられました。新聞や雑誌にこうした記事が載れば、全面的に書き換えを命じられました。

GHQの検閲は個人の手紙や電話にまで及びました。進駐軍の残虐行為を手紙に書いたことで、逮捕された者もいます。スターリン時代のソ連ほどではありませんでしたが、戦後の日本に言論の自由はまったくありませんでした。

こうした厳しい検閲を、日本語が堪能でないGHQのメンバーだけで行なえたはずがありません。多くの日本人協力者がいたことは公然の秘密でした。一説には四千人の日本人が関わったといわれています。

さらにＧＨＱは戦前に出版されていた書物を七千点以上も焚書しました。

焚書とは、支配者や政府が自分たちの意に沿わぬ、あるいは都合の悪い書物を焼却することで、最悪の文化破壊の一つです。歴史上では秦の始皇帝とナチスが行なった焚書が知られていますが、ＧＨＱの焚書も悪質さにおいてそれに勝るとも劣らないものでした。驚くべきは、これに抵抗する者には警察力の行使が認められており、違反者には十年以下の懲役もしくは罰金という重罰が科せられていたことです。

もちろん、この焚書にも多くの日本人協力者がいました。特に大きく関与したのは、日本政府から協力要請を受けた東京大学の文学部だといわれています。同大学の文学部内には戦犯調査のための委員会もあったとされていますが、この問題を占領の終了後もマスメディアがまったく取り上げようとしないのは実に不可解です。

検閲や焚書を含むこれらの言論弾圧は「ポツダム宣言」に違反する行為でした。「ポツダム宣言」の第十項には「言論、宗教および、思想の自由ならびに基本的人権は確立されるべきである」と記されています。つまりＧＨＱは明白な「ポツダム宣言」違反を犯しているにもかかわらず、当時の日本人は一言の抵抗すらできなかったのです。

「大東亜戦争」という言葉も使用を禁止されました。ＧＨＱは「太平洋戦争」という名称を使うよう命じ、出版物に「大東亜戦争」という言葉を使えば処罰されたのです。これは事実認識の点で非常に問題のある措置でした。というのも、日本政府が閣議決定した「大東亜戦争」という呼称は、日中戦争から対米開戦、ポツダム宣言受諾までの一連の戦争の総称ですが、「太平洋戦争」と言うと、中国大陸や東南アジアでの戦いが含まれないことになります。しかも、「太平洋戦争」という呼称は、世界史でいえば、十九世紀終盤に南米で起きたボリビア、ペルー、チリの戦争を指すのが一般的です。

ＧＨＱが「大東亜戦争」という呼称を禁じたのは、日本が欧米諸国に支配されていたアジアの解放を謳う意味で使った「大東亜共栄圏」を構築するための戦争であったというイメージを払拭させるためです。ＧＨＱはたとえ大義名分であったとしても「アジアの解放」のための戦争であったと言われるのを嫌ったのです。

この検閲は七年間続きましたが、この時の恐怖が国民の心の中に深く残ったためか、七十年後の現在でも、マスメディアは決して「大東亜戦争」とは表記せず、国民の多くにも「大東亜戦争」と言うのを躊躇する空気があります。いかにGHQの検閲と処罰が恐ろしかったかが想像できます。

『眞相はかうだ』による洗脳

GHQの「WGIP」は新聞とラジオ放送によっても行なわれました。

昭和二〇年（一九四五）十二月八日（この日は真珠湾攻撃からちょうど四年目の日）より、全国の新聞に「太平洋戦争史」というタイトルでGHQによる宣伝工作記事が連載され、その翌日からNHKラジオで『眞相はかうだ』という番組の放送が始まりました。いずれも大東亜戦争中の政府や軍の腐敗・非道を暴くドキュメンタリーをドラマ風に描いたもので、国民は初めて知らされる「真相」に驚きました。新聞連載もラジオ放送も、その目的は日本国民に「太平洋戦争は中国をはじめとするアジアに対する侵略戦争であった」ということを徹底的に刷り込むためのものでした。

『眞相はかうだ』はGHQがすべて台本を書いており（そのことは国民には知らされていなかった）、放送される内容も占領政策に都合のいいものでした。GHQは翌年も『眞相箱』『質問箱』というタイトルで、約一年にわたり洗脳番組を放送し続けました（依然、ＧＨＱが制作していることは伏せられていた）。ＧＨＱが巧妙だったのは、番組の中に時折、日本人の良い面を織り交ぜたことでした。そうすることで内容に真実味を持たせたのです。しかし戦前の政府や軍を批判する内容には、多くの虚偽が含まれていました。

当時も、これらの番組内容は真実ではないのではないかと疑義を抱く人はいました。ところが、彼らが声を上げても、そうした記事は「占領政策全般に対する破壊的批判」と見做され、全文削除されていたのです。

かくの如く言論を完全に統制され、ラジオ放送によって（当時はインターネットもテレビもない）洗脳プログラムを流され続ければ、国民が「戦前の日本」を徹底的に否定し嫌悪するようになるのも無理からぬことです。

ただ、何より恐ろしいのは、この洗脳の深さです。ＧＨＱの占領は七年間でしたが、それが終わって七十年近く経った現在でも、「歴史教科書」などの影響もあり、多くの日本人が「戦前の政府と軍部は最悪」な存在で、「大東亜戦争は悪辣非道な侵略戦争であった」と無条件に思い込んでいます。

もちろん戦前の政府や軍部に過ちはありました。しかし連合国にも過ちはあり、また大東亜戦争は決していわゆる「侵略戦争」ではありませんでした。繰り返しますが、日本には中国を占領する意思はなく（人口と領土を考えても不可能であるし、またそうした作戦は取っていない）、またそれ以外のアジアの人々と戦争をしたわけではありません。

戦後、日本はわずか数年占領下においたアジア諸国に賠償金を支払いましたが、その国々を数十年から三百年にわたって支配していたオランダ、イギリス、フランス、アメリカは、賠償金など一切支払っていないばかりか、植民地支配を責められることも、少数の例を除いてはほとんどありません。それはなぜか——日本だけが誠意をもって謝罪したからです。

日本人には、自らの非を認めるにやぶさかでない、むしろ非を進んで認めることを潔しとする特有の性格があります。他の国の人々と違って、謝罪を厭わないのです。こうした民族性があるところへ、GHQの「WGIP」によって贖罪意識を強く植え付けられたことで、当然のようにアジア諸国に深い謝罪の意を表したのです（もちろん連合国が謝罪させた面もある）。

コラム　検閲の中には、昭和天皇の巡幸に関するものもありました。

終戦の翌年の昭和二一年（一九四六）から昭和天皇は全国を巡幸しました。GHQは、天皇は各地で罵声を浴びせられるだろうと考え、それを許可します。ところが、敗戦直後の悲惨な状況にもかかわらず、全国の国民は天皇を大いに歓迎しました。数多く残っている当時の写真や映像を見ると、いずれも黒山の人だかりで、老若男女が満面の笑みを湛えています。昭和二二年（一九四七）に広島市に巡幸した時の写真にも、何万もの群衆が昭和天皇を仰ぎ見る光景が写し出されています。GHQは予想外の反響に、一時は巡幸を中止にしたほどです（その後、再開を望む日本国民のために復活）。

驚くべきは、この天皇巡幸の様を描いた文章の多くが検閲処分を受けていたことです。たとえば以下の文章です。

「〝君が代〟を歌い始めると、今度は岩を噛む怒涛のように万歳万歳を連呼した。いつまでも続く。それに答えられる陛下は左に右に体を向け変えられ高々と帽子を掲げ続けられる。万歳はいつまでも続いて私はそこに偽る事を知らぬ国民と天

皇との直結された姿を見た」（『検証・戦後教育　日本人も知らなかった戦後50年の原点』より）

「突如、最前列の一女性がわーっと泣きだした。陛下の眼がきらりと光った。おえつが続く。われらの天皇に寄せる親愛感の最高頂だ」（同）

「日の丸は死んだと思っていた。ところが、今度の行幸でみんなが眼を見張った。日の丸の旗一色に街も村も彩られた。……田舎にゆくほど手製が多かった。夜遅くまでコンパスを使い、あるいは御飯茶碗をふせて濃く淡く色をつけた日の丸がちぎれるように振られた。私たちはこの感激を日常の生活に生かさなければならない。陛下に心からお誓いした日本再建の決意を実践に移そう。陛下のお言葉が、お姿が、日の丸の旗が、私たちの心の中に生きている」（同）

いずれも天皇と日本国民の絆の強さを表わす文章ですが、ＧＨＱはこれらをことごとく検閲処分とし、天皇と国民の分断を図ったのです。

教職追放

ＧＨＱの行なった思想弾圧で、後の日本に最も大きな影響を与えたのは「教職追放」でした。

ＧＨＱは占領直後から、帝国大学で指導的立場にあった教授（多くは愛国者や保守的な思想の持ち主）、あるいはＧＨＱの政策に批判的な教授を次々に追放しました。「ＷＧＩＰ」を日本人に完全に植え付けるためには、教育界を押さえる必要があると考えたからです。

代わってＧＨＱが指名した人物を帝国大学に入れましたが、その多くは戦前に共産党員であったり、無政府主義的な論文を書いたりして大学から処分された人たちでした。戦前、「森戸事件」（東京大学教授の森戸辰男が無政府主義の宣伝をした事件）に関係して東京大学を辞めさせられた大内兵衛（戦後、東京大学に復帰、後、法政大学総長）、戦前、無政府主義的な講演をして京都大学を辞めさせられた（滝川事件）滝川幸辰（戦後、京都大学総長）など、多くの者がＧＨＱの後ろ盾を得て、結果的に「ＷＧＩＰ」の推進者となり、東大、京大を含む有名大学を支配していくことになります。

一方、追放を免れた者も、これ以降は、ＧＨＱの政策に批判的なことを口にしなくなったばかりか、帝国大学においては、共産主義に阿る教授や社会主義者に転向する者、変節する学者が続出しました。

特にひどかったのは東京帝国大学で、昭和二一年（一九四六）、憲法学者の宮沢俊義は「八月革命説」を唱えて、日本国憲法の正当性を論じました。「八月革命説」とは、簡単に言えば、「ポツダム宣言の受諾によって、主権原理が天皇主権から国民主権へと革命的に変動したもので、日本国憲法はＧＨＱによって押し付けられたものではなく、日本国民が制定した憲法である」という説です。現在でも、この説は東大の憲法学の教授らによって引き継がれ、その教え子たちによって全国の大学の法学部に広く行き渡り、司法試験などの受験界では「宮沢説」が通説となっています。

また国際法学者として東京大学に君臨した横田喜三郎は、東京裁判の正当性を肯定しています。もちろん彼の説も、その後、弟子たちによって東京大学および全国の大学に脈々と継承されています。余談ですが、横田はＧＨＱによる占領中に「天皇を否定する」内容の本（『天皇制』）を書いて出版しました。しかし後年、最高裁長官に任命され、勲一等旭日大綬章が貰えそうになった時、門下生に命じて神田の古書店で自著を買い集めさせ、証拠隠滅のために個人焚書したのです。何とも恥知らずな話ですが、見方を変えれば、己の信念や研究成果をもって書いた学説ではなかったという証です。

憲法学者の宮沢俊義も、最初は、「日本国憲法の制定は日本国民が自発的自主的に行なったものではない」と主張していましたが、ある日突然、正反対の意見を言い出した学者です。その変わり身の早さから、おそらくGHQの教職追放を目の当たりにして、慌てて転向したものと思われます（宮沢は戦前にも軍部に阿って主張を変えた過去がある）。悲しいのは、その後、日本の憲法学界をリードする東京大学の法学部の教授たちが、その宮沢の学説を半世紀以上にわたって継承し続けているということです。

そして東京大学法学部からは、戦後も数多くの官僚が輩出しています。「自虐史観」に染まった教授たち（一部は保身のためGHQに阿った）から「日本国憲法は日本人が自主的に作った」「東京裁判は正しい」という教育を受けた人たちが、文部科学省や外務省の官僚になるということの方がむしろ、恐ろしいことです。

「教職追放」は大学だけでなく、高校、中学、小学校でも行なわれました。最終的に自主的な退職も含めて約十二万人もの教職員が教育現場から去ったといわれています。

その多くが愛国心を隠さなかったり、保守的な考えを持っていたりした者で、特に戦前の師範学校出身者が多かったともいわれています。

その結果、教育界は社会主義者が支配するようになり、昭和二二年（一九四七）に生まれた日本教職員組合（日教組）は、完全に左翼系運動組織となりました。後に日教組の書記長となり、三十年にわたってトップの座にあった槙枝元文は、当時、国交がなかった北朝鮮を何度も訪問し、金日成から勲章まで授けられています。

こうして戦後の日本の教育界は左翼系の人々に乗っ取られた形となったのです。

公職追放

ＧＨＱが次に行なったのが「公職追放」（公職に関する就職禁止、退職等に関する勅令）です。ＧＨＱにとって好ましからざる人物と判断した人たちを様々な職場から追放したのです。対象者は、「戦犯」や「職業軍人」など七項目に該当する人物でしたが、ＧＨＱが気に入らない人物は、それだけで追放処分となりました。

昭和二一年（一九四六）、自由党総裁だった鳩山一郎は、首班（首相）指名を受ける直前に公職追放により政界から追放されました。表向きの理由は昭和五年（一九三〇）の「統帥権干犯問題」での鳩山の発言でしたが（軍部の横暴を助長することになったとされた）、本当の理由は別にあったといわれています。鳩山は昭和二〇年（一九四五）、アメリカの原爆投下に批判的ともとれるインタビュー記事が朝日新聞に載ったことで、GHQから睨まれていたのです。ちなみにこの時、朝日新聞は二日間の発行停止処分を受け、それ以降、同紙はアメリカやGHQを批判する記事を一切書かなくなりました。

戦後初の総選挙で第一党となった政党の総裁でさえ簡単に追放してしまうGHQの恐ろしさに、以降、GHQの政策に異議を唱える政治家はほとんどいなくなってしまいました。また名称こそ「公職追放」となっていましたが、実際は公職だけでなく民間企業からも追放されました。当時、日本は貧しく、ほとんどの人が食うや食わずの生活で、社会保障の制度もありません。職を失うことは、まさしく死活問題でした。政治家といえども、その恐怖に怯えたのも無理はありません。

GHQは新聞社や出版社からも多くの人物を追放しました。それは言論人や文化人にも及びました。

菊池寛（作家、「文藝春秋」創刊者）、正力松太郎（読売新聞社社長）、円谷英二（映画監督）、山岡荘八（作家）などの著名人の他、無名の記者や編集者も多くいました。代わりにＧＨＱの指名によって入ってきたのは、彼らの覚えめでたき人物たちでした。これにより、多くの大学、新聞社、出版社に、「自虐史観」が浸透し、ＧＨＱの占領が終わった後も、そうした思想が徐々に一般国民に行き渡っていくことになります。

大学や新聞社で追放を免れた人たちの中にも、追放を恐れてＧＨＱの政策に対して批判的なことを口にする者はいなくなりました。

ＧＨＱの公職追放はその後も財界、教育界、言論界と広い範囲で行なわれ、その数は約二十万六千人に及びましたが、追放を担当したＧ－２（参謀第二部）だけで、それだけの人数を処理できるはずはありません。追放に協力した日本人が多数いたことは間違いなく、彼らの多くは共産党員ならびにそのシンパであったといわれています。前述の教職追放の時も、同じ日本人同士の密告や讒訴が頻繁にあり、そうした空気を嫌って多くの教員が自主的に職場を去っています。また政治家の間でも、ＧＨＱを使って政敵を追い落としたケースがありました。ちなみに前述の焚書にも、左翼系学者や言論人の協力があったことはいうまでもありません。

こうした事実を見ると、「教職追放」や「公職追放」は、単に思想的な問題だけではなく、日本人の誇りとモラルを破壊したものだったということがわかります。

コラム　現代においても歴史学者や評論家の中には、「WGIPなど存在しない」「WGIPは妄想の産物」と断定する人が少なくありません。しかしWGIPは陰謀論ではなく、厳然と存在するものです。

なぜならGHQの公式文書には、「日本人にWGIPを植え付ける」という文言が入った書類が多数残されているからです。たとえば、GHQの民間情報教育局（CIE）が昭和二三年（一九四八）三月三日に出した文書のタイトルは、そのものずばり「WGIPについて」です。そこには次のような文章があります。

「その任務を果たすためにCIEは1945年10月から1946年6月までの期間に第1段階のWGIPを開始した。このプログラムは日本のすべての公衆情報メディア、すなわち新聞、書籍、雑誌、ラジオ、映画を通じて実施された」（有馬哲夫著『日本人はなぜ自虐的になったのか』より）

ここにはGHQ自身がはっきりとWGIPを開始したと書いています。これほど明白な証拠はありません。これはあくまで一例で、GHQが日本人にWGIPを植え付けようとしていたことが書かれている文書はいくらでも残っています。WGIPを否定する人たちは、こうした一次史料を無視します。あるいは「ウォー・ギルトとは『戦争の有罪性』を説くもの」という風に論理をすり替えを行ないます。

ところで、このGHQの文書で注目すべきは、「日本のすべての公衆情報メディア、すなわち新聞、書籍、雑誌、ラジオ、映画を通じて実施された」というくだりです。実はWGIPを試みたのはGHQですが、その後、それを積極的に推し進めたのは、他ならぬ私たちの国のメディアだったのです。さらにそれを後押しした組織に「教育界」があります。教職員追放の後、大学やその他の教育機関にGHQに阿る教授や教諭が大量に入り、若者や子供たちに自虐思想を植え付けていきました。

メディアと教育による「洗脳工作」は、連合軍の占領期間中に弛まず行なわれました。その結果、日本の若年層の間に、過剰に自己を否定する、いわゆる自虐史観が蔓延していきました。そして後に彼らの中から、「君が代」や「日の丸」を否定する人々が大量に生まれました。実に悔しいながら、日本人をマインドコントロールするGHQの占領政策は見事に成功したと言わざるを得ません。

ちなみに戦後、GHQに最も忠実な報道機関となったのが朝日新聞と毎日新聞です。特に朝日新聞は自ら進んでGHQの政策を肯定し、マッカーサーを称賛しました。昭和二六年（一九五一）に彼が連合国軍最高司令官を解任され、アメリカに帰国する際にはこう書きました。

「われわれに民主主義、平和主義のよさを教え、日本国民をこの明るい道へ親切に導いてくれたのはマ元帥であった」（昭和二六年【一九五一】四月十二日）

まるで毛沢東か金日成を礼賛する共産主義国の機関紙のようです。

呆れたことに、この時、マッカーサーを顕彰する「マッカーサー記念館」を作ろうという提案がなされ、その発起人に当時の朝日新聞社社長の長谷部忠が名を連ねています（毎日新聞社社長、本田親男の名前もある）。朝日新聞社や毎日新聞社にとって、ダグラス・マッカーサーはそれほど偉大なる人物であったということでしょう。

占領軍と朝鮮人の犯罪

占領中に、アメリカ兵に殺害された日本人や、強姦された婦女子は夥しい数にのぼるといわれていますが、その実数は定かではありません。というのも、当時の日本の警察は、アメリカ兵の犯罪を捜査することも検挙することもできなかったからです。また新聞も報道を禁じられていました。

日本人に対して狼藉を働いたのはアメリカ兵だけではありません。戦前から日本にいた朝鮮人の一部が、日本人に対して、殺人、強盗、傷害、強姦、窃盗などを働いたのです。彼らはまた焼け跡の一等地や駅前の土地などを不法に占拠し、あるいは日本人の土地や家屋を奪いました。

実は、これはGHQの政策が大いに関与していました。当初、朝鮮人は「戦勝国民」に準じると自称したからです。前述したように、占領初期は、新聞で朝鮮人を批判することは許されず、一部の朝鮮人はそれを盾に数々の乱暴狼藉を働いたのです。

GHQが朝鮮人を特別扱いした理由は、「日本人は朝鮮人を奴隷扱いしていた」という誤った認識を持っていたからです。GHQは戦争によって「奴隷を解放した」と考えていたのです。

はじめは朝鮮人の行動を黙認していたGHQも事態を重く見て、昭和二一年（一九四六）九月三十日に、「朝鮮人連盟発行の鉄道旅行乗車券禁止に関する覚書」を出し、「在日本朝鮮人連盟」が勝手に発行した乗車券による朝鮮人の無賃乗車を禁止しました。つまり、この時までは事実上、朝鮮人の横暴が認められていたのです。

それでも不逞朝鮮人の日本人に対する乱暴は収まりませんでした。しかし当時の警察官はGHQにより拳銃の所持を認められておらず、武装した朝鮮人らを逮捕することが困難でした。また逮捕しても、警察署が襲われて、犯人を奪い返される事件も頻発しました。昭和二〇年（一九四五）から二二年（一九四七）にかけてだけでも、警察署や派出所が朝鮮人に襲撃されたり警察官が殺害されたりした事件が十件以上も起きています。

このことは当時の日本社会にとっては大きな問題でした。事態の深刻さを憂慮した吉田茂首相は、昭和二四年（一九四九）の八月下旬から～九月初めにかけて（推定）、マッカーサーに向けて「在日朝鮮人を半島へ帰還させてほしい」という旨の手紙を書いています。吉田は手紙の中で、約百万人の在日朝鮮人の約半数は不法入国者であることを書き、昭和二〇年（一九四五）八月から昭和二三年（一九四八）の五月までの期間に朝鮮人が犯した刑事事件のデータが付されています（それによれば、四年間で七万千五十九件に上る）。吉田は手紙の中で、マッカーサーにこう提案しています。

「（1）原則として、朝鮮人はすべて送還され、その費用は日本政府の負担とする」

「（2）日本に在住を希望するものは、日本政府に許可を申請すべきものとする。在住許可は、日本経済の再建に貢献しうると見なされたものに与えられる」（『吉田茂＝マッカーサー往復書簡集［1945-1951］』袖井林二郎編訳より。底本記載の所在元：マッカーサー記念館所蔵資料、レコード・グループ5、ボックス3）

マッカーサーと吉田がこの件で具体的にどこまで話し合ったかは不明ですが、吉田の提案は実行に移されることはありませんでした。

ただGHQは同年、団体等規制令の「暴力主義的団体」として「在日本朝鮮人連盟」に解散を命じました。その後、同団体は「在日本朝鮮人総聯合会」（朝鮮総聯）へと発展していきます。

ところで当時の新聞や官公庁の発行物には、在日朝鮮人や在日台湾人に対して「第

「三国人」あるいは「三国人」という言葉が使われています。これはもともと「戦勝国、敗戦国いずれでもない第三国の国民」という意味の終戦処理に伴う行政用語で、事実上、朝鮮人と台湾人を指していました。GHQが彼らを「third nation」と呼んだことが由来だといわれています（他説もあり）。本来は差別語ではありませんでしたが、戦後の動乱期における一部の朝鮮人の悪行に眉をひそめた日本人が、悪感情を込めて「三国人」と呼んだことから、いつしか差別語の一つと捉えられるようになりました。在日韓国・朝鮮人に関する社会問題は、その後も日本社会に根深く残ることになります。

コラム　公職追放および教職追放は、GHQにとっても大きな誤算となりました。GHQの後押しによってメディアと教育界に入り込んだ社会主義者や共産主義者たちが大きな勢力を持ち始めたからです。一般企業でも労働組合が強くなり、全国各地で暴力を伴う労働争議が頻発しました。これらはソ連の指示があったともいわれています。さらに昭和二四年（一九四九）、中国共産党が国民党に勝利して共産主義国を樹立したことにより、日本の大学やメディアでもソ連や中華人民共和国を礼賛する傾向が強くなりました。

日本の共産化を恐れたＧＨＱは、昭和二五年（一九五〇）、日本共産党の非合法化を示唆します。その後、官公庁、大企業、教育機関などから、共産主義者およびそのシンパの追放を勧告しました（レッドパージ）。これにより一万数千人以上の人が様々な職場から追放されましたが、それらはかつての公職追放や教職追放のような徹底したものではありませんでした。

大学では共産主義者およびそのシンパの追放はほとんど行なわれませんでした。メディアも同様でした。また国鉄（日本国有鉄道。その後、ＪＲ各社に分かれる）の巨大労働組織で長年にわたり国民の血税を貪り続けた国労（国鉄労働組合）などでは、共産主義者らが、共産主義に反対する人々を、逆に共産主義者だと名指しして解雇し、実権を握りました。こうして共産主義的な思想は日本社会のいたるところに深く根を下ろしていくことになります。

前述したようにGHQの一番の目的は、日本を二度とアメリカに歯向かえない国に改造することでしたが、共産主義者やそのシンパは、日本を大きな社会実験の場にしようとも考えていました。メンバーの中には、日本をいい国にしたいという理想を持っている者もいましたが、自らが理想とする「人民国家」を作るために、本国でも行なえないような大胆な改革を試みたのです。

昭和二〇年（一九四五）十月、マッカーサーは幣原内閣に「五大改革」を命じました。それは「秘密警察の廃止」「労働組合の結成奨励」「婦人解放（婦人参政権）」「教育の自由主義化」「経済の民主化」でした。そして「経済の民主化」のために行なった二つの大きな改革が、「財閥解体」と「農地改革」でした。

戦前の日本は三井、三菱、住友、安田という巨大財閥をはじめ、多くの財閥がコンツェルンやトラストを形成しており、各産業は財閥の独占あるいは寡占（かせん）状態にありました。また財閥とは別に「政商」として国や政治家と結びついている者もいました。これらは自由な資本主義の発展を妨げる存在でもありました。そこでGHQは八十以上の財閥をバラバラにして、分社化したのです。

これにより証券の民主化が進み、近代的な資本主義へと移行しました。また一部の財閥に独占されていた市場が開放されて、数多くの新興企業が誕生しました。東京通信工業（ソニー）やホンダなどは戦後に急成長を遂げた代表的な企業です。もっともその後、解体された財閥の旧グループは徐々に集結し、再び大企業として復活します。

ＧＨＱが行なったもう一つの大きな改革は「農地改革」でした。

明治以降、飢饉や不況などで多くの農家が土地を失い、地主の農地を耕す小作農となっていました。そこでＧＨＱは、小作農が耕していた地主の土地を政府が強制的に買い上げ、小作農に格安で売り渡す政策を行なったのです。これにより、多くの小作農が土地を持つ自作農となりました。

この改革は実は戦前の日本でも検討されていましたが、財閥や政界有力者、華族の反対が強く、実現できずにいました。それをＧＨＱは一種の社会実験として行なったのです（こんなことはアメリカでは絶対にできないことであった）。

「農地改革」は、現代でも進歩的文化人といわれる人々に高く評価されていますが、理由は多くの小作農に土地を与えたからというものです。実際、ＧＨＱは小作農を、ロシアにおける農奴のようなものとイメージしていました（これは、戦前の朝鮮人を奴隷と見做していたのと似ている）。しかし現実には日本の地主の多くは大地主ではなく、小作農からの搾取もさほどありませんでした。

また一見公平に見える農地改革でしたが、弊害も小さくありませんでした。農地が細分化されたことによって効率が悪くなり、また兼業農家が多くを占め、中核的農家が育たなかったからです。戦後、日本の食料自給率が先進国の中で最低水準になった原因の一つが農地改革だとする考え方もあります。

しかも農地の転売には制約を設けなかったため、後に、米を作らなくなった都市近郊の農家が土地を宅地業者に売却し始めました。それに対して政府がほとんど制限をかけなかったために、高度経済成長の住宅ブームで地価は高騰し、一般庶民が土地を手に入れることは容易ではなくなるという状況が生まれました。その結果、住宅問題と土地問題は、復興期を経た高度経済成長期以後の大きな社会問題となってしまいます。また（地主が分散したことで）都市開発や道路建設等の用地買収交渉が困難となり、これが経済の停滞につながりました。

農地改革には、もう一つ見過ごせない弊害があります。それは全国の津々浦々にあった神社がさびれたことです。地方の神社の建物や祭典を長年にわたって支えてきた各地の地主たちが財力を失ったことで、多くの小さな神社が荒廃しました。大きな神社も所有していた田圃や山林などを取り上げられたことで多くが荒廃していきました。こうして日本の伝統文化の拠点であった神社が、戦後、急速に衰退していったのです。

しかしながら「財閥解体」と「農地改革」はGHQでなければできない大胆な改革ではありました。弊害もありましたが、この改革があったために、戦後の日本は戦前と比較してきわめて平等性と自由競争に富む社会となったといえなくもありません。

華族制度の廃止

GHQによって廃止されたものに「華族」があります。

華族とは元公家や、江戸時代の大名家、そして維新の功労者がヨーロッパ風の爵位を受けた貴族でした(爵位は公爵、侯爵、伯爵、子爵、男爵の五つ)。

華族には様々な特権が与えられていました。たとえば、第三者から財産を差し押さえられない「華族世襲財産法」があり、財産はそのまま世襲されました。子弟は帝国大学に欠員があれば、無試験で入学できました。その他にも様々な優遇措置がありました。

華族の女性は、当時の庶民にとっては芸能人のような存在で、雑誌などには華族の夫人や娘の写真がしばしば掲載され、不倫、駆け落ち、心中、あるいは不純異性交遊などのスキャンダルが新聞や雑誌を賑わせました。

「四民平等」が謳われた中で様々な特権が認められていた華族ではありましたが、昭和二二年（一九四七）に施行された日本国憲法の十四条によって廃止となりました。これもGHQでなければ廃止は難しかったに違いありません。余談ですが、自身が男爵であった幣原喜重郎首相は、「存命中に限り、華族でいられる」という内容の条項を入れることにこだわったといわれていますが、議会によって拒否されました。

また戦後、宮家（旧皇族）が皇籍離脱しましたが、これはGHQによって皇室財産が国庫に帰属させられたためです。経済的基盤を失った宮家の多くが従来の規模で家を維持できなくなり、最終的に十一の宮家が皇籍を離脱しました。ちなみに十一宮家の多くは皇室の男系子孫であり、これがなくなったために、七十年後の現在、日本の歴史とともに続いていた「万世一系」の危機が訪れようとしています。

コラム　連合国の中には、昭和天皇を戦争犯罪人として裁き、皇室を廃してしまお

うとする考えも存在しましたが、その政策は採用されませんでした。これはマッカーサーが昭和天皇の人間性に敬服したためという一面もありましたが、それだけではありません。

もし昭和天皇を処刑すれば、日本の占領統治に大混乱をきたすと、GHQが判断したからです。彼らは、最悪の場合、日本人が死に物狂いの抵抗をしてくるかもしれないと恐れたのです。

アメリカ軍は、硫黄島や沖縄において日本兵の凄まじい戦いぶりを目の当たりにしていました（二つの戦いでは、アメリカ軍の死傷者は日本軍を上回っている）。また神風特攻隊の死をも恐れぬ決死の攻撃にさらされ、多くのアメリカ軍水兵が恐怖のあまり戦争神経症を発症しています。

アメリカ軍は物量の差で戦争には勝ちましたが、本当は日本人を心底恐れていたのです。だからこそ、マッカーサーとGHQは、日本人の生命ではなく精神を改造する「ウォー・ギルト・インフォメーション・プログラム」という政策を取ったのです。しかし、そんなGHQでも、日本の国体である皇室を消滅させることはできませんでした。

私は、戦後の日本の国体を守ったのは、戦争が終結してなお「敵」を震え上がらすほど勇敢に戦った日本兵であると思っています。

第十四章
日本の復興

「大東亜戦争」が終わった時点で、日本は世界最貧国の一つとなり果てました。しかし、日本は昭和二〇年代半ばから驚異的な復興を遂げました。あらゆる産業が蘇り、みるみるうちに国力においてヨーロッパ諸国に迫っていきます。

その裏には、朝鮮半島をめぐる国際情勢の急変により、アメリカが対日政策を転換したという事情もありましたが、それだけでこの急激な復興は説明できるものではありません。

奇跡的な復興を支えたのは、ひとえに国民の勤勉さでした。

何の資源も持たない日本が欧米に伍していくためには、死に物狂いで働くしかなかったのです。そして戦後の日本人はそれをやり遂げました。

敗戦からわずか十九年で、アジアで初めてのオリンピックを開催し、ホスト国として世界の国々を招き、同じ年、第二次世界大戦の戦勝国すらどこも成し得なかった「時速二〇〇キロ以上で走る高速鉄道」（新幹線）を東京から大阪まで開通させました。そして、その四年後、ＧＮＰ（国民総生産）で西ドイツを抜き、世界第二の経済大国となったのです。世界はこの復活に驚愕しました。

私はこの事実にあらためて深い感動を覚えます。私たちの祖父や父は何と偉大だったのでしょう。

しかし、敗れた日本が取り戻せなかったものがありました。それは「愛国心」と「誇り」です。これらは戦後、GHQに木端微塵(こっぱみじん)にされ、占領軍が去った後は、彼らの洗脳を受け傀儡となったマスメディアや学者たちによって踏みつぶされ続けました。国旗と国歌を堂々と否定する文化人が持て囃される国は、世界広しといえど日本だけでしょう。

この屈辱は、昭和の輝かしい復興の陰で、決して忘れてはならないことです。

独立するアジア諸国

大東亜戦争で日本軍に追われたイギリス、フランス、オランダは植民地支配を復活させるために、戦後、東南アジアに軍を派遣しました。しかし、すでに民族主義に目覚めていた東南アジア諸国の人々は列強にひるまず勇敢に戦い、次々に独立を果たしていきます。

東南アジアの諸国民は、欧米列強による長い植民地支配によって、「アジア人は白人に絶対に勝てない」と思い込んでいました。その認識を覆したのが、日本人でした。無敵の強者と思われていた白人をアジアから駆逐する日本軍を見て、彼らは自信と勇気を得たのです。

シンガポールの元首相ゴー・チョクトンはこう言っています。

「日本軍の占領は残虐なものであった。しかし日本軍の緒戦の勝利により、欧米のアジア支配は粉砕され、アジア人は、自分たちも欧米人に負けないという自信を持った。日本の敗戦後十五年以内に、アジアの植民地は、すべて解放された」(「諸君！」平成

五年七月号）

インドの元大統領サルヴパッリー・ラーダークリシュナンはこう言っています。

「インドでは当時、イギリスの不沈戦艦を沈めるなどということは想像もできなかった。それを我々と同じ東洋人である日本が見事に撃沈した。驚きもしたが、この快挙によって東洋人でもやれるという気持ちが起きた」（日本経済新聞、昭和四四年）

ビルマ（現在のミャンマー）の元国家元首バー・モウはこう言っています。

「歴史的に眺めてみると、日本ほど、アジアを白人の支配下から解放するのに尽くした国は、他にどこにもない」（『ビルマの夜明け』バー・モウ著／横堀洋一訳）

こうした声は一部の人たちだけのものではありません。東南アジア諸国の歴代の首相や大統領、それに大臣や軍人の多くが、今日でも「独立は日本のお陰だった」と明言しています。近年でも、平成二八年（二〇一六）に来日したミャンマーのセイン・ウィン国防大臣は当時の稲田朋美防衛大臣との会談で次のように発言しています。

「わが国の独立の歴史において、日本と旧日本軍による軍事支援は大きな意味があった。（中略）アウン・サン将軍が『ビルマ独立義勇軍』（ＢＩＡ）を設立し、ＢＩＡと日本軍が英国の植民地支配を打ち倒した。ミャンマーは日本兵と日本に対し、いつも

感謝している」（産経ニュース／デジタル版、平成二八年九月二十一日）

日本が戦争中、東南アジアの地域に進軍し、一時的に占領したことは事実です。しかし日本軍が欧米列強を追い出したことによって東南アジア諸国が独立を勝ち得たこともまた紛れもない事実です。

また戦後、多くの日本兵が現地に残り、東南アジアの人々とともに欧米の軍に対して独立戦争を戦って命を落としています。インドネシアでは約二千人の日本兵がインドネシア人とともに四年にわたってオランダと戦って独立を勝ち取りました。同国の各地の英雄墓地には、この戦いで死んだ多くの日本兵が埋葬されて眠っています。本来なら大東亜戦争の終結で故国へ戻れたはずの日本人が「インドネシアの独立を叶える」と言った約束を守るために命を懸けたのです。

再び混乱する世界

第二次世界大戦の終結は決して世界に平和をもたらしませんでした。ソ連は東ヨーロッパの国々を呑み込み、無理矢理に共産化して、ソ連の衛星国家としました。ソ連の政策に反対する者たちはたとえ首相であっても粛清されました。

昭和二三年（一九四八）、ソ連が西ドイツと西ベルリンの間の道路を封鎖し、東西ドイツの分裂は確定的となり、「冷戦構造」がはっきりしました（冷戦の始まりは昭和二〇年【一九四五】のヤルタ会談）。翌昭和二四年（一九四九）、西側諸国はソ連と共産主義の進出を抑えるために軍事同盟である北大西洋条約機構（NATO）を結成すると、ソ連もまた昭和三〇年（一九五五）に東ヨーロッパ諸国とワルシャワ条約機構（WTO）という軍事同盟を結成して対抗しました。

中国大陸では蔣介石率いる国民党と毛沢東率いる中国共産党が内戦を再開し、昭和二四年（一九四九）に中国共産党が勝利して「中華人民共和国」が生まれました。蔣介石は台湾に逃れ、その地が「中華民国」となります。ちなみに戦前、中国共産党が勢力拡大のために実施した行動方針が、「一村一焼一殺、外加全没収」でした。これは「一つの村で一人の地主を殺し、その家を焼き払って、彼の全財産を没収する」という意味です。具体的には、共産党が村の地痞（ならず者）と手を組み、地主を人民裁判で処刑し、全財産を没収した上で、彼の土地を村人に分け与え、その代わりに村人から何人かの若者を中国共産党に兵隊として差し出させるというものです（その後、地痞は村の共産党幹部となる)。ちなみにこの時に処刑された地主は五年間で約十万人といわれています。こうして力を得た中国共産党は、国民党に勝利して全土を支配すると、土地はすべて国家のものであるとして、農民から農地を奪い取ったのです。さらに毛沢東は政敵を次々に粛清し独裁体制を築きます。建国後、中華人民共和国は「一村一焼一殺、外加全没収」を徹底して行ない、それによって処刑された地主は約二百万人といわれています。

朝鮮半島では、戦後、北緯三八度線から南をアメリカが占領し、北側をソ連が占領していましたが、昭和二三年(一九四八)に、大韓民国(韓国)と朝鮮民主主義人民共和国(北朝鮮)という二つの国がそれぞれ生まれました。北朝鮮建国の時、ソ連は自国で思想教育した金成柱という人物を「金日成」として送り込んで国家主席に据えました。「金日成」は一九二〇年代頃から朝鮮の民衆の間に伝わる抗日ゲリラの伝説的人物で、実在の人物ではないともいわれています。

朝鮮半島と中国大陸に共産主義国家が誕生したことで、極東でも冷戦状況が生まれました。皮肉なことに、このことがその後の日本の命運を分けました。日本を東アジアにおける共産主義の防波堤にしようと考えたアメリカは、日本を工業国として復興させようという方針を取ったのです。

日本独立

昭和二五年（一九五〇）六月、北朝鮮はソ連の支援を受けて韓国に侵攻しました。いわゆる「朝鮮戦争」の勃発です。北朝鮮軍は、一時は韓国全土をほぼ占領しましたが、マッカーサー率いる国連軍（実質アメリカ軍）が仁川（インチョン）に上陸すると戦況が一変します。国連軍は中国国境近くまで北朝鮮軍を押し返しますが、ここで北朝鮮の軍に中国の人民解放軍が加わったことで、戦争が長期化しました（昭和二八年【一九五三】、停戦）。この間、韓国から日本への密航者が急増することとなります。

日本に駐留していたアメリカ軍が大規模に朝鮮半島に出撃したことで、日本国内の治安維持のための部隊が新たに必要となり、ＧＨＱは日本政府に対し警察予備隊を作ることを命じました。これが保安隊を経て後に自衛隊となります。他方、日本は朝鮮半島で戦うアメリカ軍に大量の軍需物資その他を供給することとなり、一気に経済が息を吹き返しました（「朝鮮特需」と呼ばれる）。

冷戦が深刻化する国際状況の中、日本の急速な復興を見たアメリカは、日本の独立を早めて、自由主義陣営に引き入れようと考えました。実はこの時まで、日本の独立はいつになるかわからなかったのです。

昭和二六年（一九五一）九月、日本は四十八の国々とサンフランシスコ講和条約を締結することとなりました。この条約を結べば、文字通り戦争は完全に終結し、日本は主権を回復して独立国となることができます。しかし日本の独立は、ソ連にとっては非常に都合の悪いことでした。独立した日本が西側の自由主義陣営に加わることは明白だったからです。敗戦によって国力は大きく削がれたとはいえ、その潜在能力は東側陣営にとって脅威でした。

そこでスターリンは日本の旧コミンテルン一派に「講和条約を阻止せよ」という指令を下したといわれています。これを受けて野党第一党の日本社会党と日本共産党は、講和条約締結に反対しました。この時、社会党の中にも講和条約に賛成した人々がいたため、社会党は分裂しました（昭和三〇年【一九五五】再統一）。さらに時の東京大学総長をはじめとする多くの大学長や学者、知識人も反対の論陣を張ります。彼らの多くは「公職追放」の後、大学に入ってきた社会主義者でした。

彼らが講和条約締結の反対理由として掲げたのは、「日本は連合国と戦ったのだから、すべての連合国と講和しなければ、戦争の終結にはならない」というものでした。しかし当時、日本の講和に反対していたのは、ソ連とその衛星国家チェコスロバキアとポーランドの三国のみだったのです。日本と戦ったアメリカやイギリス、フランスなど世界四十八ヵ国という圧倒的多数の国との講和を、「単独講和」と言い換えたのは悪質なイメージ操作以外の何物でもありません。にもかかわらず、朝日新聞をはじめとする当時のマスメディアも、「単独講和」が良くないことであるかのような報道を繰り返しました。

当時のメディアと知識人は自らのイデオロギーと既得権保持のためなら、日本を独立させなくてもかまわないと考えていたのです。主権もなく、したがって外交の権限もなく、外国（アメリカ）の軍隊が国土と国民を支配している日本の状況すら良しとしていたのです。

戦後わずか六年で、日本の言論界はこれほどまでに歪んでしまっていました。時の首相、吉田茂は、東京大学総長の南原繁（なんばらしげる）の名を挙げ、彼を含めて牽強付会（けんきょうふかい）の論を振りかざして講和に反対する学者たちを、「曲学阿世（きょくがくあせい）の徒（と）」と呼びました。これは「世に阿るインチキ学者」という意味の言葉です。

それでも約半年後の昭和二七年（一九五二）四月、講和条約が発効して、日本は戦後七年経ってついに主権を回復し、悲願であった独立を果たすことができました。

コラム 独立後、極東国際軍事裁判（東京裁判）によって「戦犯」とされていた人たちの早期釈放を求める世論が沸騰し、国民運動が起こりました。日本弁護士連合会（日弁連）が「戦犯の赦免勧告に関する意見書」を政府に提出してこの運動を後押ししたこともあり、何とのべ四千万人にのぼる署名が集まったといわれています（当時の日本の人口は約八千五百万人）。

政府はこうした世論を受け、昭和二八年（一九五三）、「戦争犯罪による受刑者の赦免に関する決議案」を国会に提出し、八月三日、衆議院本会議において、日本社会党を含むほぼ全会一致で、戦犯の赦免が決議されました。戦勝国によって「戦犯」とされた人々の赦免は、まさしく当時の日本人の総意であったといえます。また、これはGHQによる「WGIP」の洗脳にこの時点では多くの日本人が染まっていなかったことの証左でもありました。もし洗脳が完全に行なわれて

いたなら、戦犯赦免運動など起こるはずがありません。洗脳の効果が現れるのは、実はこの後なのです。

政府は、サンフランシスコ講和条約第十一条に基づき、旧連合国に対して「全戦犯の赦免・減刑勧告」を通告しましたが、どの国からも反対はありませんでした。つまり、極東国際軍事裁判の戦犯の赦免は、日本国内はもちろん国際的にも認められたものとなっているのです。

講和条約発効後、連合国軍による占領は終わり、同時にGHQが日本から去って、検閲と言論統制はなくなりました。

日米安全保障条約

サンフランシスコ講和条約成立により独立した日本は、朝鮮戦争後の経済復興により、再び国力を取り戻しつつありました。昭和二九年（一九五四）からの好景気は、建国以来初めてという意味を込めて「神武（じんむ）景気」と名付けられました。

しかしその一方では、憲法九条により自前の軍隊を持つことができず、自国の領土と国民を自ら守る能力がないというきわめて脆弱な国でもありました。また、その時点ではまだ朝鮮戦争が続いており、このままでは日本がたちまち安全保障上の危機に陥るのは明白でした。

そこで、講和条約が結ばれた同日、同地において、吉田茂首相は、日米安全保障条約（日米安保）を締結します。これは、講和条約の中の第六条「二国間協定により、引き続き駐留を容認される国も存在できる」という但し書きの規定によって結ばれたものでした。しかしこの条約には、アメリカが日本を防衛する義務があるとは書かれていませんでした。一方、アメリカ軍は日本のいかなる場所にも自由に基地を作ることができ、さらに日本国内で内乱が起きた場合は、その鎮圧のためにアメリカ軍が出動できる（内乱条項）という、日本にとってきわめて不利、不平等な内容でした。

まさにその弱点を衝くように、講和条約発効前の昭和二七年（一九五二）一月、韓国の初代大統領・李承晩（りしょうばん）は、それまでの国際慣例を無視して、日本海に勝手に国境線を引き（「李承晩ライン」と呼ばれる）、そのラインを超えた日本漁船を勝手に取り締まるなどして、日本固有の領土である竹島（島根県）を不法占拠しました。

これに対し、昭和二八年（一九五三）には、島根県と海上保安庁が韓国人六人を退去させ、領土標識を建てます。しかし韓国の守備隊が上陸し竹島の占拠を開始して、竹島近海で操業している日本漁船に対し、銃撃や拿捕を繰り返すようになったのです。

昭和四〇年（一九六五）に日韓基本条約と漁業協定が締結されるまでの間に、拿捕された日本漁船は三百二十七隻、抑留された船員は三千九百十一人、死傷者は四十四人にのぼりました。抑留された漁民には残虐な拷問が加えられ、劣悪な環境と粗末な食事しか与えられず、餓死者まで出ました。それでも、軍隊のない日本は、抑留された漁民も、奪い取られた竹島も取り返すことはできなかったのです（抗議に行った海上保安庁の船が韓国軍によって銃撃されている）。

講和条約が締結される過程で、韓国は、日本に竹島と対馬を放棄するよう要求していましたが、アメリカは「これらの島が朝鮮の一部として取り扱われたことは過去一度もない」と拒否します。にもかかわらず、アメリカは竹島奪回にはまったく動きませんでした。このため竹島は現在に至っても、韓国が実効支配する状況が続いています。ちなみに自衛隊が正式に発足したのは、竹島が韓国の守備隊に奪われた翌年の昭和二九年（一九五四）七月です。竹島を占領されたことで、ＧＨＱによって押し付けられた日本国憲法では、国土も国民も守れないことが明らかとなったのです。

翌昭和三〇年（一九五五）、分裂していた日本社会党が再統一され、危機感を持った保守政党の「日本民主党」と「自由党」が合併して「自由民主党」（自民党）が結成されました。この保守合同の背景には、日本の社会主義化を恐れたアメリカと日本の経済界の要請もありました。ここに「五五年体制」と呼ばれる自社両党による二大政党の時代が始まりました。

二つの保守政党が合併して生まれた自由民主党が結党の際に党是として掲げたのは、「自主憲法制定」と「安保条約の改定」です。別の言い方をすれば、自民党はこの二つの目標を成し遂げるために生まれた政党ともいえます。ところで「自主憲法」という言葉には矛盾を孕んでいます。本来、憲法とは「自主」であるはずだからです。つまり当時の「日本民主党」も「自由党」も日本国憲法が自主的に制定されたものではないことを自覚していたということです。

当時の国民は「憲法改正」を目指す自民党を支持し、五五年体制成立後初の衆議院総選挙では、四百六十七議席のうち二百八十七議席を自民党が占める結果となりました。しかし憲法改正に必要な三分の二の議席にはわずかに足りませんでした。

ＧＨＱは、日本人が容易に憲法を改正できないようにと、非常に高いハードルを設けていたのです（憲法九十六条に、憲法改正の国民投票を提起するには国会両院で三分の二以上の議員の賛成による発議が必要と定められている）。

岸信介首相は安保改定のためにアメリカ側と粘り強く交渉を続け、ついに昭和三五年（一九六〇）、日米安保を改定した新条約に調印します（新安保条約）。これによりアメリカには有事の際に日本を防衛するという義務が生じ（共同防衛）、さらに今後は日本の土地に自由に基地を作ることはできなくなりました。そして国内の内乱に対してアメリカ軍が出動できる、いわゆる「内乱条項」も削除されました。つまり日本にとっては大きな「改正」であったのです。

しかし、この改定もまたソ連や中国の共産主義陣営にとっては都合の悪いものでした。そこで日本社会党や日本共産党は「この改定によって、日本はアメリカとの戦争に巻き込まれる」という理屈を掲げて反対し、傘下の労働組合や学生団体などを煽動して、大掛かりな反対運動を起こしました。この時もまた多くの大学教授や知識人、マスメディアが反対の論陣を張り、世論はまさに「安保改定反対」の一色に染まったかのように見えました。自民党が新安保条約の議会承認を決議しようとした五月から六月にかけては、国会周辺を多数のデモ隊が取り囲む騒乱状態となりました。

しかし、実はこの時、デモに参加していた夥しい数の大学生は、新安保条約の条文を正しく理解していなかったばかりか、読んですらいない者が大半で、日本社会党や日本共産党に踊らされていただけの存在だったのです。

連日、国会周辺（および構内）で何万人ものデモ隊と警察官の衝突があり（死者も出た）、岸は治安のために、防衛庁（現在の防衛省）長官に自衛隊の出動を要請しますが、赤城宗徳（あかぎむねのり）長官は「（自衛隊員に）国民を撃てとは言えない」と言って拒否します。膨れ上がるデモ隊を前に、官邸の安全確保に自信が持てなかった警視総監は、岸に官邸からの退去を要請しますが、この時、岸は「官邸は首相の本丸だ。本丸で討ち死にするなら男子の本懐ではないか」と言って拒絶します。

新安保条約の自然承認が成立する六月十八日の夜（十九日午前零時をもって成立）には、国会と首相官邸に三十三万人のデモ隊が集結しました。当時、日本全国の警察官は約十二万七千人、警視庁で約二万五千人でした。もしデモ隊が暴徒と化せば、それを鎮圧することは不可能でした。自然承認の成立を前に、岸は首相執務室に、弟の佐藤栄作（さとうえいさく）大蔵大臣（後、首相となる）といました。佐藤は「兄さん、二人でここで死のうじゃないか」と言ってブランデーをグラスに注ぎ、兄とともに飲んだという逸話が残されています。

こうして岸はデモ隊の襲撃による死まで覚悟しながら、いささかも信念を曲げることなく、新安保条約を成立させると、一ヵ月後、混乱の責任を取る形で総辞職し、議員をも辞職しました。まさに自らの首をかけた決断でした（総辞職の前日、テロリストに刺されて重傷を負っている）。

総辞職の四ヵ月後に行なわれた衆議院総選挙では、四百六十七議席のうち、自民党（総裁は池田勇人に代わっていた）が二百九十六議席を獲得して圧勝しました。つまりマスメディアが報道していた「世論」は、国民の意識を正しく反映していなかったのです。こうしたマスメディアによる国民意識と乖離した世論捏造はこの後も長く続くことになります。

岸は「安保改定がきちんと評価されるには五十年はかかる」という言葉を残していますが、日本のマスメディアは五十年以上経った今も、この時の安保改定および岸の業績を正しく評価しているとはいえません。

コラム 前述したように、占領軍が去った昭和三〇年（一九五五）頃から、新聞は反米路線に舵を切ります。これは公職追放後にマスメディアおよび教育界や言論界に大量に入ってきた共産主義者や社会主義者たちの影響でした。当時のマスメディアは露骨なまでにソ連や中華人民共和国を称賛し、ソ連や中国に「言論の自由がない」ことや、「人民の粛清がある」ことなどは一切報道されませんでした。

その典型が、北朝鮮（朝鮮民主主義人民共和国）に対する異様な礼賛です。現代では信じられないことですが、昭和三〇年代には、朝日新聞をはじめとする左翼系メディアは口を揃えて、北朝鮮を「地上の楽園」と褒めそやしました。在日朝鮮人の多くがその記事を信じて帰国し、その結果、祖国で塗炭の苦しみを味わうことになったのです（北朝鮮は貧しいだけでなく言論どころか個人の生活さえ厳しく抑圧する独裁国家で、帰国者は差別と弾圧に遭った）。

さらにこの頃の多くのメディアは北朝鮮を礼賛する一方、北と対峙する韓国のことは、独裁による恐怖政治が行なわれている悪魔のような国と報道しました。左翼論壇の拠点であった岩波書店は、『韓国からの通信』という、韓国の悪いところばかりを糾弾する本（一部に捏造もあった）を何年にもわたって出し続けベストセラーとなっていました。そのため「朝鮮戦争」も韓国から仕掛けたというのが、長い間、日本のメディアや言論界の定説となっていました（国連では北朝鮮が侵略したということになっていたにもかかわらず）。

これが覆ったのは、昭和六〇年（一九八五）以降、ソ連の「グラスノスチ」（情報公開）で機密情報が公になり、北朝鮮が一方的に侵略を開始した事実が明るみに出てからです。ソ連からの情報で、左翼学者やマスメディアも事実を受け入れざるを得なくなったのです。それ以前は、「朝鮮戦争は北朝鮮から仕掛けた」などと言おうものなら、学者生命を失いかねないような空気が日本を支配していました。

こうした戦後メディアの歩みを振り返ると、日本の報道は事実をもとになされてきたというにはほど遠く、いかに特定のイデオロギーで捻じ曲げられてきたものだったかがわかります。

奇跡の経済復興

昭和三五年（一九六〇）、岸の後を受けて首相となった池田勇人は、マスメディアに対し低姿勢の態度を取り（岸前首相の態度とは真逆に近い）、自民党結成時のもう一つの党是であった「自主憲法制定」をいったん棚上げし、経済政策に力を注ぐことにしました。元大蔵省（現在の財務省）の次官であった池田は、今後十年間で国民所得を二倍にするという「所得倍増計画」を掲げました。当時は日本を軍事的に脅かす国はソ連しかありませんでしたが、その脅威は日米安保の改定によってほぼ取り除かれていました。そのため「交戦権がない」という安全保障上の大欠陥を含む日本国憲法の改正を急ぐ理由がなかったことも大きかったのです。

日本の景気は相変わらず好況でした。昭和三三年（一九五八）からの好景気は神武天皇より前の天照大神が天の岩戸から姿を現して以来という意味で「岩戸景気」と名付けられました。日本は、何年にもわたって年率一〇パーセントを超える成長が続く驚異的な高度経済成長によって、まさに奇跡ともいえる復興を成し遂げます。

この章の冒頭でも述べましたが、この復興を成し遂げたのは政府ではありません。政府が「所得倍増計画」を打ち出し、号令をかけるだけで復興できるものなら、世界の発展途上国はすべて豊かになっているはずです。日本の復興をなしたのは、ひとえに国民の力です。

昭和三九年（一九六四）、日本は東京オリンピックを開催して、新幹線を開通させました。この二つの大きなプロジェクトで「日本復活せり」を高らかに世界に示したのです。

オリンピックの翌年の昭和四〇年（一九六五）から、「岩戸景気」を上回る「いざなぎ景気」（日本列島を作ったとされる伊弉諾尊（いざなぎのみこと）から命名）と呼ばれる好景気が続き、昭和四三年（一九六八）、ついにGNP（国民総生産）で西ドイツを抜き去って、アメリカに次ぐ世界第二の経済大国となります。大東亜戦争で三百万人以上の国民の命と海外資産をすべて失い、東京をはじめとする全国の都市を空襲で焼き尽くされ、戦後は多くの国に莫大な賠償金を背負わされた国が、わずか二十年余りで完全復活を成し遂げ、かつての敵国アメリカの背後に迫ったのです。これを「奇跡」といわずして何というのでしょう。もちろん国際復興開発銀行（世界銀行）からの借款や「占領地域救済政府基金」（ガリオア資金）などの恩恵もありましたが、そうした借款や基金で世界最貧国レベルの国がわずか二十年余りで世界第二位の経済大国になるはずがありません。

しかも近代産業に必要なほとんどの資源を輸入に頼るしかない状態で、様々な創意と工夫により、多くの優れた製品を作って海外に輸出することで、多額の貿易黒字を生み出しました。日本の家電メーカーは世界が真似のできない高品質な製品で多くの外貨を稼ぎ出し、また後には自動車メーカーも海外マーケットを席巻します。戦後の日本は「モノづくり」に活路を見出したのです。これを成し遂げたのは、日本人の勤勉さと研究熱心さ以外の何物でもありません。

余談ですが、東京オリンピックを開催した昭和三九年（一九六四）に、昭和天皇が日本の復興と無事を祈り、崇徳上皇の御霊を鎮めるために、香川県坂出市に勅使を遣わし百年ぶりの式年祭を執り行なわせています。崇徳上皇の怨霊が鎮められたことが日本が復興を為しえたとは、私も思いませんが、この式年祭は、天皇が日本と日本国民の安寧と平和を祈る存在であるということをあらためて私たちに教えてくれます。

コラム この章の冒頭で、私は日本が「奇跡的な復興を支えたのは、ひとえに国民の勤勉さでした」と書きました。しかし自虐思想の文化人の中には、「そうではない。アメリカをはじめとする諸外国からの援助があったからだ。国民の勤勉さゆえと考えるのは、世界に対する感謝を忘れた傲慢な考え方だ」と言う人も少な

くありません。

アメリカの援助があったのはたしかです。外務省のウェブサイトに「ODAちょっといい話」というページがあり、「ガリオア・エロア資金なかりせば」と題した文章があり、そこには「この援助がなければ日本の復興は考えられなかったのである」と、この二つの資金を称讃していますが、私はこれにはいくつか疑問を持っています。

というのは、民間からの救援物資であるララ物資は別にして、ガリオア資金・エロア資金は必ずしも善意から為されたものとはいえないものでした。当初、日本側はこの二つの資金を贈与と認識していました。ところが、サンフランシスコ講和条約後に、アメリカは日本に返済を要求してきたのです。もちろん日本としてもすんなりと飲むわけにはいかず、昭和二八年（一九五三）、池田勇人（自由党政調会長）とアメリカのロバートソン国務次官補の会談で将来の日米間の解決課題とされました。そして昭和三七年（一九六二）に「総額約五億ドルを年利二・五％で、十五年間で返済する」という協定を結びました。

ガリオア資金とエロア資金の総額は約十八億ドルですから、十三億ドルは無償援助ということになりますが、これもはたして一〇〇パーセント善意といえるかは疑問です。なぜなら日本はその資金で、アメリカが余剰食糧として持て余していた小麦や脱脂粉乳などを購入していたからです。なおかつその価格はアメリカの市場価格に、アメリカの汽船運賃、保険会社の保険費用、貿易会社の利潤などを上乗せしたものでした（それらの価格もアメリカが自由に設定した）。しかも食糧の中には家畜に与えるような低品質のものも多くありました。たしかにガリオア資金・エロア資金が日本人を助けたことは事実です。しかし全部とはいえないまでも、一部を後になって「返済せよ」はないだろうと思います。

戦後の日本はすべてをアメリカに助けてもらっていたわけではありません。たとえば、日本は「終戦処理費」として、毎年、莫大な金額をアメリカ軍に拠出しています。これは戦争の賠償金ではなく、占領軍の宿舎の新築費用、施設の維持管理費、資材や燃料などの物資調達費、人件費、運輸・通信・事務費などです。要するに占領軍の軍事費を除く費用のすべてを日本が出していたのです（極東軍事裁判にかかった二十七億円の費用も日本が払っている）。昭和二一年度（一九四六）は三百七十九億円、昭和二二年度（一九四七）は六百四十一億円、昭和二三年度（一九四八）は千六十一億円、昭和二四年度（一九四九）は九百九十七億円、昭和二五年度（一九五〇）は九百八十四億円、昭和二六年度（一九五一）は九百三十一億円という具合です。昭和二一年度からの三年間は日本の歳出費用の最大比率を占めていたのです（昭和二一～二二年度は国家予算の三分の一を占めた）。さらにいえば、占領軍はそれらの金を本来の用途を外れて（不正使用も含めて）使いまくっていたのです。

これだけの金が出て行ったとなれば、当然のことながら国家財政を圧迫します。事実、戦後の急激なインフレの要因となり、国民生活を直撃しました。もし占領軍が膨大な額にのぼる終戦処理費を取ることなく、日本に自由貿易を認めていたなら、ガリオア資金・エロア資金などなくとも日本は自力で復興できたはずです。しかし日本は文句も言わずに、これらの資金を利息を付けて返済したのです。

戦後のインフラ整備が世界銀行からの多額の借り入れによって為されたことも事実です。しかし日本人は勤勉に働き、戦争で焼け野原となった日本を立て直し、それらの借金もすべて返したのです。これは「ひとえに国民の勤勉さゆえ」と、ここで敢えて断言します。

テレビの登場

戦後しばらくは食うや食わずであった国民生活も、昭和二〇年代後半から余裕が生まれ、昭和三一年（一九五六）の経済白書には「もはや戦後ではない」と書かれました。一般家庭でも電気洗濯機、電気炊飯器、電気掃除機などの家庭用電化製品が使われ始めました。

しかし国民の生活に最も大きな影響を与えた家電といえばテレビでした。テレビが一般家庭に普及し始めたのは昭和三四年（一九五九）頃からです。皇太子ご成婚で普及が進み、その後、昭和三九年（一九六四）の東京オリンピックでカラーテレビが普及します（十年後の昭和四九年【一九七四】には、普及率八五パーセントになっている）。

公共放送のNHKを除いて、民間のテレビ事業に参入したのは新聞社でした。多くの先進国では新聞社がテレビ局を持つこと（クロスオーナーシップという）は原則禁止されていますが、なぜか日本政府はそれを容認しました。

先進諸国の多くでクロスオーナーシップが禁止されている理由は、それによって言論の自由と多様性が制限されるからです。実際、日本ではこれによって新聞とテレビが一枚岩となり、世論は新聞社とテレビ局によって操作されるようになりました。「六〇年安保」の報道はその典型的な例で、メディアによる世論誘導・イメージ操作が大々的に行なわれました。

また日本のテレビ局は許認可事業ですが、昭和三〇年代半ば以降、全国にネットワークを持つ東京のキー局（キーステーション）に関しては、政府は新たな企業の参入を受け入れておらず、そのため半世紀以上にわたって、国民の共有財産である電波を、わずか数局が独占するという異常な状況が続いています。ちなみに元は同じ資本の会社である関係上、新聞社とテレビ局は、よほどの事件でもない限り、互いの不祥事や不正を報道したり批判したりすることはありません。

日韓基本条約

昭和四〇年（一九六五）、日本は韓国と「日韓基本条約」（正式名称・日本国と大韓

民国との間の基本関係に関する条約）を結んで国交を正常化しました。この条約と同時に締結された「日韓請求権・経済協力協定」で、日本政府が韓国に支払った金は、無償で三億ドル、有償で二億ドル、民間借款で三億ドル、その他を含めると十一億ドルにものぼりました。これは当時の韓国の国家予算の二・三倍にあたるものでした。すべて外貨で支払われましたが、当時の日本には外貨が十八億ドルしかなく、国民が死に物狂いで働いて得た中から、まさに身を切る思いで支払いました。しかも併合時代に日本政府が朝鮮半島内に残した五十三億ドルにのぼる資産はすべて放棄した上でのことです（他に巨額な民間資本も残したままであった）。

日本と韓国とは戦争をしていないので、本来は賠償義務は生じないため、これらは「賠償金」ではなく「経済協力金」と呼ばれました。義務がないにもかかわらず、日本が韓国にこれほどまでの多額の金を払ったのは、ソ連や北朝鮮、中国の脅威に対抗するという安全保障の観点から韓国との関係改善が必要だったからです。また、GHQによって「贖罪意識」を植え付けられていたことや、韓国が李承晩ラインによって多くの日本人漁民を抑留していたことから、日本政府は彼らを救うために不当なまでに巨額の金を提供したという側面もありました。

韓国は日本から莫大な金を得て、「対日請求権」をすべて放棄することに合意しました。請求権協定には「完全かつ最終的に解決されたことを確認する」との文言が明示され、締結日以前に生じた事由に基づくものに関しては、いかなる主張もすることができないものとするとの旨の一文もあります。これにより昭和二〇年（一九四五）八月十五日以前の日韓問題は「完全に、かつ最終的に解決」しました。ところが、韓国はその後も条約を無視して、日本に新たな謝罪と賠償を再三要求することになります。

敢えて補足すると、「日韓基本条約」を結ぶ際、日本政府は韓国政府に対して、「併合時代の朝鮮人に対する補償を行ないたいので、資料を出してほしい」と要求しましたが、韓国政府は「個人への補償は韓国政府が行なうから、日本はその金を含めて一括して支払え」と回答しました。ところが韓国政府は個人への補償を怠ったのです。これだけでも呆れる話ですが、韓国はその後、日本政府に対し、慰安婦や戦時徴用工への個人補償をしろと執拗に要求するようになります。

ゾンビのように蘇る自虐思想

昭和四〇年代から五〇年代にかけての日本は、高度経済成長を成し遂げ、国民生活が飛躍的に向上した時代でしたが、その繁栄の裏で、厄介な問題が頭をもたげてきていました。それは占領軍が去ってから沈静化していた「自虐思想」が再び強くなってきたことです。

占領時代に日本人はGHQによる「WGIP」の洗脳を受けましたが、独立と同時に起こった戦犯赦免運動でも明らかなように、戦前に教育を受けてきた国民の多くは、心の深いところにまで自虐思想が浸透しませんでした。

昭和三五年（一九六〇）の安保改定後の総選挙で自民党が圧勝したのも、有権者の全員が戦前生まれだったからです。昭和三〇年代には、祝日になると町の至るところに「日の丸」が揚がり、儀式の際には普通に「君が代」が歌われていました。

ところが、昭和一〇年代の終わり（戦中）以降に生まれた人たちは、小学校に上がると同時に、自虐思想を植え付けられた人たちです。何も知らない白紙の状態の柔らかい頭と心に特定の思想を注入された時の効果は絶大です。この戦中生まれと、その後に生まれた団塊の世代の多くが、今も自虐思想から抜け出せないのは、当然ともいえます。不幸なことに、この世代は戦前の日本のすべてを否定する日本人として育てられたのです。

GHQの「WGIP」洗脳第一世代ともいうべき戦中生まれの人々が社会に進出し始めた昭和四〇年代頃から、『自虐思想』が再び頭をもたげてくるようになります。そして洗脳第二世代ともいうべき「団塊の世代」（昭和二二～二四年生まれの人たち）が社会に出始めた昭和四〇年代半ば頃から、それに拍車がかかっていきました。「WGIP洗脳世代」は、「日の丸」「君が代」はもちろん、「天皇」「靖國神社」「戦犯」、さらには「愛国心」をも全否定するという、GHQの占領時代にもなかった極端な思想を自ら押し立てていきます。それらはすべて軍国主義につながるというのが、彼らの理屈でした。彼らはGHQが押し付けた日本国憲法を賛美し、憲法九条は「世界に誇るべき平和憲法」であると盲信しました。

この人々こそ、まさにGHQの落とし子であり、「WGIP」の信者であるといえます。彼らの自虐思想は、親の世代が生きた戦前の日本を全否定するまでに膨張し、さらに「反日」という思想へと連なっていきます。

朝日新聞が生み出した国際問題

「ＷＧＩＰ洗脳世代」が社会に進出するようになると、日本の言論空間が急速に歪み始めます。そして後に大きな国際問題となって日本と国民を苦しめることになる三つの種が播かれました。それは「南京大虐殺の嘘」「朝鮮人従軍慰安婦の嘘」「首相の靖國神社参拝への非難」です。

これらはいずれも朝日新聞による報道がきっかけとなったものでした。

まず「南京大虐殺」ですが、これは前述したように、昭和四六年（一九七一）、朝日新聞で始まった「中国の旅」という連載がきっかけとなりました。まったく事実に基づかない内容だったにもかかわらず、戦後、ＧＨＱによって「日本軍は悪逆非道であった」という洗脳を徹底して受けていた日本人の多くは、この捏造ともいえる記事をあっさりと信じてしまったのです。

当時、朝日新聞が「日本の良心」を標榜し、売上部数が圧倒的に多かったことも、読者を信用させるもととなりました。まさか大新聞が堂々と嘘を書くとは誰も思わなかったのです。さらに当時、マスメディアや言論界を支配していた知識人の多くがこの話を肯定したことが裏書きとなり、本多の記事が真実であるかのように罷り通ってしまったのでした。

日本側のこうした反応を見た中華人民共和国は、これは外交カードに使えると判断し、以降、執拗に日本を非難するカードとして「南京大虐殺」を持ち出すようになります。そして五十年後の現在まで、大きな国際問題となって残っています。情けないことに、未だに、「南京大虐殺」が本当にあったと思い込んでいる人が少なくありません。今さらながらＧＨＱの「ＷＧＩＰ」の洗脳の怖ろしさがわかろうというものです。

朝日新聞が生み出したもう一つの嘘は、いわゆる「朝鮮人従軍慰安婦」問題です。昭和五七年（一九八二）、朝日新聞は吉田清治という男の衝撃的な証言記事を載せました。その内容は、吉田が軍の命令で済州島に渡り、泣き叫ぶ朝鮮人女性を木刀で脅し、かつてのアフリカの奴隷狩りのようにトラックに無理矢理乗せて慰安婦にしたという告白でした。この記事は日本中を驚愕させました。

以降、朝日新聞は日本軍が朝鮮人女性を強制的に慰安婦にしたという記事を執拗に書き続けます。朝日新聞は吉田証言だけでも十八回も記事にしています。ちなみに

「従軍慰安婦」という言葉は、戦後、元毎日新聞社の千田夏光（本名、貞晴）らによって広められたまったく新しい造語です。

吉田証言が虚偽であることは早い段階から一部の言論人らから指摘されていました。吉田自身も平成八年（一九九六）の「週刊新潮」のインタビューで、「本に真実を書いても何の益もない」「事実を隠し、自分の主張を混ぜて書くなんていうのは、新聞だってやっている」と捏造を認めていたのです。ところが、朝日新聞がこの吉田証言に基づく自社の記事を誤りだったとする訂正記事を書いたのは、最初の記事から三十二年も経った平成二六年（二〇一四）のことでした。実に三十二年もの間、朝日新聞の大キャンペーンに、左翼系ジャーナリストや文化人たちが相乗りし、日本軍の「旧悪」を糾弾するという体で、慰安婦のことを何度も取り上げました。これに積極的に関わった面々の中には旧日本社会党や日本共産党の議員もいました。

多くの国民は朝日新聞が嘘を書くわけがないと思い、またGHQの洗脳によって「日本軍ならそれくらいのことはしただろう」と思い込まされてきたため、「従軍慰安婦の嘘」を信じてしまったのです。「南京大虐殺」と同様でした。

こうした日本の状況を見た韓国も、中華人民共和国と同様、「これは外交カードに使える」として、日本政府に抗議を始めました。朝日新聞が吉田証言を記事にしてキャンペーンを始めるまで、四十年もの間、一度も日本政府に慰安婦のことで抗議などしてこなかったにもかかわらず、です。

韓国の抗議に対する日本政府の対応が最悪ともいえる拙劣なものでした。

平成五年（一九九三）、韓国側からの「日本政府が従軍慰安婦の強制連行を認めれば、今後は問題を蒸し返さない」という言葉を信じて、日韓両政府の事実上の談合による「慰安婦関係調査結果発表に関する河野内閣官房長官談話」（いわゆる「河野談話」）を出し、慰安婦の強制連行を認めるような発信をしてしまったのです。途端に、韓国は前言を翻し、これ以降、「日本は強制を認めたのだから」と、執拗に賠償と補償を要求するようになります。これは八十年近く前、大正四年（一九一五）の「二十一ヵ条要求」のいきさつを彷彿とさせる悪手でした。

もう一つ、朝日新聞がこしらえたといえる深刻な国際問題が、「首相の靖國神社参拝に対する非難」でした。

今も、首相の靖國神社参拝を「世界の国々が非難している」という報道を繰り返す新聞がありますが、これは正しくありません。我が国の首相や閣僚の靖國神社参拝を感情的に非難しているのは、中華人民共和国と韓国のみといっていいでしょう。アメリカや中韓以外のアジア諸国のメディアが今も批判的トーンで靖國参拝を報じるのは、日本と隣国との争いの種になっているから、という理由が大きいのです。もちろん英米メディアの中には靖國神社を「戦争神社」と言い、ここに参る者は「戦争賛美」の極右で「歴史修正主義者」だという論調もありますが、そのほとんどが、一九八〇年代の朝日新聞の報道論調を下敷きにしています。

そもそも中国・韓国の二国は、戦後四十年間、日本の首相の靖國参拝に一度も抗議などしてきませんでした。それまでに歴代首相が五十九回も参拝したにもかかわらずです。

これが国際問題となったきっかけは、昭和六〇年（一九八五）八月十五日に中曽根（なかそね）康弘（やすひろ）首相が靖國神社を参拝した時に、これを非難する記事を朝日新聞が大きく載せたことでした。直後、中華人民共和国が初めて日本政府に抗議し、これ以降、首相の靖國神社参拝は国際問題となったのです。この時、中国の抗議に追随するように韓国も非難するようになりました。

以上、現在、日本と中国・韓国の間で大きな国際問題となっている三つの問題は、すべて朝日新聞が作り上げたものといっても過言ではありません。三つの報道に共通するのは、「日本人は悪いことをしてきた民族だから、糾弾されなければならない」という思想です。そのためなら、たとえ捏造報道でもかまわないという考えが根底にあると思われても仕方ないような経緯です。

朝日新聞のこうした考え方は政治的な記事に限りませんでした。平成元年（一九八九）四月二十日の「珊瑚記事捏造事件」などは同根といえる一例です。これは、朝日新聞のカメラマンが、ギネスブックにも載った世界最大の沖縄のアザミサンゴに、自らナイフで「K・Y」という傷をつけて、「サンゴ汚したK・Yってだれだ」という悪質な捏造記事を書いたという事件です。記事は日本人のモラルの低下を嘆き、「日本人の精神の貧しさとすさんだ心」とまで書かれています。これは単にスクープ欲しさの自作自演だったとは思われません。その書きぶりには、前記の三記事と同じ「WGIP による歪んだ自虐思想」が見てとれます。

GHQの推し進めた洗脳政策は、戦後、多くの日本人の精神をすっかり捻じ曲げてしまったといえますが、驚くべきことに、占領後は朝日新聞を代表とするマスメディアが、GHQ洗脳政策の後継者的存在となり、捏造までして日本と日本人を不当に叩いていたのです。さらに不思議なことはこの新聞が、戦後長らく「クオリティー・ペーパー」といわれてきたことです。「クオリティー・ペーパー」とは「エリート階層を読者とする質の高い新聞」という意味ですが、はたしてこの称号を与えたのは誰だったのでしょうか。それは戦後の公職追放の後に、言論界を支配した者たちでした。

コラム 朝鮮人慰安婦に関しては、肯定派のジャーナリストや学者、文化人らが、「軍が強制した」という証拠を長年懸命に探し続けていますが、現在に至ってもまったく出てきていません。

なかには、「軍が証拠を隠滅した」と言う者もいますが、すべての証拠を完全に消し去ることなど不可能です。軍は一種の官僚機構です。仮に民間業者に命じたのなら、議事録、命令書、予算書、報告書、名簿、受領書、請求書、領収書など、夥しい書類が必要でしょう。軍は勝手に金を動かせませんから、双方の帳簿も大量に残っているはずです。

戦闘中以外はトラック一台動かすのにも、いちいち書類が必要だったのです。当時、軍用機の搭乗員たちは、たとえ練習でも飛行記録を残す義務がありました。

もし軍が直接行動したなら、慰安婦を強制連行するために動いた部隊、実働人員、収容した施設、食料などを記した書類も大量にあるはずですが、それらがすべて煙のように消えてしまうことなどあり得ません。そんなことが可能なら、戦後に捕虜の処刑に関係したBC級戦犯が千人も処刑されるはずがありません。

二〇〇〇年から、アメリカ合衆国のクリントン、ブッシュ政権下において、八年の歳月をかけて、ドイツと日本の戦争犯罪に関する大規模な調査が行なわれ、八百五十万ページに及ぶ未公開や秘密の公式文書が調査されました。そのうち十四万二千ページが日本の戦争犯罪に関するものでしたが、日本政府や軍がいわゆる「従軍慰安婦」に関わる戦争犯罪を犯したことを示す文書は一点も発見されなかったという報告が、二〇〇七年にありました（「ナチス戦争犯罪と日本帝国政府の記録の各省庁作業班【ＩＷＧ】アメリカ合衆国議会あて最終報告」）。

この報告は「慰安婦問題」に終止符を打つべきものと思えますが、令和の今日においてもなお、左翼系の政党やメディア、学者、弁護士らは日本政府と軍の「強制」を主張しています。

ここで読者の皆さんに知っておいてもらいたいことがあります。それは戦時慰安婦の大半が日本人女性だったということです。朝鮮人女性は二割ほどだったといわれています。当時は日本も朝鮮も貧しく、親兄弟の生活のために身を売らねばならなかった女性が少なくありませんでした。そうした女性たちが戦時に戦地の慰安所で慰安婦として働いた――。これが事実のすべてです。

一方、「靖國神社参拝」については、政治家の参拝を非難する左翼系の学者や文化人の中に、「中国が抗議したのは、A級戦犯を合祀したからだ」と言う人がいますが、これは稚拙で罪作りな嘘です。靖國神社が「A級戦犯」とされた人々を合祀したのは昭和五三年（一九七八）十月でした。それから昭和六〇年（一九八五）まで三人の首相（大平正芳、鈴木善幸、中曽根康弘）がのべ二十二回参拝していますが、昭和六〇年まで、中国は一度も抗議していません（A級戦犯合祀は翌年に朝日新聞によって報道されている）。

また「天皇陛下でさえ、A級戦犯合祀以来、参拝されていない」と言う人もいますが、天皇陛下の靖國神社への行幸がなくなったのは、昭和五一年（一九七六）からです。実はその前年（昭和五〇年【一九七五】）、三木武夫首相の参拝について「私人としてのものか、公人としてのものか」とマスコミが大騒ぎしたことがありました。昭和天皇が終戦記念日に靖國神社を親拝しなくなった理由はわかりませんが、もしかしたら「自分が行けば、私人としてか公人としてかという騒ぎが大きくなる」と案じたのかもしれません。

戦時徴用工強制労働の嘘

昭和四〇年（一九六五）頃から、在日朝鮮人と在日韓国人が「自分たちは戦争中に強制連行されてきた」と主張し始めました。これもまた嘘です。

たしかに戦争中「戦時徴用」として朝鮮人労働者を国内の工場などに派遣した事実はありますが、戦時徴用は日本の中学生や女学生にも行なわれていました。しかも日本の学生に払われた給料はわずかなものでしたが、朝鮮人労働者には正規の給料が支払われていました。

また徴用工が送られるのは、労働管理の整備された場所に限られていました。「外国人を徴用工として使うのはひどい」と言う人がいるが、当時、朝鮮人は法的には日本人・日本国民であったことを忘れてはなりません。また同じ頃、日本人男性は徴兵で戦場に送られていましたが、朝鮮人が徴兵されたのは昭和一九年（一九四四）になってからで、しかも訓練中に終戦を迎えたため、ほとんどが戦場には送られていません。戦時徴用も終戦前の七ヵ月だけでした。そして終戦後に彼らのほとんどは朝鮮へ帰国しています。

昭和三四年（一九五九）に外務省が発表したデータによりますと、当時、日本国内にいた在日朝鮮人・韓国人は約六十一万人、そのうち戦時徴用で国内にとどまっていた人はわずかに二百四十五人でした（在日朝鮮人・韓国人全体の〇・〇四パーセント）。つまり九九・九六パーセントの在日朝鮮人・韓国人は「職を求めて」自由意思で日本にやってきた人たちだったのです。しかもその中の多くが朝鮮戦争の時に密航してやってきた人たちでした。

「在日朝鮮人・韓国人の多くは戦争中に強制連行された人、あるいはその子孫」という嘘は、最初は彼ら自身が言い始めたことでしたが、これを左翼系のマスメディアや学者らがあたかも歴史的事実であるかのようにして広めたのでした。そのため、現在でもこれを真実と思い込んでいる日本人が少なくありません。GHQの「WGIP」は、今も日本人の心と日本の言論空間を蝕（むしば）んでいるといえるのです。

反日テロ活動

朝日新聞が自虐的な捏造記事を書き始めたのと同じ時代、学生運動が過激化し、反日テロともいうべき活動が活発になりました。

そもそもは昭和四三～四四年（一九六八～一九六九）、全国の大学で起こった学生たちの暴力闘争がきっかけでしたが、これは中華人民共和国の文化大革命で暴れた紅衛兵を真似た全共闘（全学共闘会議）と呼ばれる大学生らの行動でした。この時の学生たちのスローガンは、中国の紅衛兵が掲げた「造反有理」（反抗するのは正しい）であり、学生たちの主張が書かれた立て看板の文字には、中国の簡体字が多く用いられていました。

全共闘の大学生らは皆、戦後にＧＨＱの洗脳を受けたベビーブーム世代、いわゆる「団塊の世代」でした。この大学闘争は昭和四五年（一九七〇）にはいったん沈静化しますが、その後、全共闘から生まれた過激派グループが極左暴力集団となり、昭和四〇年代半ばから、様々なテロ活動を行なうようになります。

過激派グループは、「大東亜戦争はアジア侵略であり、日本はアジアに対して償いをしなければならない」と主張し、「日帝の侵略に加担した」とする大企業を狙って断続的に爆破事件を起こしたり（連続企業爆破事件）、日本航空機をハイジャックして北朝鮮に亡命したり（よど号ハイジャック事件）、山荘の管理人の妻を人質に取って立て籠もったり（あさま山荘事件）という凶悪事件を立て続けに起こしました。これら大事件の他にも、極左暴力集団による個人を狙ったテロ事件や強盗、内ゲバ殺人が多発しました。彼らは共産主義革命を盲信しており、その目的のためなら、市民が犠牲になってもいいと考え、警察官や民間人にも多くの犠牲者を出しました。

そして、昭和四〇年代の後半になると、極左暴力集団は海外に飛び出し、世界各地でテロ事件を起こすようになります。彼らはまさしく時代が生んだ鬼子だったといえるでしょう。

沖縄復帰

昭和四三年（一九六八）六月、アメリカに占領されていた小笠原諸島が二十三年ぶりに返還されたのに続いて、昭和四七年（一九七二）五月、ついに沖縄が返還されました（同じくアメリカに占領されていた奄美大島は昭和二八年【一九五三】に返還されていた）。

沖縄の日本復帰は日本人そして沖縄県人の悲願であり、その運動は沖縄県人たちが戦後ずっと行なってきましたが、長らくアメリカに黙殺されてきました。

沖縄返還に最初に動いたのは岸首相です。昭和三二年（一九五七）、岸はダグラス・マッカーサー二世駐日米大使（連合国軍最高司令官ダグラス・マッカーサーの甥）に沖縄返還を要求しましたが、アメリカは在沖縄米軍基地の整理・統合には時間を要すると判断し、その要求を受け入れませんでした。岸の次の池田首相は前述したように国防や領土問題にはあまり関心を持たず、アメリカに対して沖縄返還要求も行なわず、返還はまったく進展しませんでした。

池田の後の佐藤栄作首相（岸の実弟）は再び沖縄返還に動きました。昭和四〇年（一九六五）、首相に就いたばかりの佐藤は初の訪米で、ジョンソン大統領に対して、沖縄の早期返還を求めました。佐藤はさらに外務省の正式ルートによる交渉ではなく、直接、ホワイトハウスと秘密交渉を行ないました。この時、大きく貢献したのが岸元首相です。昭和四四年（一九六九）、岸はニクソン大統領と会談し、「沖縄返還が長引けば、日米同盟の離反を狙う共産主義国による工作が活発化する」と言って返還の重要性を訴えたのです。

この頃、アメリカはベトナム戦争激化によって、日本国内のアメリカ軍基地の重要度は非常に高まっていました。それだけに、日本において反米世論が高まり、十年の期限を迎える「日米安保条約」が仮に延長されない事態となると、ベトナム戦争継続も危ぶまれるという状況でした。そこでアメリカは、沖縄を日本に返還する代わりに日米安保条約を延長しようと考えました。

この際ネックとなったのが、「核兵器を作らない、持たない、持ち込ませない」という日本の非核三原則でした。沖縄の基地に核兵器があるのは公然の秘密だったからです。アメリカは、ソ連や中華人民共和国に対する抑止力のためにも、沖縄の核は必要と考えていましたが、非核三原則のある日本に沖縄を返還すれば、沖縄のアメリカ軍基地に核兵器を置くことができなくなります。

それでも、沖縄返還には密約がありました。その第一は有事の際、アメリカは、沖縄に核兵器を持ち込み、貯蔵することができるということ。第二は、返還に要する費用のほとんどを日本が負担するということでした。加えて沖縄の基地はそのままアメリカ軍が使用できるとされました。

日本政府は沖縄を取り戻すため妥協し、これらの条件を呑み、その結果、ついに沖縄の本土復帰が実現しました。実はこれはある意味で歴史的な偉業といえます。というのは、戦争で奪われた領土を外交で取り戻したケースは世界史でもほとんど例がないからです。いかに佐藤首相がしたたかな交渉を行なったかがわかります。

ただ、密約に関しては、今日でも賛否両論、様々な見方があります。しかしもしこの密約がなければ、当時、沖縄は日本に返還されなかったでしょう。もしかしたら令和の今も沖縄はアメリカの施政下に置かれていた可能性もあります。佐藤はきわめて高度な政治的駆け引きをしたと言えます。ただ、惜しむらくは、沖縄の基地問題が禍根として残ったことです。

ところで、アメリカが沖縄を返還したもうひとつの理由はアメリカの原子力潜水艦にあると私は見ています。この少し前、アメリカは原子力潜水艦に核ミサイルを搭載する技術の開発に成功していました。これにより世界のいかなる海からでも核ミサイルを撃ち込むことができるようになり、沖縄は核ミサイルを装備するアジアで唯一の拠点ではなくなっていたのです。もっとも沖縄返還に関する公式文書には、当然ながらこのことは一行も書かれていません。

余談ですが、ベトナム戦争終結後、平成三年（一九九一）末にはソ連が崩壊したことで冷戦の危機が去り、沖縄のアメリカ軍基地の重要性は低下したかに思えました。ところが、近年、凄まじい勢いで軍備を拡張し、常設仲裁裁判所の判決も無視して南シナ海に巨大な軍事基地を作り、さらに東シナ海から太平洋に進出しようと目論む中華人民共和国の存在と、核ミサイルの開発に成功した北朝鮮の存在によって、沖縄のアメリカ軍基地の重要性はむしろ高まっています。

コラム 沖縄の祖国復帰運動に起ち上がったのは沖縄教職員会でした。彼らはまず「日の丸」掲揚運動を行ないました。当時、アメリカの施政下にあった沖縄では、祝日以外には公の場での「日の丸」掲揚は禁止されていたため、沖縄の人の多くは「日の丸」を持っていませんでした。それを沖縄教職員会は時には自分たちのお金を出してまで日の丸を購入し、貧しい家庭に配ったのです。この運動に感動した本土の人々からも大量の日の丸が沖縄に送られました。

そんな中で感動的な出来事がありました。昭和三九年（一九六四）九月七日に行なわれた東京オリンピックのための沖縄での聖火リレーです。日本航空の特別機で那覇空港に到着した聖火を迎えるために、二万人の島民が集まり、一斉に日の丸の小旗を振り、「万歳三唱」を繰り返したのです。アメリカ軍もこの日ばかりは日の丸の掲揚を黙認しました。まさに「日の丸」こそ、沖縄の人たちにとって、祖国日本に対する熱烈な思いの象徴だったのです。

しかしその後、沖縄の状況は変わっていきます。社会党と日本共産党が、米軍全面撤退を含めた「無条件・全面返還」という非現実的な要求を掲げて、「核抜き・本土並み」の条件での返還を求める日本政府を批判するようになったからです。また朝日新聞など一部のメディアも「即時・無条件・全面返還」を盛んに煽るようになりました。

実際に、社会、共産両党は、沖縄を「反米・反戦の象徴」にして沖縄に勢力を広げ、また六〇年安保で闘争を繰り広げた全学連の活動家たちも沖縄を階級闘争の新たな拠点とするべく沖縄に入り込んでいました。祖国復帰運動の中核だった沖縄教職員会はこうした革新勢力に乗っ取られるような形で、急速に左傾化しました。教職員会が母体となっていた沖縄県祖国復帰協議会（復帰協）も「即時・無条件・全面返還」を唱えるようになり、ついには「返還協定粉砕」を掲げるようにまでなりました。

この状況は、かつて「サンフランシスコ講和条約」に社会党と共産党が反対した構造に酷似しています。彼らは反米・反戦のイデオロギーのために、「沖縄の本土復帰」を潰してもいいと考えていたのです。復帰を翌年に控えた昭和四六年（一九七一）九月、沖縄教職員会は解散し、沖縄県教職員組合（沖教組）に変わりました。この頃にはすでに学校で国歌斉唱、国旗掲揚が行なわれなくなっていたどころか、多くの教師が「日の丸・君が代」反対を唱えるようになっていました。

昭和四六年（一九七一）年六月十七日、日本政府は沖縄返還協定に調印しました。国会がこの協定を承認して批准すれば返還が正式に決まります。ところが、復帰協は「批准阻止」を掲げて沖縄全島でのゼネストを呼びかけたのです。その一方で、沖縄の本土復帰を何よりも願う人たちもいました。不幸なことに、沖縄の世論と心は二つに分かれてしまったのです。

そして半世紀後の今もなお、沖縄は社会党と共産党、それに左翼活動家の重要拠点となり、多くの問題を抱えています。近年では、そこに中国や北朝鮮の活動家も入り込んでいるといわれています。

大国のはざまで揺れる日本

昭和三〇年（一九五五）から始まったベトナム戦争は、最初は植民地支配を復活させようとするフランスとベトナムの戦いでしたが、その後、「アメリカ・南ベトナム」対「北ベトナム」の戦いへと移り変わりました。アメリカは、ベトナムの共産主義化を防ぐために参戦したのですが、ソ連の支援を受けた北ベトナムのゲリラの前に、予想外の苦戦を強いられました。

そこでアメリカは、ソ連と対立していた中華人民共和国に接近します。すでにベトナムからの撤退を模索していたアメリカは、冷戦の枠組みの再編成が必要と考えており、中華人民共和国への接近はそれも睨んでのことでした。アメリカの動きを見た日本は、中国共産党からの工作もあって、昭和四七年（一九七二）、アメリカに先駆けて中華人民共和国と電撃的に国交を樹立させます（アメリカが中国と正式に国交を結ぶのは七年後）。同時に、それまで国交のあった蔣介石の中華民国（台湾）との関係を、国内の反対をふりきって、あっさりと断絶しました。

この日中国交回復に関しては、いつも「反政府」「反米」一色のマスメディアや左翼系の学者、知識人もまったく反対せず、対米追随をむしろ大歓迎しました。彼らにとって、共産主義国の中華人民共和国と日本が仲良くなることは喜ばしいことだったのです。

昭和四八年（一九七三）、和平協定が成立してアメリカ軍はベトナムから完全撤退しましたが、アメリカの威信はここで大きく揺らぎ、「世界の警察」という絶対的な力を失っていきます。以降、世界の様々な地で紛争が生じていくようになります。

「ベ平連」の欺瞞

この頃、世界各地で、ベトナム戦争に介入するアメリカへの抗議の声が上がっていました。当時、世界の多くの人々が、アメリカの介入をベトナムの民族自決権を奪う行動だと見做していたのですが、これは一面的な見方にすぎません。たしかに南ベトナムはアメリカの支援を受けていましたが、北ベトナムもまたソ連の支援を受けていました。つまりこれは二大国の代理戦争だったのですが、ソ連は巧妙に表に出ることなく武器などを提供して、実戦は北ベトナム人にやらせていました。加えて西側諸国内で巧みなプロパガンダ（政治宣伝）を展開したため、各国のリベラル層がアメリカを一方的に非難し、その空気は日本にも及びました。

そして作られたのが「べ平連」（正式名称・ベトナムに平和を！市民連合）という市民団体です。彼らは「ベトナム戦争反対」のデモや運動だけでなく、平和運動と称して、企業を攻撃したり、基地建設や成田空港の建設反対などの闘争に参加したりもしました。

しかし冷戦終結後、「べ平連」にはソ連のKGB（ソ連国家保安委員会＝ソ連の秘密諜報組織）からの支援があったことが判明します。つまり「平和運動」という隠れ蓑を着たソ連の活動団体だったというわけです。「べ平連」の末端メンバーはそのことを知らずに活動していましたが、幹部クラスはそのことを知りながら、平和を口にし、マスメディアを使ってアメリカとその同盟国である日本を強く非難していたのです。

「べ平連」は一種典型的なものでしたが、日本の反戦運動・反核運動・反アメリカ軍基地運動・平和運動などが、ソ連や共産主義国からの支援を受けてきたというケースは少なくありません。それどころか、当時、日本のみならず世界各地で起こった「反戦・反核」の運動にはソ連の支援を受けたものが少なからずあったといわれています。「べ平連」はアメリカ軍の「良心的兵役拒否」の脱走兵をソ連に亡命させる活動も行なっていましたが、後にソ連から「重要な機密を知っているアメリカ兵でなければ亡命は受け付けない」と告げられています。

オイルショック

昭和四八年（一九七三）十月、世界を激震させる大事件が起こりました。ＯＰＥＣ（石油輸出国機構）加盟国のイラン、イラク、サウジアラビアなど六ヵ国が原油価格を一気に七〇パーセントも引き上げたのです。いわゆるオイルショックです。さらに翌昭和四九年（一九七四）一月には一二八パーセントも値上げしました。わずか三ヵ月で四倍近く（二八七パーセント上昇）になったのです。

中東の産油国が石油価格を上げたのは、第四次中東戦争で、アラブ諸国がイスラエルに苦戦したことが大きな要因でした。サウジアラビアを中心とするアラブ諸国は、イスラエルを支援する国に対して、突如、石油輸出を制限すると宣言しました。日本はイスラエル支援国家ではありませんでしたが、アメリカと同盟を結んでいる関係で、石油禁輸リストに入れられたのです。

日本は急遽、イスラエル軍は占領地から撤退し、占領地のパレスチナ人の人権に配慮するようにとの声明を出しました。この声明発表はアメリカの反発が予想されるものでしたが、背に腹は替えられない日本政府の苦渋の決断でもありました。さらに当時の副総理がアラブ諸国を訪問し、禁輸リストからの除外を要請し、ようやくリストから外してもらうことに成功します。この時の外交は、戦後の日本における数少ない成功事例であったと私は捉えています。

余談ですが、昭和四九年（一九七四）の石油危機期間中、選抜高等学校野球大会では、それまで慣例となっていた表彰式の演奏曲「見よ、勇者は帰る」（ヘンデル作曲のオラトリオ「ユダス・マカベウス」の中の一曲）の使用をやめ、オリジナル曲に差し替えるということまでしています。「ユダス・マカベウス」は、紀元前の物語ではありますが、アラブと敵対するユダヤ戦士を称える曲だったからです。

すんでのところで石油禁輸は免れたものの、石油価格の高騰は、ほとんどのエネルギーを石油に依存していた日本にとっては大打撃となりました。公共事業は軒並み大幅に延期され、石油を原料とする様々な製品の生産が減少しました。そのため、石油とは関係のない製品（トイレットペーパーや洗剤など）までもが人々に大量に買い占められる事態にも陥りました。

また電力も石油に頼っていたことから、至るところで電気の節約が実施されました。デパートのエスカレーターが運転中止となり、都会のネオンサインが深夜には消されました。プロ野球のナイターもそれまでの十九時スタートから十八時スタートに変更されました。民放テレビも深夜放送は中止になり、NHKは二十三時以降の放送を取りやめました。

昭和二九年（一九五四）より続いていた日本の高度経済成長は、この年をもって終わりを告げました。しかし官民挙げて省エネルギーに取り組んだ結果、エネルギー消費抑制に成功し、また省エネルギーにつながる技術革新を進ませて、危機を乗り越えることに成功しました。

そしてここからは安定成長期と呼ばれる時代に入っていきます。

教科書問題

昭和五七年（一九八二）、日本の教育が大きく揺るがされることになる事件が起きました。いわゆる「教科書検定」問題です。

これは六月二十六日付けの朝刊各紙が報じた記事がきっかけとなりました。具体的には、昭和前期の部分で「日本軍が華北に『侵略』」とされていた記述が、文部省（現在の文部科学省）の検定によって「華北へ『進出』」という表現に書き改めさせられたというもので、その後、マスメディアで「歴史教科書改竄」キャンペーンが展開されるようになりました。

七月二十六日には、中国政府から日本政府に正式に抗議が行なわれ、この日を境に、八月の終戦記念日に向けて連日、「侵略から進出へ」の書き換え問題が喧しく報道されました。この時初めて、日本の歴史教科書の記述内容が、中国・韓国との間で外交問題に発展したのです（第一次教科書問題）。しかし当時の文部大臣、小川平二はこれに際し、「外交問題といっても、（教科書については）内政問題である」という真っ当な発言をし、国土庁（現在の国土交通省）長官、松野幸泰も「韓国の歴史教科書にも誤りがある」「韓国併合でも、韓国は日本が侵略したことになっているようだが、韓国の当時の国内情勢などもあり、どちらが正しいかわからない」などの正論を述べましたが、日本のマスメディアからは大きなバッシングを受け、韓国の大きな反発を呼び込むこととなります。

八月二十六日、事態を収拾するため、官房長官の宮沢喜一が「『歴史教科書』に関する宮沢内閣官房長官談話」を発表しますが、中国・韓国はさらに反発し、結局、翌日、小川文相は国会の文教委員会で、「隣接諸国との友好親善に配慮すべき」との一項目を教科用図書検定基準に加えると表明することとなります。

外交上、他国に配慮して事を収めたかに見えましたが、これをきっかけに、今日まで続く文部科学省の教科用図書検定基準の中に、「近隣諸国条項（近隣のアジア諸国との間の近現代の歴史的事象の扱いに国際理解と国際協調の見地から必要な配慮がされていること）」が追加され、この後、歴史教科書に特に韓国に配慮した記述が増えていきます。その結果、歴史の教科書に「南京事件」「従軍慰安婦」という記述が加えられることになりました。呆れることに、近年、教科書の古代史や桃山時代の項目にも、韓国や中国に配慮した事実でない記述がなされるようになっています。

一方、中韓の教科書は近隣諸国に配慮するどころか、全編、反日思想に凝り固まったもので、歴史的事実を無視した記述が多く、歴史というよりもフィクションに近いものとなっています。

ところで、この問題のきっかけとなった前述の「侵略→進出」報道は、文部省記者クラブ内の一人の記者の勘違い（意図的にやった可能性もある）から始まった誤報で、検定での書き換えの事実はありませんでした。なお、この時の教科書問題で政府を糾弾した当時のマスメディアの第一線にいた三十代から四十代の記者たちは、戦後、子供の頃からＧＨＱの「ＷＧＩＰ」の洗脳教育をたっぷりと受けた世代です。

平和ボケ

戦後の日本人を蝕んだ「自虐思想」に付随して生まれ、浸透したのが日本独特の「平和主義」でした。これは、「平和」を目的とするものではなく、極端な反戦思想と言い換えた方がいいかもしれません。

憲法九条によって国の安全保障をアメリカに委ねてしまった日本人は、ただ「平和」を唱えていさえすれば、「平和」でいられるという一種の信仰を持つに等しい状態となっていきました。そして「武」を「穢れ」として忌み嫌う、平安時代の貴族のような思想を持つに至ったといえます。

昭和四〇年代から平成半ばまでは、自衛隊を蔑み、嫌悪する考えが非常に強くありました。戦後、日本人は、平和には戦いや犠牲がつきものであることや、時には力をもって、平和を勝ち取り維持しなければならないという「常識」を捨て去ってしまっていたのです。

その象徴的な事件が昭和五二年（一九七七）に起こった「ダッカ日航機ハイジャック事件」でした。これは日本の極左暴力集団が日航機をハイジャックし、人質を取ってバングラデシュのダッカのジア国際空港に立て籠もった事件ですが、日本政府は「超法規的措置」、つまり法律を捻じ曲げて、犯人の要求通りに多額の身代金を払い、さらに日本に服役・勾留中の凶悪犯（一般刑法犯）を釈放して、ハイジャック犯を逃がしてしまったのです。

この時、首相の福田赳夫は自らのとった措置を正当化する理由として、「一人の命は地球より重い」と言って、世界中から失笑を買いました。この言葉は、小説家や詩人が命の重さを表現するのに使う陳腐なレトリックであって、一国の首相が凶悪事件や治安維持の場面で用いる言葉ではありません。これを絶対に正しいとするなら、事故で毎年数千人の死者を出す自動車さえ運転禁止にしなくてはならなくなるでしょう。しかし当時の日本のメディアや世論に、福田首相を非難する声はなく、むしろ良心的な正論と捉えられていました。つまり当時の日本人の多くが、首相やメディアも含めて、完全に「平和ボケ」状態に陥っていたといえます。この結果、海外で日本人を狙った誘拐テロ事件が多発することになりました。

ちなみに政府が超法規的措置をとった場面は、もう一例あります。

平成二二年（二〇一〇）、沖縄県の尖閣諸島沖の日本領海内で、海上保安庁の船に体当たりしてきた中華人民共和国の漁船の船長を現行犯で逮捕した時のことです。当時の民主党政権は、北京を怒らせることを恐れて、超法規的措置をとり、中国人船長を釈放したのです。この弱気な措置により、中華人民共和国はこれ以降尖閣諸島沖での圧力を一気に高めてくるようになりました。

終章

平成から令和へ

未来の子供たちへ

古代から「日本の歴史」を読者の皆さんとともに見つめてきましたが、ついに私たちが生きる現代、「平成」「令和」の時代へと辿り着きました。

この三十年は「歴史」と見るには時期尚早です。いずれ、私の子や孫たちの世代が振り返り、冷静な評価を下すことになるでしょう。その時の参考の一つになればとの思いで、「平成」および「令和」に何が起き、どんな時代であったのかを、この時代に生きた者として記しておきます。

その前にあらためてこれまでの歴史を振り返ってみたいと思います。日本は神話とともに誕生した国であり、万世一系の天皇を仰ぎつつ成長した国でした。『日本書紀』には、天皇は「大御心(おおみこころ)」、そして我々の先祖である民衆のことは「大御宝(おおみたから)」と書かれています。日本という国にとって、最高の宝は、この国に住む人々、日本人だったというのです。

日本人ほど平和を愛した民族はありません。他の大陸ではよく起きた、惨たらしい大規模虐殺や宗教による凄惨な争いがなく、人々は海に囲まれた島国で肩を寄せ合い、穏やかに暮らしていました。

ヨーロッパから見れば、極東に位置する日本は長らくその所在さえ不明であり、十六世紀に発見された後も、交流は限定され、閉ざされた謎の国であり続けました。その後、欧米諸国が、発達した科学技術を武器に、世界各地を植民地とし、有色人種を支配していきましたが、日本は最後に残された狩場であり、市場でした。

アジア各地が次々と欧米の植民地となり、大国の清でさえ蚕食されていく中、土壇場で踏みとどまって独立を守った日本は、欧米の科学技術を凄まじい勢いで吸収すると、またたくまに世界に躍り出ました。そして明治維新からわずか四十年足らずで大国ロシアを打ち破ります。この勝利が、世界の有色人種にどれほどの勇気を与えたかは計り知れません。

その四十年後、日本は第二次世界大戦で、アメリカを中心とする連合国軍に敗れます。百年前、有色人種の最後の砦であった東洋のミステリアスな国も、ついに欧米の力の前に粉砕されたのでした。

しかし日本が敗れた後、アジアの諸国民は立ち上がり、欧米と戦って次々と独立を勝ち取っていきます。その波はアフリカや南米にも及び、世界四大陸で多くの新しい国がぞくぞくと産声を上げました。まさに日本という存在が世界を覚醒させたのです。もし日本という国がなかったなら、世界は今とはまるで違ったものになっていたでしょう。

二十一世紀の今日、世界中で「人種差別は悪である」ということを疑う人はいません。しかし百年前はそうではありませんでした。当時、絶対強者だった欧米列強に向けて、初めて「人種差別撤廃」を訴えたのは、私たちの父祖です。日本が世界のモラルを変えたのです。皆さん、どうか、このことを忘れないでいてほしいのです。

世界は今、再び混迷と暗黒の時代に足を踏み入れつつあります。テロや紛争は日常茶飯事となり、大戦争の恐怖が近付いています。

日本の役割は終わったわけではありません。今こそ日本はかつての先人の偉業を思い出し、世界を平和へ導くために努力をするべきなのです。

平成

日本がバブルで浮かれている昭和六四年（一九八九）一月七日、昭和天皇が崩御しました。

満洲事変、二・二六事件、盧溝橋事件、大東亜戦争、敗戦、連合国による占領、そして戦後の復興と、まさに激動の時代であった「昭和」が幕を下ろした瞬間でした。

昭和天皇は戦後、ＧＨＱが押し付けた憲法によって「日本の象徴」とされましたが、それ以前も昭和天皇は「君臨すれども親裁せず」の姿勢を貫いていました。昭和天皇が政治的判断を口にしたのはわずかに三度――「張作霖爆殺事件」に関する内閣の報告に不満を述べた時と、「二・二六事件」で反乱軍を鎮圧せよと言った時、そして「ポツダム宣言」を受諾すると言った時――のみでした。たしかに大日本帝国憲法下では、天皇は日本の統治者でした。しかし日本の歴史上、それは例外的なものといえるかもしれません。平安時代以降、約八百年の長きにわたり、天皇は政治の実権から離れていたのです。にもかかわらず、時の権力者は誰もその地位を奪おうとしたりはしませんでした。天皇は神聖にして冒すべからざる存在であり、畏れ多いものであったからです。したがって日本国憲法の第一条で書かれる以前に、天皇は日本の象徴的な存在だったのです。憲法条文はそれを初めて明文化したものといえます。

戦後、昭和天皇は、全国各地を行幸し、敗戦に打ちひしがれた国民を励まし、日本と国民のために祈ることを自らの使命として生きてきましたが、実はこれは歴代天皇の歩みと同じだったのです。

日本の天皇は、代々、国のために祈りを捧げる祭主であり続けたのです。

バブル崩壊

平成に入って最も大きな国内の事件の一つは、バブル崩壊です。

昭和六一年(一九八六)、日本経済は「バブル」と呼ばれる空前の好景気を迎えていました。株価は跳ね上がり、日本の金融資産は膨れ上がりました。昭和の終わりには、日本の地価の総額は約二千兆円といわれ、東京二十三区内の土地でアメリカを二つ買えるともいわれたほどでした。実際に多くの企業が海外の土地や企業を買収しました。

しかしこれは土地投機がもたらしただけの文字通り「バブル」（泡）にすぎず、平成二年（一九九〇）、総量規制によってあっけなく崩壊しました。そのため土地価格が暴落し、それらを担保に取っていた多くの金融機関が多量の不良債権を抱えて経営不振に陥りました。

バブル崩壊で失われた日本の資産は、土地・株だけで約一千四百兆円といわれています。その打撃はオイルショック以上とされ、これを機に昭和四八年（一九七三）から続いていた安定成長期は終わりを告げ、日本は長い低成長時代に入ります。

ソ連崩壊

日本がバブル経済崩壊で苦しんでいる頃、世界でもまた大きな変動が起こっていました。それは共産主義陣営の崩壊です。

朝鮮戦争、ベトナム戦争、キューバのミサイル基地建設、アフガニスタン侵攻など、戦後、共産主義（と社会主義）を世界に広め、自国陣営を拡大するために、多くの戦争や危機を作り出してきたソヴィエト連邦（ソ連）でしたが、昭和五六年（一九八一）、アメリカのレーガン大統領の登場によって、体制の変更を余儀なくされます。レーガン政権が大規模な軍拡競争に乗り出したことにより、ソ連の経済がその競争に耐えきれなくなったためです。

昭和六〇年（一九八五）、経済が行き詰まったソ連の国民の間に自由化を求める空気が広まる中、共産党中央委員会書記長（ソ連のトップ）となったゴルバチョフはまず経済を立て直すため、市場経済の導入や情報公開を試みました。その波はソ連の衛星国家にも広がっていきました。

平成元年（一九八九）五月、ソ連の衛星国家の一つハンガリーがオーストリアの国境を開放しました。一九四〇年代から長らく、東側（共産主義陣営）と西側（自由主義陣営）の間に築かれていた「鉄のカーテン」（イギリス首相チャーチルの言葉）に初めて穴が空けられた瞬間です。この時まで東側の国民はいかに希求しようと、西側の国に行くことは叶いませんでした。ハンガリーの国境が開放されたことを知った他の共産主義国の国民もぞくぞくとハンガリーからオーストリアへ入国（脱出）しました。特に多かったのが東ドイツ国民で、ハンガリーからオーストリア経由で西ドイツに入国した人はわずか三ヵ月で二十万人にものぼりました。そんな混乱の中、同年十一月九日、東ベルリンと西ベルリンを隔てていた「ベルリンの壁」が突如、東ドイツの民衆によって破壊されたのです。

ソ連はアメリカとの軍拡競争を諦め、同年十二月、地中海のマルタ島で行なわれた米ソの首脳会談で、東西冷戦の終結が宣言されました。ここに、四十年以上続いた東西冷戦は終わりを告げました。

翌年、東ドイツ政府は西ドイツに吸収され、ドイツは四十五年ぶりに統一国家となりました。そして他の東欧諸国で共産主義政権が次々と倒れていく中、平成三年（一九九一）、ついにソ連も崩壊しました。大正六年（一九一七）、ロシア革命で世界初の共産主義国家が誕生してから、七十四年後のことでした（ソヴィエト連邦はロシア革命の五年後の一九二二年に成立）。

マルクスの唱えた共産主義に基づいて、ソ連をはじめ数々の共産主義（社会主義）国家が誕生しましたが、幸福になった国民はいませんでした。すべての国が一党独裁の専制国家となり、言論の自由は一切なく、多くの国では粛清によって夥しい数の国民が殺されました。二十世紀で最も人を殺したのは、戦争ではなく共産主義国家による人民粛清でした。共産主義国の民衆は貧しく、一部の特権階級が富と権力を独占しました。総括すれば、共産主義とは、二十世紀に行なわれた壮大な社会実験であり、それはことごとく失敗に終わったといえます。

ソ連崩壊の後、世界に残る共産主義国は中華人民共和国と朝鮮民主主義人民共和国など数えるほどとなりましたが、これらの国でももちろん国民には言論の自由はありません。中華人民共和国は近年、GDPの上ではアメリカに次ぐ経済大国となったとされていますが、貧富の格差は凄まじく、十億を超える人々が今も貧困に喘いでいます。中国共産党政府はそうした貧困を解消する努力をせず、自国領土を広げるために、毎年大規模な軍拡を続けています。北朝鮮はというと、「金王朝」と呼ばれるほどの金一族による独裁体制が続き、国民の多くが飢餓で苦しむ中、巨額の金を使って核爆弾とミサイルの開発を続け、周辺国を恫喝しています。

「共産主義は人を幸せにしない思想である」という結論がすでに出ているにもかかわらず、現代でもまだその思想は世界に蔓延(はびこ)っています。現在の自由主義国のいわゆる「リベラル」と呼ばれる人々の主張の中には、共産主義思想をその根底に持つ、あるいは共産主義を理想とする思想に近いものが含まれています。

膨張する中華人民共和国

ソ連崩壊の後、唯一残る共産主義大国である中華人民共和国は、一九七〇年代から牙を剝き始めました。

昭和四八年（一九七三）、ベトナムからアメリカ軍が撤退するやいなや、中国はベトナムのパラセル諸島（中国名：西沙諸島）を占領し、昭和六三年（一九八八）にはスプラトリー諸島（日本名：新南群島）でもベトナムと戦闘し、いくつもの岩礁を手に入れています。ちなみにスプラトリー諸島は、中国、台湾、ベトナム、フィリピン、マレーシア、ブルネイが領有を主張しています。また平成四年（一九九二）に、フィリピンからアメリカ軍が撤退すると、その二年後に、中国はフィリピンのミスチーフ環礁を占領しました。そして南シナ海はすべて自国領と宣言しています。地図を見ればわかりますが、中華人民共和国は南シナ海にはごくわずかしか接していません。

国内的にはチベット人やウイグル人、内モンゴルの人々を弾圧し、反抗する人々を粛清し、今も多くの人を収容所に送り込んでいます。

中華人民共和国は成立直後から、国民に対して苛烈な政策を行なってきました。朝鮮戦争に自国民を派兵して百万人の戦死者を出し、昭和三二年（一九五七）の反右派闘争では、「右派」と見做された五十五万人を、労働改造のため辺境に送り、その多くを死亡させました。翌年の昭和三三年（一九五八）から昭和三六年（一九六一）まで行なわれた「大躍進運動」では、政策の過ちから、推計三千万〜四千万人の餓死者を出したといわれています。さらに凄惨だったのは、昭和四一年（一九六六）から、毛沢東が死去する昭和五一年（一九七六）まで十年続いた文化大革命です。「造反有理」の掛け声とともに、各地で大量の殺戮や内乱が起き、一千万人（研究者によっては四千万人とも）の死者を出し、一億人が何らかの被害に遭いました。また平成二八年（二〇一六）以降、前述のチベット人やウイグル人、モンゴル人への弾圧（虐殺も含む）が烈しさを増し、アメリカ政府が中国当局によるウイグル人への弾圧を「ジェノサイド」と認定するなど、大きな国際問題となっています。

余談ですが、文化大革命については当初、日本の新聞社もこぞって礼賛記事を書いていました。しかし、やがてその恐るべき実態を知り、批判記事を掲載し始めるようになります。中国共産党に批判的な報道をした新聞社・通信社は次々に北京から追放されましたが、最後まで文化人革命の実態を報じず、処分を免れたのが朝日新聞社でした。

そんな中国でも、一九八〇年代には若者を中心とした大規模な民主化運動が起きました。平成元年（一九八九）六月、自由や民主化を求めて活動していた大学生が、自分たちの主張を訴えようと北京の天安門広場に集まっていました。日に日に膨れ上がる学生たちに対し、政府はついに人民解放軍を出動させ、発砲した上、戦車で轢き殺したのです。「六四天安門事件」と呼ばれるこの事件での犠牲者の総数は今も不明ですが、平成二九年（二〇一七）に公表されたイギリスの公文書には、少なくとも一万人が殺害されたと記されています（数万人にもなるという説もある）。はっきりしていることは、中華人民共和国には言論の自由はもちろん、政治的自由は一切ないということです。今でも、インターネットさえも検閲されています。

日本は日中国交正常化以降、中華人民共和国に対して、ＯＤＡ（政府開発援助）など莫大な資金・経済援助をしてきましたが、彼の国はそれに感謝を表明するどころか、国内において強烈な反日教育を推し進めてきました。また「南京大虐殺」という嘘を世界に広め、日本を貶め続けてきたのです。平成三〇年（二〇一八）、日本政府は四十年続けてきた対中ODAをようやく終了させました。

昭和四四〜四五年（一九六九〜一九七〇）に国連が行なった海洋調査で、尖閣諸島近辺の海底に石油資源があると発表されると、中国は突然、尖閣諸島の領有権を主張し始めました。平成二二年（二〇一〇）以降は連日、海警局の船を尖閣諸島周辺に差し向け、着々と実効支配に向けて動き出し、平成二九年（二〇一七）以降は水上艦艇だけでなく、潜水艦、さらに病院船なども領海に侵入させるようになりました。いずれこの海域で日本と中華人民共和国との間で戦闘が起きることが予想されます。中華人民共和国は軍事費の膨張も凄まじく、四半世紀で約四十倍にまで膨れ上がっています。日本が対中ODAを終了させた平成三〇年（二〇一八）の軍事費は約十八兆四千億円となっていましたが、これは日本の防衛費の三倍以上でした。

これに対し日本政府は、同盟国アメリカとの関係を緊密にするため、「集団的自衛権」の行使容認などを含む「平和安全法制」の整備を急ぎました。しかし、これに左派野党やマスメディア、左翼系知識人や文化人らが一斉に反対の声を上げます。彼らは、軍事機密などの漏洩を防ぐための「特定秘密保護法」の制定にも大反対のキャンペーンを展開しました。この一連の動きは日本の安全を損なうための活動に他なりませんでした。

これらの法案に反対を叫んだ者たちは、ＧＨＱの「ＷＧＩＰ」の洗脳を受けた者たちの後継者であり、広い意味での「戦後利得者」ともいえます。加えて、戦後のマスメディアと教育界に蔓延した共産主義思想を受け継いだ者たちでもありました。彼らは戦前の日本をすべて否定することが絶対正義と思い込み、今、現実的に「日本を守る」「自らを守る」ための策を講じることさえ「よくないこと」と見做しています。その論理は単純で、「平和安全法制」や「特定秘密保護法」が成立すれば、日本が戦前のような軍国主義になり、やがて侵略戦争に向かう、あるいはアメリカの侵略戦争に加わることになる、というものです。これは半世紀以上前の「六〇年安保改定」に反対した社会党や朝日新聞などの主張と酷似しています。その時彼らに煽られたデモ隊が国会を取り囲んだと同じく、「平和安全法制」の時も、大勢のデモ隊が国会を取り囲みました。滑稽なのはデモ隊の中に野党の国会議員もいたことです。国会議員の仕事は国会の審議であってデモ隊に加わって反対運動をすることではありません。目の前に迫る危機に対してどう対処すべきかということが何よりも優先されるべきなのです。

中華人民共和国の軍事的膨張が東アジアの秩序を乱していることは確実で、このまま いけばどこかで軍事衝突が起きる可能性はきわめて高いといわざるを得ません。ところが日本ではなぜかそのことを訴えるメディアはごく少数であり、国民に最も大きな影響力を持つテレビのキー局（ＮＨＫを含む）はどこも中国の脅威を報道しません。今やテレビ局を含むメディアは「第四の権力」といえるほど巨大に膨れ上がり、多くの国民の思想や考え方を操作できるまでになっています。ここにきて、「クロスオーナーシップ」の弊害が深刻なものとなっています。

狂気の北朝鮮

日本を取り巻くもう一つの脅威は北朝鮮（朝鮮民主主義人民共和国）です。

北朝鮮は建国直後から核開発に関心を持ち、一九八〇年代頃から、ミサイル開発と核爆弾の開発に力を注いでいました。これに対して、一九九〇年代に入ってから、アメリカや日本が危機感を強め、ミサイルや核爆弾の開発を止めないなら経済制裁を行なうと警告し実施すると、北朝鮮は開発を中断したと見せかけて経済制裁を解除させました。しかし北朝鮮は約束を守らず開発を続け、またもやアメリカや日本が抗議するということが繰り返されました。一方で、経済制裁は罪もない北朝鮮国民を苦しめることになるとして、人道的見地から宥和的な政策も取られましたが、それはかえって事態を悪化させる結果となりました。狂気の独裁者が支配する軍事国家に対して宥和政策を取ることがいかに愚かであるかは、第二次世界大戦前に、イギリスとフランスがドイツに対して行なった策を振り返れば明らかなのですが、アメリカと日本はその愚を繰り返したわけです。

しかし最も驚くべきことは、当時の朝日新聞をはじめとする日本の左翼系マスメディアが、北朝鮮の核やミサイルについて危機感を強めて報じなかったことです。理由は、戦後のメディア全体に浸透した「共産主義への憧れ」のようなものに加えて、「戦争のことなど考えたくない」という一種の言霊思想と「平和ボケ」が根底にあります。

平成一四年（二〇〇二）四月二十日付けの朝日新聞は、「Q＆A」というスタイルで、「ミサイルが飛んできたら」という自作の質問に、「武力攻撃事態ということになるだろうけど、一発だけなら、誤射かもしれない」と書きました。これは「戦争なんか起こらない」という平和ボケすらも超えたもので、もはや「戦争が起こっても認めない」という常軌を逸した認識だともいえます。

一九九〇年代にはミサイルを数百キロしか飛ばすことができなかった北朝鮮は、徐々に技術を高め、やがて日本全域をほぼ射程に入れるまでになりました。そして核開発に成功し、平成二〇年代の終わり頃には、日本に対して核ミサイルを撃ち込むことを可能としました。

ここに至って日本やアメリカは重大性に気付き、経済制裁を強化し始めましたが、遅きに失したといわねばなりません。平成三〇年（二〇一八）、シンガポールでアメリカ大統領ドナルド・トランプが北朝鮮の金正恩朝鮮労働党委員長と会談し、核開発をやめるという言質を取ったとされていますが、はたしてこれがどこまで有効かはわかりません。

たしかなことは北朝鮮が同時に数発の核ミサイルを日本に向けて発射すれば、日本はこれをすべて撃ち落とすことはできないということです。日本をミサイル攻撃から守るためには、ミサイル発射基地を攻撃するのが何よりも効果的なのは論を俟ちませんが、実は現時点でそうした長距離兵器は日本にはありません。なぜなら敵地を攻撃することは「憲法九条」から解釈される「専守防衛」の理念から大きく逸脱する行為と捉えられてきて、そうした兵器を開発することが禁じられてきたからです。令和二年（二〇二〇）になってようやく、政府内に「敵基地攻撃能力」も可能かどうかの議論を始めようという声が出始めましたが、周辺国のミサイル開発のスピードに比して、あまりにも遅いといわざるを得ません。しかも敵基地攻撃が憲法解釈上許されるという結論が出るかどうかも不明であり、またその時点から兵器の開発が始まるとなれば、はたして緊迫の度合いを増す国際状況において間に合うものなのか、きわめて不安です。

内憂外患

平成が始まる頃（それは二十世紀の最後の十年が始まる頃でもあった）、日本は国内的にも厳しさが顕在化してきていました。バブル崩壊後は、経済の停滞と低迷が続く「失われた二十年」と呼ばれる時代へと突入し、主要な金融機関の多くが経営危機に見舞われ、いくつかは倒産しました。高度経済成長期に雇用と地方の活況を支えた製造業は、安い労働力を求めて、中国などの外国へ生産拠点（工場）を移すようになります。企業と経済のグローバル化が進むのに反比例して、地方経済の疲弊は深刻化し、雇用環境も悪化しました。

また平成には大災害が多く発生しました。阪神・淡路大震災、東日本大震災という二つの大地震が起き、それぞれ六千人余と約一万六千人が犠牲となっています。特に東日本大震災の人的被害は一都一道十八県に及ぶ、まさに未曽有の大災害でした。大震災は経済的にも大きな打撃を与えました。加えて福島第一原発の事故が起きたことにより、東北の産品の風評被害が世界的に広まり、被災地以外の全国の多くの原子力発電所が稼働を停止する事態となり、それは今日も続いています。その分を火力発電に頼るためにエネルギーコストが上がり、これも日本の経済環境を一層厳しくしました。

長年続いてきた都市化や価値観の変化によって、日本でも昭和五〇年代以降、他の先進諸国と同様に、いわゆる少子化が進んできましたが、この傾向が「失われた二十年」で加速したといわれています。出生率が低下し続ける一方、医学の発達等により国民の寿命は延び、日本は世界で一、二を争う長寿国となりました。もちろんこれは国民全体の栄養状態が良いことと医療体制の充実が理由ですが、それだけではありません。欧米に比べて老人医療がきわめて手厚いことです。しかしその多くが保険で賄われていることで、現状の保険制度を厳しく圧迫し、国家予算を危うくしている原因でもあります。

少子高齢化は顕著となり、今や大東亜戦争以来の大幅な人口減が避けられない状況となっています。医療費などの国庫負担が増大、年金制度も従来通りの存続が危ぶまれています。

現役世代が高齢者を支える形に設計されている社会保障制度については、平成の初めから見直しの必要性が叫ばれながら、ほとんど手がつけられないまま今日に至っています。平成の終盤には労働力人口が減り始め、それを補うために外国人労働者が増え始めました。政府はこの流れを一層加速させるため、外国からの労働者を受け入れる新制度創設を決定しました。この決定は日本の大きな曲がり角になる要素を孕んでいます。現実に、全国の様々な都市で、大量の外国人コミュニティーが生まれ、日本人住民との間での文化的なトラブルが生じています。移民が加速すれば、いずれ日本の国柄が大きな変容を余儀なくされるかもしれません。

憲法改正の動き

現在の日本は国内的にも様々な問題を抱えていますが、喫緊の課題といえばやはり安全保障です。我が国を取り巻く国際情勢は平成に入った頃から、急速に悪化してきました。しかし残念なことに、日本政府はこの状況に対し十分に対応を取れていないというのが実情です。

昭和四〇年代から（昭和三〇年代からという情報もある）、北朝鮮に何百人もの日本人が拉致されてきたにもかかわらず、数人しか取り返すことができていません。国の主権が著しく脅かされ、推定数百人の同胞が人権を奪われ、人生を台無しにされているにもかかわらず、「返してください」と言うことしかできないのです。これはまったく国家の体をなしていないといえます。戦前の日本では考えられない事態です。いや、幕末の志士ならこんな横暴は決して許さなかったでしょう。

平成一一年（一九九九）には、国籍不明の不審船（おそらく北朝鮮の工作船）が能登半島沖の領海を侵犯しましたが、対処に当たった海上保安庁と自衛隊は装備面からも追跡することしかできず、みすみす逃がしています。昭和二八年（一九五三）に韓国に奪われた竹島もいまだに取り返すことができないでいます。

こうしたことの根源は七十年前、ＧＨＱが、日本を完全武装解除するために押し付けた憲法に起因します。憲法と、その憲法のもとで日本の自衛権が制限されているとする解釈のせいに他なりません。憲法九条と誤った憲法解釈があるばかりに、日本は国土も国民も守れない国になってしまったのです。

「憲法九条」は今後一層、日本のアキレス腱となっていくことでしょう。前述したように中華人民共和国は、「尖閣諸島を取る」と宣言し、事実、実効支配に向けて軍艦や戦闘機による領海侵入、領空侵犯を繰り返しています。また令和三年（二〇二一）には、中国が領海を主張する海域に入った外国船に対して武器使用を認める法案を可決させました。また北朝鮮は、「日本を核爆弾で海中に沈める」と言って、恫喝しています。もはや目の前に危機が迫っている状況なのです。

しかし有事の際も、現憲法とその解釈の下では、自衛隊は日本を守るために有効な活動ができるとは限りません。そもそも満足な防衛予算がないので、自衛隊には、継戦能力が不足しています。「現憲法下でも戦える」という左翼系学者がいますが、相当無理な憲法解釈をしなければ、その結論にはたどり着けません。なぜなら「憲法九条」にははっきりと「国の交戦権は、これを認めない」と書かれてあり、「武力による威嚇又は武力の行使は、国際紛争を解決する手段としては、永久にこれを放棄する」とも書かれてあるからです。

制定当時の日本人の多くはこれを屈辱と感じましたが、その後、GHQの洗脳教育を受けた世代がマスメディアに入り、また左翼系知識人となって社会の大勢を占めるにつれ、この憲法は「世界に誇るべき平和憲法」であるという声が大きくなり、さらに学校教育でもそのように教えられるようになったため、戦後生まれの多くの日本人が素晴らしい憲法だと思い込むようになってしまいました。

たしかに戦後半世紀以上、日本を軍事的に脅かす国は現れませんでした。ソ連は脅威ではありましたが、日本は日米安保条約による「核の傘」によって守られたまま過ごしました。つまり「憲法九条」があろうとなかろうと、結果は同じであったともいえます。そのため政治家の誰も火中の栗を拾おうとはしなかったのです。

しかし近年、中華人民共和国や朝鮮民主主義人民共和国の軍事的恫喝で、日本の主権と安全は大いに脅かされています。一方、テロも国際的になり、現行憲法に「緊急事態条項」がないことも問題視されるようになってきています。「緊急事態条項」は、戦争や災害や大規模なテロなど、国家の平和と独立を脅かす緊急事態に対応するための条項で、これにより憲法のもとでの秩序を維持しようとするものです。

現在は、日米安保条約に基づいて、有事の際はアメリカ軍に助けてもらうことになっており、日米安保条約と在日米軍の存在が日本に対する侵略を抑止する力になっています。たしかに歴代のアメリカ国務長官や国防長官は、「日本が攻撃された場合、アメリカは自国を攻撃されたものとみなす」という発言をしています。この発言は充分に重いものですが、現実に日本が他国の攻撃を受けた時、はたしてアメリカ軍が助けてくれるかどうかとなると、実は疑問です。特に日本が第三国から、通常兵器ではなく核による攻撃を受けた場合、アメリカはその国に対して報復核攻撃はしないといわれています。なぜならアメリカがその国と全面戦争になるからです。

現に、CIA長官を務めたスタンスフィールド・ターナーは「もしロシアが日本に核ミサイルを撃ち込んでも、アメリカがロシアに対して核攻撃をするはずがない」と断言しています。国務長官だったヘンリー・キッシンジャーも同様の発言をしています。カール・フォード元国務次官補は、「自主的な核抑止力を持たない日本は、ニュークリア・ブラックメール（核による脅迫）をかけられた途端、降伏または大幅な譲歩の末停戦に応じなければならない」と言っています。これが現実なのです。

通常兵器による攻撃を受けた場合においても、もし「憲法九条」の足枷のために自衛隊が出動できない時、はたしてアメリカ軍が戦うでしょうか。自国のために戦わない国のために、アメリカの若者が命を懸けるかどうか、考えるまでもないでしょう。

また近年は武力を用いない侵略の危険性も取り沙汰されています。

日本では外国人も自由に土地を購入できることから、日本を仮想敵国とする外国人も大規模に土地を買収しています。オーストラリアやニュージーランドなどの先進諸外国では同様の事態に対し迅速な法規制を行ないましたが、日本では、これを制限する法整備がほとんどなされていないのが現状です。帰化人の国政への関与についても諸外国のような制限がありません。つまり外国からやってきて帰化した途端に国会議員になれるのです。実際には日本には帰化した国会議員が少なくありませんし、中には二重国籍を持った議員もいました。

現在の日本の法律下では、悪意を持って日本を内側から変える目的で帰化した外国人が国会議員となり、日本を弱体化させる法案を作ったり、日本を守るための法案を潰すために活動することが可能です。前述したように、日本国内には日本を仮想敵国とする国や日本を憎悪する国を母国とする在日外国人が多数存在します。完璧な法律は存在しませんが、「性善説」に則った法律は常に危険を孕みます。

令和へ、そして未来へ

戦争のない世界は理想です。私たちはそれを目指していかなければなりません。しかし残念なことに、口で「平和」を唱えるだけでは戦争は止められません。世界と日本に必要なのは、戦争を起こさせない「力」（抑止力）です。

日本と対極的な国といえるのが、スイスです。世界で初めて「永世中立」を宣言（文化一二年【一八一五】）し、二百年も戦争をしていないスイスですが（ヨーロッパが火の海となった第一次世界大戦でも第二次世界大戦でもスイスの国土はほとんど戦火に見舞われなかった）、強大な軍隊を持ち、男子は全員兵役義務があります。兵士の数は人口が約十六倍の日本の自衛隊に匹敵し、予備役兵を入れると、自衛隊の十倍以上の兵力となります。スイスは「永世中立」を宣言していますが、他国がスイスを侵略しないなどとは考えていません。そのために常に侵略に備えているのです。これが「国防」というものです。

ちなみにヨーロッパには約五十の国家がありますが、軍隊を保持していない国はわずかに六ヵ国、そのうちの五ヵ国はバチカン市国やモナコ公国などの都市国家です（比較的大きな国は、北大西洋にあるアイスランドである）。これが世界の常識です。しかし日本では、自衛隊を国防軍にしようと首相が言った途端、メディアや文化人が「軍事国家になる」と言って、大反対キャンペーンを張ります。さらに中国や韓国も反対の声を上げます。両国とも軍隊を持っているにもかかわらずです。

日本は明治維新後、七十七年間に五度の大きな戦争をしました。それを考えれば、大東亜戦争後七十年以上にわたって一度も戦争をせず、平和を享受してきたことは驚くべきことです。その間、世界の多くの国や地域で悲惨な戦争や紛争が数え切れないほど起き、今も繰り広げられています。そう、日本がいつ戦争に巻き込まれても不思議ではなく、むしろこの七十年以上、戦争がなかったことが奇跡ともいえるのです。ただ、これはアメリカの圧倒的な軍事力によって抑止されてきただけのことで、これから先も戦争に巻き込まれないという保証は全くありません。

平成二八年（二〇一六）、自民党の安倍晋三首相は「憲法改正を目指す」と公言しました。GHQから押し付けられた「日本国憲法」が施行されて六十九年、日本の首相として初めて「憲法改正を目指す」と公言したのです。前述したように、これは昭和三〇年（一九五五）に自民党が誕生した時の党是でありました。自民党は憲法改正を目的として作られた政党でありながら、六十年もの間、それに目を瞑っていたのです。しかしその六十年の間に日本を取り巻く国際情勢は激変しました。

安倍首相が改憲を目指すと言った直後から、野党、マスメディア、左翼系知識人、学者、文化人などの、安倍首相への凄まじい報道攻撃および言論攻撃が始まりました。もし憲法改正を許すようなことがあれば、七十年にわたって、日本の言論界を支配してきたマスコミと左翼系知識人・学者たちの楼閣が音を立てて崩れるからです。彼らは、いわゆる「森友学園問題」「加計学園問題」で、安倍首相が便宜を図ったとして大スキャンダルとして扱いましたが、これはメディアによる冤罪というもので、首相の関与はまったく証明できず、疑惑ともいえないものでした。しかし新聞やテレビは連日、大々的に報じました。その中には悪質な偏向報道やイメージ報道、さらには捏造報道といえるものもありました。大新聞の中にはデモを煽るものもありました。結局、二つの問題とも首相による関与はなかったことがほぼ判明すると、今度は、メディアと野党は、長年にわたって行われてきた「桜を見る会」が問題だとして取り上げました。このため平成二九年（二〇一七）から約三年間、国会は空転し、憲法改正のための論議はまったく行なわれませんでした。メディアと野党の目的はまさにそこにありました。

覇権主義を剝き出しにし、尖閣諸島への圧力を高める中国に対し、自国防衛の急務にかられる中、日本は三年間という貴重な時間を無駄にしたのです。

そんな暗い時代に、喜ばしいことがありました。

平成二八年（二〇一六）の夏に、天皇陛下（現在の上皇陛下）が譲位のご意思を表明、三年後の五月、皇太子殿下が即位されて、元号が「令和」と改まりました。これまで元号は漢籍（中国の古典）から取られるのが慣例となっていましたが、二十一世紀の御代がわりに選ばれた元号は『万葉集（まんようしゅう）』から取られた言葉でした。

その年の十月二十二日、皇居において「即位礼正殿の儀」が執り行われました。これは天皇が自らの即位を国の内外に宣明する儀式であり、諸外国の「戴冠式」に当たるものです。この日、世界中から多くの国家元首や首脳が参列しましたが、この時、人々を驚嘆させる出来事が起こりました。それは朝から降り続いていた雨が「即位礼正殿の儀」が行なわれようとするまさにその時にぴたりと止み、皇居上空に垂れ込めていた暗い雲が裂け、晴れやかな青空が顔を覗かせたのです。そして東京に大きな美しい虹がかかったのです。新しい御代を祝福するかのような自然現象に、多くの日本人は天皇の持つ霊力のようなものを感じました。

当日、東京にいた私も、突然の青空と虹を目の当たりにして、不思議な感動に襲われました。実は私自身は超自然的な力というものは信じていません。しかしそんな私でも、この日の光景は忘れがたい記憶となって残っています。

さらにもうひとつ明るいことがあります。

平成の半ば頃から、国民の多くが日本国憲法の矛盾に気付き始めてきたことです。その大きな要因は平成二〇年（二〇〇八）頃からインターネットが普及しだしたことにあります。それまで既存メディアを通してしか世に出なかった情報やオピニオンが、インターネットのSNS（ソーシャルネットワーキングサービス）によって、誰もが自由に意見を発信し、誰もがそれを享受できるようになったのです。もちろんインターネットの情報は玉石混交です。真実もある一方、フェイクや悪意ある捏造もあります。しかし、これまで一面的な報道とオピニオンで統一されていた既存メディアとは明白に一線を画す存在となりました。

これにより、多くの国民は既存メディアの欺瞞と偏向に徐々に気付き始めました。平成二六年（二〇一四）に、朝日新聞が「従軍慰安婦の強制連行」の捏造記事を三十二年ぶりに認めたのもインターネットの力が大きかったと私は見ています。近年、SNSによって暴かれた新聞やテレビのフェイクニュースは夥しい数に上っています。また既存メディアの恩寵を受けていた左翼系知識人や文化人らの「戦後利得者」らの欺瞞が明らかになってきました。

こうしてGHQの洗脳から抜け出しつつある若い世代が増えています。彼らは失われた日本的なものの回復に向けて、静かに、しかし確実に動き出しています。もはやその動きを止めることは誰にもできないでしょう。私はそんな若者たちを見て胸熱くなる思いでいます。

「敗戦」と、「GHQの政策」と、「WGIP洗脳者」と、「戦後利得者」たちによって、「日本人の精神」は、七十年にわたって踏みつぶされ、歪められ、刈り取られ、ほとんど絶滅状態に追い込まれたかのように見えましたが、決して死に絶えてはいなかったのです。二千年の歴史を誇る日本人のＤＮＡは、私たちの中に脈々と生き続けていたのです。それが今、復活の時を迎えています――。

五十年後、はたして日本はどのような国になっているでしょうか。

私はその姿を見ることは叶いませんが、世界に誇るべき素晴らしい国家となっていることを願いながら、筆を擱(お)きます。

エピローグ

令和二年（二〇二〇）、一月、中国から新型コロナウイルスが侵入してきました。中国の武漢市（人口約一千万の大都市）では前年からこのウイルスが流行しており、一月二十三日には武漢市が全面封鎖されるという異常事態がありながら、日本政府は中国からの渡航を制限する措置を一切行ないませんでした。驚いたことに、この時、いつもなら政府を激しく攻撃する野党もメディアもほとんど沈黙していました。また感染症の専門家たちもこのウイルスに対して警告を発しませんでした。中国からの入国をすぐさま止めるべきだと叫んだ専門家や文化人は、ＳＮＳの世界でも数えるほどしかいませんでした。結局、中国の春節（中国の旧正月）の休暇で一月下旬に約七十万人の中国人観光客が入国し、二月から日本人の中にもコロナウイルスに罹った人が急増しました。日本人がむざむざと新型コロナウイルスの跋扈を許した理由は、精神医学の言葉を借りれば「正常性バイアス」（予期せぬ事態に対して、何でもないことだと思い込もうとする心理）という言葉で説明可能なのでしょうが、私は「平和ボケ」ではないかと思います。同じ島国の台湾は官民含めた徹底した水際対策で、新型コロナウイルスの入国をほぼ食い止めました。

この中国由来の新型コロナウイルスは世界中で猛威を振るい、数百万もの死者を出し、多くの国や都市で、市民の外出を禁ずるロックダウン（Lockdown）が行なわれました。日本でも四月から五月にかけて東京都を含むいくつかの都府県で「緊急事態宣言」が出され、その後、全都道府県に拡大、市民は不急の外出を自粛するように要請されました。多くの人が集まる劇場や映画館がクローズになったり、飲食店が時間短縮営業となったり、修学旅行が取りやめになったりしました。多くの職場ではリモートによる会議や打ち合わせとなりました。七月に予定されていた東京オリンピック・パラリンピックも延期となりました。

幸いにも日本は欧米諸国に比べて感染者も死者も圧倒的に少ないものでしたが、その要因はいまだ不明ながら、おそらくは人種的な理由によるものではないかといわれています。つまり日本が欧米並みに状況にならなかったのは、きわめて運が良かったといえます。

感染者の数はいったん落ち着いたものの、政府や厚労省や医師会の対応はきわめて緩慢かつ危機意識に乏しいもので、その後も病床の確保や外国人の入国を厳しく制限することができませんでした。そのため、同年夏にむざむざと第二波の到来を許す羽目となってしまいました。その結果、再び多くの都道府県で緊急事態宣言が出され、市民生活や経済活動に著しく支障をきたすこととなりました。当然のことながら、日本経済は大きなダメージを蒙りました。

またメディアはいたずらにコロナの恐怖を煽り、野党はコロナを政権批判の材料に使うだけで、両者とも、この国難に対して、政府と一体となって立ち向かおうとする姿勢はまったく見られませんでした。

その象徴が令和三年（二〇二一）に行なわれた東京オリンピック・パラリンピックです。リベラルのメディアや野党は感染拡大の危険があるという理由で、開催直前まで中止を主張しましたが、本当のところは、中止になれば日本政府が対外的にダメージを負うことになるからだったと私は考えています。政府もまた感染を抑えるためという名目で無観客と決めましたが、これも本当のところは、開催中に感染者が増えると、メディアや野党に総攻撃されることを恐れての決定だったと私は考えています。というのは、その時点で日本よりもはるかに感染者も死者も多いアメリカやヨーロッパでは、すでに何ヶ月も前からスタジアムに多くの観客を収容してスポーツイベントを行なっていたからです。また日本国内でも観客を入れて行なっているプロ野球やサッカーに対しては、メディアも野党もまったく批判していませんでした。つまり日本において、コロナはきわめて政治的なものとなっているのです。

私は、コロナを完全にゼロにすることはできないと考えています。ならば、人類はコロナと共存するしかないのです。かつても今も多くの病原菌と共存してきたようにです。つまり政府が取るべき道は、いかにしてコロナと共存していくかという方法です。しかし今、政府がやろうとしていることは、経済活動や社会活動を犠牲にしてもコロナの脅威をゼロに近いものにしようというものです。これは社会を混乱させるだけで、何の解決にもなりません。

コロナ対応をめぐってのお粗末極まりない政府の対応は、国民に大きな政治不信を呼び起こしたといっても過言ではありません。私の目には、首相を初め内閣の閣僚たちは、黒船来航に右往左往した江戸幕府の幕閣たちのように映ります。

しかし幕末に多くの志士たちが輩出したように、この危機的な状況においてこそ、多くの日本人が目覚めるのではないかと私は思っています。今に限らず、長い日本の歴史には幾度となく危機が訪れています。しかしそのたびに国民が一つとなり、凄まじい力を発揮して国難を乗り越えてきました。それこそが日本の力であり、源であると思います。

私はそれを信じています。

あとがきにかえて

日本の長い歴史を見つめ直す作業は、実にエキサイティングな旅でした。それは私にとっては、大いなる感動と、先人への深い感謝の念を呼び起こす時間旅行だったといえます。

旅を終えた今、私の心の中に、一つの「問い」が浮かんで、消えません。それは「もし、地球上に日本列島がなかったならば」というものです。日本列島がなければ、当然、日本という国もありません。もちろんあり得ない仮定ですが、それを敢えて、この壮大で荒唐無稽な「歴史のＩＦ」を考えてみたいと思うのです。

皆さんもご存じのように、十六世紀からポルトガルとスペインによる世界進出が始まりました。十七世紀に入るとイギリスやオランダ、フランスも積極的に加わりました。十九世紀になると、ロシアやアメリカも加わります。日本に黒船がやってきた一八五三年には、地球上の有色人種が住む地域のほとんどは、彼ら白人の列強の植民地とされていました。最後に残っていたのは、東アジアの中国（当時は清帝国）とその属国の朝鮮、そして我が国、日本だけでした。もっとも中国はアヘン戦争と、その後に起こったアロー戦争後に、イギリスをはじめとする列強によって蚕食されている状態でした。

日本はそんな危機的状況の中、きわどいところで独立を守りました。有色人種の中でいち早く欧米の科学技術を取り入れ、社会体制を大改革し、経済と軍備を重視した政策を取ることによって、列強から国を守り抜くことに成功したのです。そして明治維新から三十六年後、ヨーロッパの大国であったロシアと戦争し、これを打ち破りました。このことがロシアの南下を防ぐことになり、同時に列強の中国支配に歯止めをかけることとなりました。

これは本文でも書きましたが、日露戦争は、当時の世界の覇者である白人たちに衝撃を与える大事件でした。十六世紀以降、ヨーロッパの国々が中南米、アジア、アフリカを植民地化し、有色人種を奴隷化していった歴史の中で、初めて有色人種の国が白人の大帝国を打ち破ったのですから当然です。しかし有色人種に与えた影響はそれ以上の計り知れないものがありました。「白人は無敵の怪物ではない」と認識させ、「自分たちもやればできる」という勇気を与えたのです。

その後、日本は世界で初めて作られた国際連盟の規約の中に、「肌の色の違いによる差別はなくす」という文言を入れようと努めました。残念なことにそれは実現しませんでしたが、二十一世紀の現在、かつての日本の提言を否定する国はどこにもありません。

そして日露戦争から三十六年後、日本は大東亜戦争で、東南アジアを植民地としていた欧米諸国をすべて追い払いました。このことが当時の東南アジアの人々に、どれほどの勇気を与えたか想像もつきません。

日本はその戦争で、膨大な物量を誇るアメリカの前に力尽きましたが、東南アジア諸国は立ち上がり、長い年月にわたって自分たちを支配していた白人たちに立ち向かい、独立を勝ち取ることとなったのです。この流れは、中東やアフリカ諸国にも広がり、次々と有色人種が独立を果たしました。これを見る時、日本が世界史の中で果たした役割の大きさに粛然とする思いです。

＊

もし日本がなかったら、世界史の流れはどうなっていたでしょう。

列強の中国蚕食はさらに進み、ロシアのアジア南下を防ぐものはなく、同国は満洲や朝鮮半島を自国領としていたでしょう。そして一九〇〇年代初めには、すべての有色人種の地域が白人の列強によって植民地化されていたでしょう。これは言い換えれば、地球上のすべての地域が、白人のものとなっていたということです。

そうなれば、有色人種の意識には「自分たち有色人種は未来永劫、白人には勝てない」という強烈な刷り込みがなされ、白人たちもまた「有色人種は白人よりも劣る劣等民族である」という傲慢な思い込みを捨て去ることはなかったでしょう。そうなれば、有色人種の独立は大幅に遅れたか、あるいは現在も一部の国に限られていた可能性は充分に考えられます。

ロシアが日露戦争で敗北せず、アジアにおける南下政策が実現していたなら、はたしてロシア革命が成功していたかどうかも疑問です。また第一次世界大戦も、まったく違ったものになっていた可能性もあります。

もし日本という国がなければ、二十一世紀の世界は、今、私たちが知る世界とはまるで違ったものであったかもしれません。この「ＩＦ」を敢えて試みたのは、二十世紀の世界における日本という存在の大きさを、読者の皆さんに認識してもらいたかったからです。私たちの先祖は偉大でした。そして、私たちはその子孫です。

【編集の言葉】

私たちは何者なのか——。この深遠な問いに、作家・百田尚樹さんが答える。本書はそんな一冊です。当代一のストーリーテラーである百田さんが、渾身の筆で紡ぎ出した「日本人の物語」を、一人でも多くの方に読んでいただき、この本をもとに会話を広げていただきたい。そう思いながら編集しました。

「日本」という島々では、神話とともに国が始まり、その後、人々が、まるで大きな家族のように暮らしてきました。家族のようだからこそ、人々はときには激しく争い、しかし災害や外敵が迫りくれば力を合わせて立ち向かい、懸命に国を造り守ってきたのです。

色とりどりの細い糸が撚り合わされて一本の太く長い糸となってきたかのような「日本の歴史」。その先端に立っているのが、今を生きる私たちです。日本の歴史を知ることはすなわち自分自身を知ることではないでしょうか。百田尚樹さんが案内する

「自らを知る旅」へ、多くの方とご一緒できたことを嬉しく思います。

末筆ながら、本書の編集にあたり、史実に関するご指導、確認等にご協力くださいました諸先生方に心より感謝申し上げます。

編集者　有本香

謝辞

『日本国紀』の執筆にあたっては、『古事記』『日本書紀』をはじめ、多くの史書を参考にしました。いや、そもそもそれらの本なしでは成り立たない仕事です。「記紀」以降、多くの偉大なる先人、先達が、私たちの国の歴史を記し、研究し、考察を続けてこられました。本書を執筆するに際し、そうした遺産の素晴らしさをあらためて知ることとなりました。ここに深く感謝を述べさせていただきます。

本書の監修にあたっては、江崎道朗氏、上島嘉郎氏、久野潤氏、谷田川惣氏に多大なるご助力をいただきました。そして、編集者の有本香氏には単行本での一年にわたる執筆に並走していただきました。幻冬舎の高部真人氏にも支えていただきました。そして幻冬舎社長、見城徹氏には、有形無形のご尽力を賜りました。『日本国紀』は、皆様のお陰で世に送り出すことができました。

＊

単行本刊行の三年後に、大幅な加筆修正を施すにあたり、あらためて江崎道朗氏、上島嘉郎氏、久野潤氏に貴重なご助言を賜りました。また、前記の方以外にも、多くの方々から素晴らしいアドバイスとご協力をいただきました。この場をお借りして、心から御礼を申し上げます。

しかし敢えて今、私が深い感謝の念を捧げたいと思うのは、我が祖国「日本」と、この国に生き、現代の私たちにまで生をつないでくれた遠い父祖たちです。

古代より、この島に生まれた人々が日本の風土に育まれ、苦労を乗り越え、永らえてきたからこそ、今の私たちがあるのです。

そして私もまた未来の日本と日本人へと生をつなげ、国をつなげる環の一つであること、その使命の重さを感じています。

令和三年　神無月朔日

百田尚樹

主要参考文献（下巻）

全般

・朝日新聞社（編）『朝日 日本歴史人物事典』朝日新聞社
・河合敦『早わかり日本史　ビジュアル図解でわかる時代の流れ！』日本実業出版社
・公益財団法人日本文化興隆財団企画『季刊誌 皇室 平成31年 春 82号 ご即位30年記念大特集　両陛下のお歩み』扶桑社
・国史大辞典編集委員会（編）『国史大辞典（全十五巻・十七冊）』吉川弘文館
・竹田恒泰『中学歴史 令和2年度文部科学省検定不合格教科書』令和書籍
・藤堂明保、竹田晃、影山輝國『倭国伝 全訳注 中国正史に描かれた日本』講談社学術文庫
・西尾幹二『決定版　国民の歴史（上）（下）』文春文庫
・吉重丈夫『歴代天皇で読む　日本の正史』錦正社
・渡部昇一『［増補］決定版・日本史』扶桑社文庫
・『朝日新聞 創刊１３５周年記念 号外縮刷版』朝日新聞社
・『詳説世界史 改訂版 世Ｂ３１０』山川出版社
・『詳説日本史 改訂版 日Ｂ３０９』山川出版社
・『新選日本史Ｂ』東京書籍
・『世界大百科事典（第二版）』平凡社
・『大辞泉』小学館
・『大辞林（第三版）』三省堂
・『天皇の歴史1〜10』講談社学術文庫
・『問いを生み出す学び舎歴史教科書』学び舎
・『ブリタニカ国際大百科事典』ブリタニカ・ジャパン
・『日本史Ｂ 新訂版』実教出版
・『日本大百科全書』小学館
・『日本の歴史1〜26』中公文庫

第8章

・アーネスト・サトウ（著）、坂田精一（訳）『一外交官の見た明治維新（上）（下）』岩波文庫

・イアン・リトルウッド（著）、紅葉誠一（訳）『日本人が書かなかった日本　誤解と礼賛の450年』イースト・プレス
・家近良樹『徳川慶喜（人物叢書）』吉川弘文館
・イザベラ・バード（著）、時岡敬子（訳）『イザベラ・バードの日本紀行（上）（下）』講談社学術文庫
・石井孝『勝海舟（人物叢書）』吉川弘文館
・エドワード・S・モース（著）、石川欣一（訳）『日本その日その日』講談社学術文庫
・大島昌宏『罪なくして斬らる　小栗上野介』新潮社
・オールコック（著）、山口光朔（訳）『大君の都—幕末日本滞在記（中）』岩波文庫
・岡田晃『明治日本の産業革命遺産』集英社
・柏原宏紀『明治の技術官僚—近代日本をつくった長州五傑』中公新書
・勝海舟（著）、勝部真長（編）『氷川清話　付勝海舟伝』角川ソフィア文庫
・勝小吉（著）、勝部真長（編）『夢酔独言』講談社学術文庫
・久米邦武（編述）、中野礼四郎（校訂）『鍋島直正公伝』西日本文化協会
・栗本瀬兵衛（編）『栗本鋤雲遺稿』慧文社
・小板橋良平『勝海舟のライバル 小栗上野介一族の悲劇』あさを社
・坂本藤良『小栗上野介の生涯—「兵庫商社」を創った最後の幕臣』講談社
・佐藤雅美『覚悟の人　小栗上野介忠順伝』岩波書店
・杉山伸也『明治維新とイギリス商人—トマス・グラバーの生涯』岩波新書
・高橋敏『小栗上野介忠順と幕末維新—『小栗日記』を読む』岩波書店
・田中弘之『幕末小笠原島日記　菊池作次郎御用私用留』緑地社
・西垣晴次『ええじゃないか—民衆運動の系譜』講談社学術文庫
・「ニッポン再発見」倶楽部『日本人は外国人にどう見られていたか』知的生きかた文庫
・ハインリッヒ・シュリーマン（著）、石井和子（訳）『シュリーマン旅行記　清国・日本』講談社学術文庫
・半藤一利『それからの海舟』ちくま文庫

・松浦玲『勝海舟』筑摩書房
・松浦玲『勝海舟　維新前夜の群像3』中公新書
・村上泰賢『小栗上野介　忘れられた悲劇の幕臣』平凡社新書
・毛利敏彦『幕末維新と佐賀藩―日本西洋化の原点』中公新書
・森田健司『外国人が見た幕末・明治の日本』彩図社
・ルドルフ・リンダウ（著）、森本英夫（訳）『スイス領事の見た幕末日本』新人物往来社
・歴史街道編集部『WEB歴史街道　高杉晋作による下関戦争の講和交渉』PHPオンライン衆知
・『ええじゃないか』愛知大学綜合郷土研究所ブックレット（1）
・佐賀市公式Website 佐賀藩の取り組み
・文化遺産オンライン　斉正公蘭船ゲデー号訪問図

第9章

・泉三郎『岩倉使節団　誇り高き男たちの物語』祥伝社黄金文庫
・市原正秀（編）、朝倉寛（校訂）『明治東京全図』国立公文書館　デジタルアーカイブ
・伊藤博文『憲法義解』岩波文庫
・稲田正次『教育勅語成立過程の研究』講談社
・F・A・マッケンジー（著）、渡部学（訳注）『東洋文庫222　朝鮮の悲劇』平凡社
・老川慶喜『日本鉄道史　幕末・明治篇―蒸気車模型から鉄道国有化まで』中公新書
・角田房子『閔妃暗殺―朝鮮王朝末期の国母』新潮社
・河合敦『殿様は「明治」をどう生きたのか』洋泉社
・佐藤信淵『宇内混同秘策』信淵神社造営奉賛会
・司馬遼太郎『明治という国家』NHK出版
・島田裕巳『首相に靖国参拝を説得した「昭恵イズム」』プレジデントオンライン
・志村和次郎『絹の国を創った人々』上毛新聞社
・高橋紘『陛下、お尋ね申し上げます―記者会見全記録と人間天皇の軌跡』文春文庫
・田中彰『岩倉使節団『米欧回覧実記』』岩波現代文庫
・ドナルド・キーン（著）、角地幸男（訳）『明治天皇（上）』

（下）』新潮社
・日本国有鉄道『日本国有鉄道百年史』日本国有鉄道
・ヘンドリック・ハメル（著）、生田滋（訳）『東洋文庫132　朝鮮幽囚記』平凡社
・持永芳文ほか（編著）『鉄道技術140年のあゆみ』コロナ社
・森山英一『平成28年度遺跡整備・活用研究集会報告書　存城と廃城』
・渡部昇一『「日本の歴史」5　明治篇　世界史に躍り出た日本』ワック
・歴史街道編集部『WEB歴史街道　江戸薩摩藩邸焼討事件～挑発にのった幕府』PHPオンライン衆知
・読売新聞関西版　平成29年6月2日付
・鹿島建設株式会社Website　鹿島の軌跡
・国立公文書館　デジタルアーカイブ『全国城郭存廃ノ処分並兵営地等撰定方』
・世界遺産富岡製糸場Website
・BS朝日　歴史ミステリー　日本の城見聞録
・やまがた庄内観光サイト　西郷隆盛ゆかりの地

第10章

・飯塚一幸『日清・日露戦争と帝国日本』吉川弘文館
・石井寛治『日本の産業革命―日清・日露戦争から考える』講談社学術文庫
・板谷敏彦『日露戦争、資金調達の戦い―高橋是清と欧米バンカーたち』新潮選書
・伊藤之雄『明治天皇　むら雲を吹く秋風にはれそめて（ミネルヴァ日本評伝選）』ミネルヴァ書房
・小田部雄次（監修）『明治天皇　その生涯と功績のすべて』宝島社
・公益社団法人土木学会土木図書館委員会『古市公威とその時代』土木学会
・柴五郎、服部宇之吉『東洋文庫53　北京籠城　北京籠城日記』平凡社
・ソルジェニーツィン（著）、木村浩（訳）『収容所群島　1918～1956　文学的考察1～6』新潮社
・孫文（著）、伊藤秀一ほか（訳）『孫文選集（第1～3巻）』

社会思想社
・ドナルド・キーン『明治天皇を語る』新潮選書
・野口悠紀雄『マネーの魔術史』新潮選書
・宮脇淳子(著)、岡田英弘(監修)『日本人が知らない　満洲国の真実』扶桑社新書
・村上兵衛『守城の人―明治人柴五郎大将の生涯』光人社NF文庫
・保田孝一『ニコライ二世の日記』講談社学術文庫
・米窪明美『明治天皇の一日』新潮新書
・東京朝日新聞　明治38年9月1〜4日付
・東京日日新聞　明治38年9月1〜4日付
・NHK for School 大日本帝国憲法
・国立公文書館 アジア歴史資料センターWebsite
・国立公文書館 デジタルアーカイブ『国会開設之勅諭』
・国立公文書館 デジタルアーカイブ『国憲起草ノ詔』
・国立公文書館 デジタルアーカイブ『大日本国憲法』

第11章

・浅野和生(編著)『一八九五―一九四五 日本統治下の台湾』展転社
・石射猪太郎『外交官の一生』中公文庫
・伊藤哲夫「『二十一カ条要求』とは何だったのか」(『明日への選択 平成13年4月号』日本政策研究センター 所収)
・江崎道朗『コミンテルンの謀略と日本の敗戦』PHP新書
・大江志乃夫『張作霖爆殺―昭和天皇の統帥』中公新書
・大野裕之『チャップリン暗殺 5・15事件で誰よりも狙われた男』メディアファクトリー
・カール・フォン クラウゼヴィッツ『戦争論(上)(下)』中公文庫
・外務省調査部(編訳)『孫文全集(中)』原書房
・加藤聖文『満鉄全史「国策会社」の全貌』講談社学術文庫
・加藤康男『慟哭の通州―昭和十二年夏の虐殺事件』飛鳥新社
・木佐芳男『「反日」化するドイツの正体』ワック

・日下公人（責任編集）、渡部昇一、藤岡信勝、八木秀次ほか（著）『誰も書かなかった「反日」地方紙の正体』産経新聞出版
・工藤美代子『関東大震災「朝鮮人虐殺」の真実』産経新聞出版
・クラウゼヴィッツ（著）、兵頭二十八（訳）『［新訳］戦争論』PHP研究所
・クロード・シャルル・ダレ（著）、金容権（訳）、梶村秀樹（編）『東洋文庫367　朝鮮事情　朝鮮教会史序論　その歴史、制度、言語、風俗および習慣について』平凡社
・崔基鎬『歴史再検証　日韓併合　韓民族を救った「日帝36年」の真実』祥伝社黄金文庫
・櫻井良樹『加藤高明：主義主張を枉ぐるな（ミネルヴァ日本評伝選）』ミネルヴァ書房
・迫水久常『機関銃下の首相官邸―二・二六事件から終戦まで（新版）』恒文社
・佐々木隆『日本の歴史21　明治人の力量』講談社学術文庫
・実松譲『米内光政秘書官の回想』光人社
・サンケイ新聞社『蒋介石秘録―日中関係八十年の証言（上）（下）』サンケイ出版
・ジョージ・アキタ、ブランドン・パーマー（著）、塩谷紘（訳）『「日本の朝鮮統治」を検証する　1910－1945』草思社
・石平『中国共産党　暗黒の百年史』飛鳥新社
・武田知弘『マネー戦争としての第二次世界大戦』ビジネス社
・中央防災会議 災害教訓の継承に関する専門調査会『1923 関東大震災 報告書（第二編）』
・戸部良一、寺本義也、鎌田伸一、杉之尾孝生、村井友秀、野中郁次郎『失敗の本質―日本軍の組織論的研究』中公文庫
・戸部良一『シリーズ日本の近代―逆説の軍隊』中公文庫
・永井和『近代日本の軍部と政治』思文閣出版
・日本の前途と歴史教育を考える議員の会（監修）『南京の実相』日新報道
・藤岡信勝、三浦小太郎（編著）『通州事件 日本人はなぜ虐殺されたのか』勉誠出版
・フレデリック・ヴィンセント・ウイリアムズ（著）、田中秀雄（訳）『中国の戦争宣伝の内幕　日中戦争の真実』芙蓉書房出版

・毛里和子『周縁からの中国　民族問題と国家』東京大学出版会
・ラルフ・タウンゼント(著)、田中秀雄、先田賢紀智(訳)『暗黒大陸中国の真実〈普及版〉』芙蓉書房出版
・渡部昇一『本当のことがわかる昭和史』PHP研究所
・国立国会図書館Website『近代日本人の肖像　明石元二郎』

第12章

・荒井利子『日本を愛した植民地　南洋パラオの真実』新潮新書
・安濃豊『大東亜戦争の開戦目的は植民地解放だった　帝国政府声明の発掘』展転社
・石井正紀『石油技術者たちの太平洋戦争　戦争は石油に始まり石油に終わった』光人社NF文庫
・岩間敏『石油で読み解く「完敗の太平洋戦争」』朝日新書
・W・S・チャーチル(著)、佐藤亮一(訳)『第二次世界大戦1〜4』河出文庫
・江崎道朗『日本外務省はソ連の対米工作を知っていた』育鵬社
・エティエンヌ・ダルモン、ジャン・カリエ(著)、三浦礼恒(訳)『石油の歴史―ロックフェラーから湾岸戦争後の世界まで』白水社文庫クセジュ
・NHK取材班(編)『大日本帝国のアキレス腱　ドキュメント太平洋戦争1　太平洋・シーレーン作戦』角川書店
・NHK取材班(編)『敵を知らず己を知らず　ドキュメント太平洋戦争2　ガダルカナル』角川書店
・NHK取材班(編)『エレクトロニクスが戦いを制す　ドキュメント太平洋戦争3　マリアナ・サイパン』角川書店
・NHK取材班(編)『責任なき戦場　ドキュメント太平洋戦争4　ビルマ・インパール』角川書店
・NHK取材班(編)『踏みにじられた南の島　ドキュメント太平洋戦争5　レイテ・フィリピン』角川書店
・NHK取材班(編)『一億玉砕への道　ドキュメント太平洋戦争6　日ソ終戦工作』角川書店
・押尾一彦『特別攻撃隊の記録〈海軍編〉』光人社
・加藤茂雄『中東社会と日本　石油を巡って』北樹出版
・鎌田勇『皇室をお護りせよ！　鎌田中将への密命』ワック

・日下公人、三野正洋『いま「ゼロ戦」の読み方　ソフトの格差が勝敗を分ける』ワック
・工藤美代子『絢爛たる醜聞 岸信介伝』幻冬舎文庫
・迫水久常「終戦の真相」（『正論　平成15年9月号』産経新聞社 所収）
・参謀本部（編）『杉山メモ（上）（下）』原書房
・J・サミュエル・ウォーカー（著）、林義勝（監訳）『原爆投下とトルーマン』彩流社
・ジェフリー・レコード（著）、渡辺惣樹（訳）『アメリカはいかにして日本を追い詰めたか：「米国陸軍戦略研究所レポート」から読み解く日米開戦』草思社文庫
・Jeffrey Record, Japan's Decision for War in 1941: Some Enduring Lessons, Lulu.com
・ジョン・トーランド（著）、毎日新聞社（訳）『大日本帝国の興亡［新版］（全五巻）』河出文庫
・杉原幸子『六千人の命のビザ』大正出版
・瀬木耿太郎『石油を支配する者』岩波新書
・ダニエル・ヤーギン（著）、日高義樹、持田直武（訳）『石油の世紀（上）（下）』日本放送出版協会
・筒井清忠『戦前日本のポピュリズム　日米戦争への道』中公新書
・東郷茂徳『時代の一面―東郷茂徳外交手記』原書房
・長谷川毅『暗闘―スターリン、トルーマンと日本降伏（上）（下）』中公文庫
・長谷川熙『自壊　ルーズベルトに翻弄された日本』ワック
・秦郁彦『日本陸海軍総合事典（第二版）』東京大学出版会
・ハミルトン・フィッシュ（著）、渡辺惣樹（訳）『ルーズベルトの開戦責任』草思社文庫
・早坂隆『指揮官の決断 満州とアッツの将軍 樋口季一郎』文春新書
・林茂『日本の歴史 25　太平洋戦争』中央公論社
・半藤一利、保阪正康『昭和の名将と愚将』文春新書
・樋口隆一（編著）『陸軍中将 樋口季一郎の遺訓―ユダヤ難民と北海道を救った将軍』勉誠出版
・福田和也『悪と徳と―岸信介と未完の日本』扶桑社文庫
・三野正洋『日本軍の小失敗の研究』光人社
・三野正洋『続日本軍の小失敗の研究』光人社
・牟田口義郎『石油に浮かぶ国　クウェートの歴史と現実』中公新書
・村瀬興雄（責任編集）『世界の歴史（15）ファシズムと第二

次大戦』中公文庫
・山田克哉『原子爆弾―その理論と歴史』講談社ブルーバックス
・リチャード・ローズ（著）、神沼二真、渋谷泰一（訳）『原子爆弾の誕生（上）（下）』紀伊國屋書店
・渡部昇一『「日本の歴史」6　昭和篇　自衛の戦争だった「昭和の大戦」』ワック
・朝日新聞　昭和13年3月4日付
・朝日新聞　昭和16年12月9日付
・東京日日新聞　昭和16年12月9日付
・国立公文書館　デジタルアーカイブ『終戦の詔書』
・文藝春秋デジタル　〝もう一人の杉原千畝〟ユダヤ人を救出した温情の軍人「80年目の証言」
・The Website of Harry S. Truman Presidential Library and Museum
・The Website of Keren Kayemeth LeIsrael-Jewish National Fund
・The Website of National Archives Museum（米国国立公文書館）

第13章

・芦部信喜『憲法（第六版）（第七版）』岩波書店
・天川晃ほか（編）、橘川武郎（解説・訳）『ＧＨＱ日本占領史　47　石油産業』日本図書センター
・有馬哲夫『ＣＩＡと戦後日本　保守合同・北方領土・再軍備』平凡社新書
・有馬哲夫『日本人はなぜ自虐的になったのか　占領とＷＧＩＰ』新潮新書
・江崎道朗『緒方竹虎と日本のインテリジェンス　情報なき国家は敗北する』ＰＨＰ新書
・江崎道朗『日本占領と「敗戦革命」の危機』ＰＨＰ新書
・江藤淳『占領軍の検閲と戦後日本　閉された言語空間』文春文庫
・工藤美代子『関東大震災「朝鮮人虐殺」の真実』産経新聞出版
・憲法調査会事務局『「平野文書」幣原先生から聴取した戦争放棄条項等の生まれた事情について　平野三郎氏

記』三和書籍
・後藤致人『内奏―天皇と政治の近現代』中公新書
・小堀桂一郎『昭和天皇』PHP新書
・櫻井よしこ、民間憲法臨調『日本人のための憲法改正Q&A』産経新聞出版
・産経新聞社『国民の憲法』産経新聞出版
・嶌信彦『伝説となった日本兵捕虜―ソ連四大劇場を建てた男たち』角川新書
・ジョージ・H・ブレイクスリー（著）、山極晃（解説）『極東委員会〈第1巻〉（現代史研究叢書 1）』東出版
・白川司『日本学術会議の研究』ワック文庫
・髙橋史朗『WGIP（ウォー・ギルト・インフォメーション・プログラム）と「歴史戦」―「日本人の道徳」を取り戻す』モラロジー研究所
・髙橋史朗『検証・戦後教育　日本人も知らなかった戦後五十年の原点』モラロジー研究所
・髙山正之『変見自在　朝日は今日も腹黒い』新潮社
・ダグラス・マッカーサー（著）、津島一夫（訳）『マッカーサー回想記（全二巻）』朝日新聞社
・ダグラス・マッカーサー（著）、津島一夫（訳）『マッカーサー大戦回顧録』中公文庫
・寺崎英成、マリコ・テラサキ・ミラー（編著）『昭和天皇独白録―寺崎英成・御用掛日記』文藝春秋
・西尾幹二『GHQ焚書図書開封　米占領軍に消された戦前の日本』徳間書店
・西修『いちばんよくわかる！　憲法第9条』海竜社
・西修『憲法改正の論点』文春新書
・西修『図説　日本国憲法の誕生』河出書房新社
・西修『世界の憲法を知ろう　憲法改正への道しるべ』海竜社
・春名幹男『秘密のファイル　CIAの対日工作（上）（下）』新潮文庫
・ハンキー卿（著）、長谷川才次（訳）『戦犯裁判の錯誤』経営科学出版
・日暮吉延『東京裁判』講談社現代新書
・百田尚樹『海賊とよばれた男（上）（下）』講談社文庫
・百田尚樹、有本香『「日本国紀」の天皇論』産経新聞出版
・藤田尚徳『侍従長の回想』講談社学術文庫
・ブルノー・ビッテル（述）、朝日ソノラマ編集部（構成）『マッカーサーの涙　ブルノー・ビッテル神父にきく』朝日ソノラマ

・保阪正康『日本解体』産経新聞社
・マーク・ゲイン『ニッポン日記』筑摩書房
・宮澤俊義（著）、芦部信喜（補訂）『全訂　日本国憲法』日本評論社
・百地章『日本国憲法八つの欠陥』扶桑社新書
・文部省『民主主義（文部省著作教科書）』角川ソフィア文庫
・山本武利『GHQの検閲・諜報・宣伝工作』岩波現代全書
・渡部昇一『「日本の歴史」7　戦後篇　「戦後」混迷の時代から』ワック
・渡部昇一、伊藤隆ほか『敗戦後遺症を乗り越えて』育鵬社
・渡部昇一『歪められた昭和史』ワック
・朝日新聞　昭和20年9月15日～18日付
・朝日新聞　昭和26年4月12日～17日付
・毎日新聞　昭和26年4月12日～17日付
・国立国会図書館Website『日本国憲法の誕生』
・国立国会図書館　デジタルコレクション『極東国際軍事裁判速記録』

第14章

・有馬哲夫『一次資料で正す現代史のフェイク』扶桑社新書
・有馬哲夫『こうして歴史問題は捏造される』新潮新書
・井沢元彦『虚報の構造　オオカミ少年の系譜　朝日ジャーナリズムに異議あり』小学館文庫
・奥和義「戦時・戦後復興期の日本貿易：1937年～1955年」関西大学学術リポジトリ
・岸信介、伊藤隆、矢次一夫『岸信介の回想（文春学藝ライブラリー）』文藝春秋
・栗原俊雄『シベリア抑留』岩波新書
・桜の花出版編集部『シリーズ日本人の誇り10　朝鮮總督府官吏 最後の証言』星雲社
・柴田茂紀「日本の援助受入政策と国産小麦衰退との関連性：ガリオア・エロア援助から余剰農産物処理法（PL480）までを中心にして」京都大学学術情報リポジトリ（KURENAI）
・滝田賢治「国際社会とアメリカの占領期対日経済援助―

ガリオア・エロア援助を中心として―」中央大学法学新報
・中村隆英『昭和経済史』岩波現代文庫
・西尾幹二『西尾幹二全集 第17巻 歴史教科書問題』図書刊行会
・西尾幹二『西尾幹二全集 第18巻 国民の歴史』図書刊行会
・日本の前途と歴史教育を考える若手議員の会(編)『歴史教科書への疑問』展転社
・原彬久(編)『岸信介証言録』中公文庫
・福永文夫『日本占領史1945-1952』中公新書
・藤橋進「直筆御製発見! 昭和天皇の大御心」(『月刊Hanada 2019年6月号』飛鳥新社 所収)
・本多勝一『中国の旅(第三十刷)』朝日新聞社
・山内智恵子(著)、江崎道朗(監修)『ミトロヒン文書 KGB・工作の近現代史』ワニブックス
・李栄薫(編著)『反日種族主義 日韓危機の根源』文藝春秋
・朝日新聞 平成元年4月20日付
・朝日新聞 平成元年5月16日~17日付
・朝日新聞 平成元年5月20日付
・朝日新聞 平成元年5月27日付
・産経新聞東京版朝刊 平成27年6月26日付「沖縄 戦後70年」
・『週刊新潮』1996年(平成8年)5月2・9日号 新潮社
・『諸君!』平成5年7月号 文藝春秋
・第40回国会 衆議院外務委員会第4号 昭和37年2月16日
・第40回国会 衆議院本会議第33号 昭和37年4月6日
・第41回国会 衆議院大蔵委員会第4号 昭和37年8月22日

終章

・有本香『中国の「日本買収」計画』ワック
・飯田泰士『元号「令和」―改元と皇位継承』五月書房新社
・門田隆将『新・階級闘争論 暴走するメディア・SNS』ワック
・門田隆将、石平『中国の電撃侵略 2021-2024』

産経新聞出版
・ステファヌ・クルトワ、ジャン＝ルイ・パネ、ジャン＝ルイ・マルゴラン（著）、高橋武智（訳）『共産主義黒書―犯罪・テロル・抑圧―〈コミンテルン・アジア篇〉』恵雅堂出版
・石平『韓民族こそ歴史の加害者である　東アジアのトラブルメーカー』飛鳥新社
・ダライ・ラマ（著）、山際素男（訳）『ダライ・ラマ自伝』文春文庫
・ペマ・ギャルポ『日本人が知らなかったチベットの真実』海竜社
・朝日新聞　平成14年4月20日付
・朝日新聞デジタル　２０１４年８月５日付「『済州島で連行』証言　裏付け得られず虚偽と判断」
・朝日新聞デジタル　朝日新聞社　３つの検証委員会
・朝日新聞デジタル　朝日新聞社「吉田調書」報道　報道と人権委員会（ＰＲＣ）の見解全文（１）（２）（３）

編集　有本香

この作品は二〇一八年十一月小社より刊行された
『日本国紀』を大幅に加筆修正した新版です。

幻冬舎文庫　百田尚樹の好評既刊

『錨を上げよ』（全四巻）

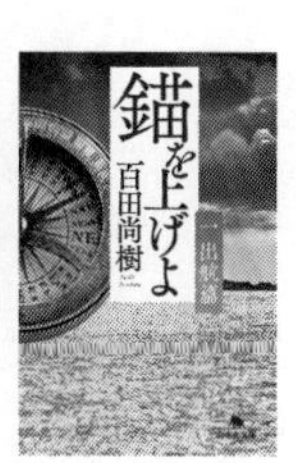

（一）出航篇

（二）座礁篇

（三）漂流篇

（四）抜錨篇

空襲の跡が残る大阪の下町に生まれた作田又三。不良仲間と喧嘩ばかりしていたある日、単車に乗って当てのない旅に出る。激動の昭和を駆け抜ける、著者初の自伝的ピカレスクロマン。

高校を卒業して中堅スーパーに就職するも、失恋を機にたった三ヵ月で退職した又三。一念発起して大学受験を決意するが――。恋多きトラブルメーカー・作田又三の流転の人生が加速する。

昭和五十年代、仕事を転々としていた又三は、北方領土の海に跋扈する密漁船に乗り込む。迫りくるソ連の警備艇と、利権を狙う地元ヤクザ。野性を剝き出しにした又三が北の荒海で暴れ回る！

北海道から大阪に戻った又三はビリヤード場で知り合った保子と恋に落ち、電撃的に結婚。風来坊を卒業し、安住の地を手に入れたかに思えたのだが――。『永遠の0』を凌ぐ怪物的傑作、堂々完結！

［新版］日本国紀〈下〉

百田尚樹

令和3年11月15日　初版発行
令和6年6月25日　10版発行

発行人――石原正康
編集人――高部真人
発行所――株式会社幻冬舎
〒151-0051東京都渋谷区千駄ヶ谷4-9-7
電話　03（5411）6222（営業）
　　　03（5411）6211（編集）
公式HP　https://www.gentosha.co.jp/
印刷・製本―中央精版印刷株式会社
装丁者――高橋雅之

幻冬舎文庫

ISBN978-4-344-43128-7　C0195　ひ-16-9

この本に関するご意見・ご感想は、下記アンケートフォームからお寄せください。
https://www.gentosha.co.jp/e/